보름간의

중국신강기행

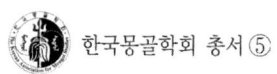 한국몽골학회 총서 ⑤

보름간의
중국신강기행

조 병 학

 한국학술정보[주]

序文

　여행은 우리를 겸손하게 한다. 각양각색의 사람들이 아름다운 풍광 속에서 자연에 순응하며 욕심 부리지 않고 자신들의 문화를 이어가면서 기도하는 마음으로 살아가는 모습을 만날 수 있게 한다. 늘 쫓기면서 스트레스를 받고 살아가는 우리 주변의 삶을 그들의 모습에 비추어 보게 된다. 여행이란 앞으로 내가 어떻게 살 것인가에 대해 잠시 해답을 주는 귀한 시간이다.

　'475세대─컴맹 1세대이면서 가장 한국적인 정서를 느끼는 세대'. 얼마 전 가요프로 '7080'에서 사회자 임백천 씨가 한 얘기이다. 쉰세대와 신세대 사이에 끼인 낀세대, 부모님께 효도를 해야 한다고 느끼면서도 나는 늙으면 자식에게 절대 의지하지 않겠다고 다짐하는 세대이다. 필자는 '58년 경기도 용인에서 4형제 집안의 막내로 태어났다. 전쟁이 끝나고 다같이 열심히 살려고 노력하던 시절, 초등학교와 중학교를 졸업하고 고등학교 때 아버지께서는 그 잘난 자식 공부시킨다고 서울로 유학을 시켜주셨다. 고2때로 기억되는데, 체육시간을 마치고 비가 와서인지 강당을 통해서 교실로 돌아올 때, 옆 반 친구가 '아드린나르를 위한 발라드'를 피아노로 능란하게 치는 것을 보고 무척 부러워했던 기억이 있다. 그날 이후, 피아노를 치는 사람은 멋지고 매력이 있어 보였다. 내가 못하는 무언가를 하는 사람은 나보다 커 보이기 마련인가 보다. '95년 여름 처음 몽골에 갔을 때, 몽골어를 유창하게 구사하는 김모선생, 하라호름에서 퀼테긴 돌궐

비문의 룬문자를 풀이하면서 1시간여 설명하시는 성균관대학의 이모교수님, 몽골사에 능통한 여러 선생님들, 모두 나에게는 선망의 대상이었다.

피아노를 잘 치고, 몽골어를 잘 하고, 바둑을 잘 두고, 한문 문장을 잘 보고, 테니스를 잘 치는 사람 등등··, 나는 이런 것들에 대한 호기심이 많다. 이런 사람들은 그것을 못하는 사람보다 잘하는 만큼 인생을 사는 색다른 즐거움이 있는 것이다. 그만큼 그것을 못하는 사람에 비해서 풍부한 삶을 누린다고 할 수 있다.

얼마 전까지만 해도 필자는 '지겨운 이 공부를 왜 하는가?' 라는 생각을 종종 했던 것 같다. 그러나 지금은 조금 달라졌다. 궁금하고 모르고 못하던 것을 하나하나 알아가고, 찾아보고 깊이를 더해갈 때 희열과 성취감을 느낀다. 공부란 그런 것인가 보다. 모르는 것을 알아가고 못하던 것을 하게 되는 즐거움, 이 진리를 깨닫는 데만 꼬박 40년이 넘게 걸렸다.

지금까지 가천길대학에서 십년 넘게 강의를 했지만, 공저와 역서 외에 내 이름 단독으로 낸 책이 한 권도 없다. 무언가 자신 없고 조심스럽고 두려웠기 때문이다. 필자가 알고 있는 책이란 것은 영화나 연극, 예술 작품처럼 무언가 글쓴이의 사상과 메시지가 담겨 있어야 한다고 생각한다. 이것저것 중구난방으로 주어다 놓은 글일지라도 맥이 통하고 글쓴이의 의식이 들어있어야 생명력이 있다. 결코 쉽고 가볍게 할 수 있는 것이 아닌 지루하고 어려운 작업이다. 그럼에도 불구하고 이렇게 책이랍시고 제목을 걸고 내는 것은 나의 생각과 주의를 드러내기보다는, 우리 학생들이 세상을 살아가면서 이후 만나게 될 상황에 대해서 어느 정도 미리 알고 찾아보아야 한다는 바람에서라는 것을 밝혀둔다.

신강(新疆—중국어 발음은 '신쟝'이나 여기서는 '신강'으로 통일)으로 떠나기 전인 올 6월, 이라크에서 '김선일 씨 피살사건'이 있었다. 결과는 차치하고, 일본인이 납치되었다면 일본에서는 어떻게 대처하고 결과가 어떻게 되었을까? 생각해보았다. '70년대 중동 붐이 일어나서 많은 근로자와 건설업체가 중동으로 진출한 적이 있다. 중동에 진출할 때에는 중동에 대해 철저한 연구가 선행되어야 한다. 중동의 역사와 문화, 그들의 생활 습관, 언어 등등.

요즈음 의료학계에서 암(癌)이란 치료 불능이 아니라 거의가 치료가 가능한 성인병의 하나로 간주된다고 한다. 단, 의사의 처방을 잘 지키는 환자에 한해서 말이다. 그런데 그 의사도 열심히 공부하는 의사여야 한다. 공부하는 의사란 자기 분야만이 아니라 다른 분야의 전공자와도 자주 접촉하고 의견을 나누는 의사이다. 예를 들어 간암을 치료하기 위해서는 간(肝)에 대한 전문의이면서 소화기계통이나 외과, 내과, 신경계통, 정신과 등의 의사와 자주 정보를 교환하는 의사여야 한다는 말이다.

중국과 수교 이후에는 역시 많은 업체가 중국으로 진출하고 있다. 이 또한 중국에 대한 많은 연구가 선행되어야 함은 물론이다. 중국에 대해 각 분야마다의 전문가를 많이 키워야 한다. 1972. 2월, 미국의 닉슨 대통령이 '중공(中共)'을 방문하기 전 이미 미국에는 오천 명이나 되는 중국 전문가가 중국에 대해 연구하고 있었다고 한다. 값진 연구 결과가 축적된 만큼 실패를 줄일 수 있고 많은 것을 얻을 수 있다.

필자는 학생들과 문화사 수업을 할 때 꼭 내주는 과제가 있다. 다섯 명 이상 팀을 짜서 '유물 유적에 대한 조사'하기이다. 예를 들어 '행주산성'에 대해 조사한다면 팀원끼리 각자 역할을 분담한다. 팀의 첫 모임부터 회의록을 작성하는 사람이 있어야 할 것이고, 조선시대의 산성(山城)에 대해서 조사하는 사람, 권율 장군에 대해 조사하는 사람, 행주대첩에 대해서 조사하는 사람, 당시 사용된 무기류에 대해서 조사하는 사람 등등이 있어야 한다. 그리고 유물·유적지 앞에서 조사한 사람들이 찍은 사진을 첨부해서 묶어 제출하게 한다. 그래야만 실체에 보다 가까이 접근할 수 있기 때문이다. 공부란 이렇게 사전에 조사한 밑그림을 토대로 직접 현지에 가서 확인해보고 느껴보아야 한다. 현장에 가기 전에 준비가 많은 사람은 그만큼 얻는 것이 많다. 학창시절에 꼭 한번은 이런 훈련을 시키고 싶은 바람에서이다.

이 책은 신강의 북강(北疆 신강의 천산산맥 이북)에 가는 사람에게 일말의 참고가 되었으면 하는 바람과 학생들이 졸업하고 취업해서 어디를 출장가든지 또 결혼해서 어느 곳에 신혼여행을 가든지, 훗날 아이를 낳아서 아이와 어디를 가든지 꼭 이만큼은 준비해 가길 바라는 마음에서 쓴 것이다.

이 책은 3부로 나누어 구성하였다. 1부는 출발 하루 전부터 귀국까지의 일정에서 보고 느낀 것을 일기체로 기행문 형식으로 서술했다. 2부에서는 신강의 변천사와 '최후의 유목제국 준가르' 등 신강에 대해서 꼭 알아야 할 사건과 지식들을 나름대로 정리하였으며, 3부는 북강으로 떠나기 전과 돌아온 후에 여러 책자를 통해서 조사한 것으로 신강의 주요 민족에 대한 연혁소개와 그들의 사는 모습 및 간략한 몽골역사를 통한 유목사 접근에 대한 기본지식을 정리하여 서술하였다.

2·3부는 다소 지루하고 따분하게 여겨질지 모르지만 신강에 관심 있는 사람을 위한 참고자료로 부록식으로 엮은 것이니 많은 도움이 되길 바란다.

끝으로, 항상 저의 공부에 물심양면으로 격려해 주시고 도움을 아끼지 않으시는 중앙대학의 권중달 교수님과 권석봉 선생님, 한국몽골학회의 성백인 선생님, 남상긍 교수님·최기호 교수님·신종한 교수님·김천호 교수님 외 한국몽골학회 임원제위께 감사의 뜻을 전하며, 이 책이 나올 수 있도록 도움을 주신 가천길대학 신승희 교수님과 늘 조곤조곤 신경써주시는 광고기획과 박인창 교수님, 중국어과 이태준 교수, 이경숙 조교, 국립민속박물관의 장장식 박사, 경희대에서 '동서문화교류사'를 강의하시는 조재덕 박사님, 또 늘 주변에서 힘이 되 주는 죽마고우(竹馬故友) 유지상(삼성 포리마 건설 대표)씨와 박돈석(대화물류 대표)씨에게도 이 자리를 빌어 고마운 마음을 전합니다. 특히 책 출간에 끝까지 애써주신 한국학술정보(주)의 채종준 사장님과 이일로 님, 편집디자이너 한세진 님께 감사의 마음을 전합니다.

2005년 9월 연구실에서, 조 병 학

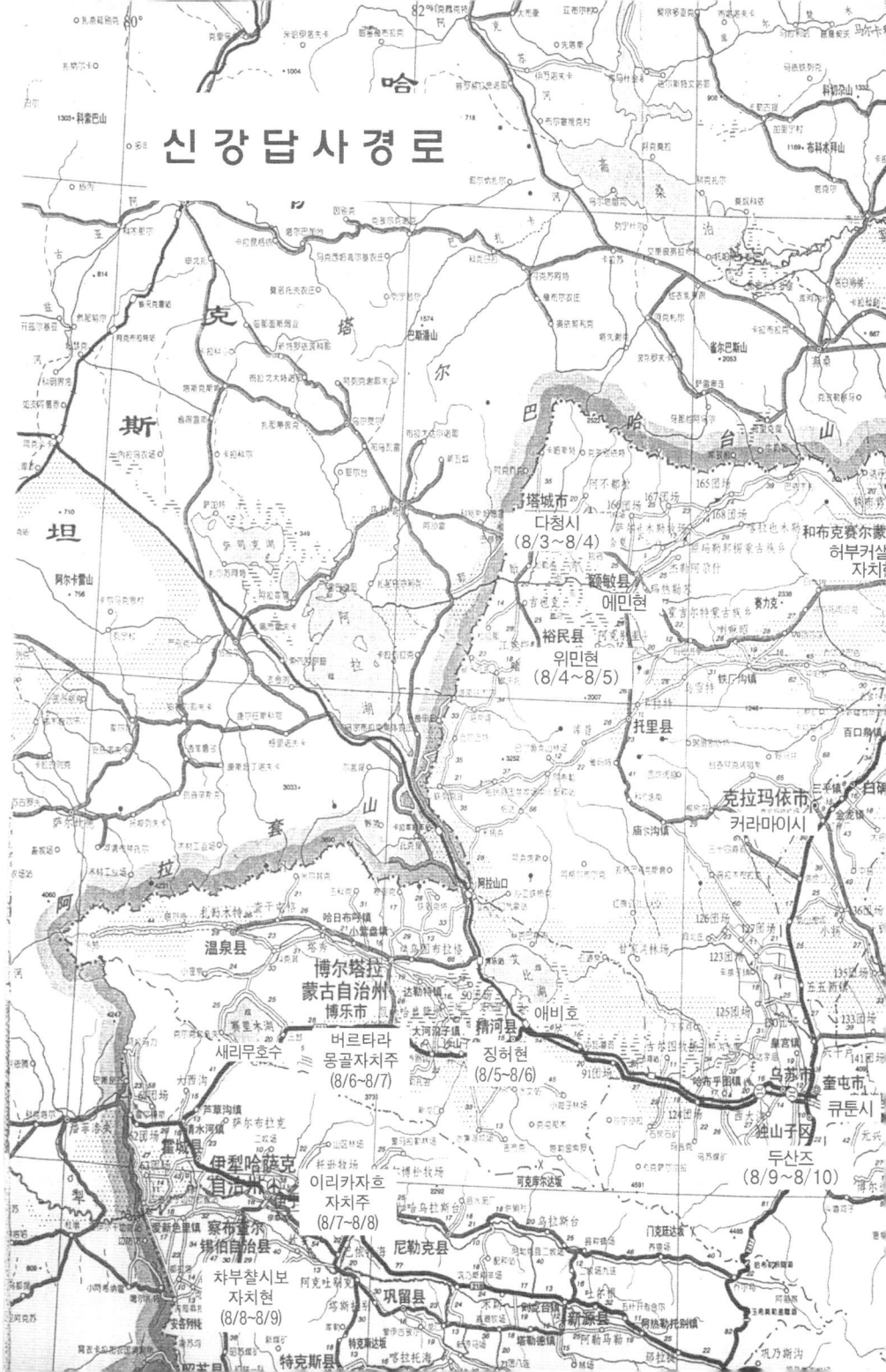

신 강 답 사 경 로

哈

克

斯

坦

塔

尔

巴

哈

台

山

和布克赛尔蒙
허부커싸얼
자치

塔城市
다청시
(8/3~8/4)

额敏县
에민현

裕民县
위민현
(8/4~8/5)

托里县

克拉玛依市
커라마이시

温泉县

博尔塔拉
蒙古自治州
博乐市
버르타라
몽골자치주
(8/6~8/7)

새리무호수

精河县
징허현
(8/5~8/6)

애비호

乌苏市 奎屯市
큐툰시

独山子区
두산즈
(8/9~8/10)

伊犁哈萨克
自治州
이리카자흐
자치주
(8/7~8/8)

尼勒克县

察布查尔
锡伯自治县
챠부챨시보
자치현
(8/8~8/9)

巩留县

新源县

特克斯县

차 례

1부 쥰가르로 떠나면서 / 15
- 그림
  1. 보름간의 북강(北疆)기행 / 23

2부 신강(新疆)의 변천과 쥰가르 유목제국 / 119
- 그림
  1. 서역과 흉노 / 119
  2. 실크로드 / 121
  3. 신강의 변천사 / 129
   1) 신강의 자취 / 129
   2) 종교의 개종과 민족 / 136
   3) 전두회(纏頭回)와 한회(漢回) / 140
   4) 야굽 벡(Yakub Beg)의 반란 / 141
   5) 4개월 만에 무너진 동투르키스탄공화국 / 145
  4. 쥰가르(准噶爾) 유목제국 / 149
   1) 최후의 유목제국의 영웅—갈단 / 149
   2) 갈단의 할하 침입 / 157
   3) 청(淸) 강희제의 몽골 친정(親征) / 158
   4) 쥰가르와 청조의 관계 / 163
   5) 청 건륭제의 이리(伊犁) 정벌 / 164
   6) 청조의 신강 통치 / 167

7) 준가르의 문화 / 168

5. 답사준비 / 171

3부　신강(新疆)의 소수민족과 명물 / 177

- 그림

1. 신강의 소수민족 / 179

  1) 오아시스의 백성 위구르족 / 180

  2) 중앙아시아에서 온 투르크존—타타르족 / 186

  3) 투르크화한 아리아인 키르기즈족 / 187

  4) 오손국의 후손 카자흐족 / 189

  5) 투르크·이슬람전사의 후손 우즈베크족 / 197

  6) 신강으로 온 만주족— 시보족 / 206

  7) 초원의 영웅의 자손- 몽골(Mongol)족 / 207

    ① 몽골제국의 성립 / 209

    ② 몽골 기마군단의 우수성 / 211

    ③ 제국으로부터 왕국으로 / 225

2. 신강 소수민족의 문화 / 231

  1〉음식(飮食) / 232

    1) 위구르인의 주식—낭(饟, Nan) / 232

    2) 양고기 바베큐(烤全羊—카오췐양, Barbecued Whole Lamb) / 235

    3) 구운 양고기 꼬치(烤羊肉串—카오양로우촨, Shish-Kebabs) / 236

    4) 조반(抓飯, 波羅—보뤄, 피라우, Pilau) / 237

    5) 카자흐인과 말(馬)고기 / 239

    6) 카자흐인과 쿠미스(Kumiss) / 241

2〉복식(服飾)과 주거 / 243

　1) 위구르인의 복식 / 243

　2) 위구르족 부녀(婦女)의 면사(面紗,Veils) / 245

　3) 초원 위의 白宮 / 246

　4) 사막의 혈관 가레즈(坎兒井) / 247

3〉신강 유목민의 유목생활과 놀이문화 외 / 250

　1) 카자흐족의 유목생활 / 250

　2) 주이꾸냥(追姑娘) / 252

　3) 조양(叼羊) / 254

　4) 유목민과 칼 / 256

　5) 할례(割禮)의 습속(Circumcision Ceremony) / 258

　6) 위구르족의 종교예배 / 260

　7) 신강 소수민족의 금기(Taboo) / 261

후기 / 263

1부
쥰가르로 떠나면서

1. 보름간의 북강(北疆)기행

1부 쥰가르로 떠나면서

 북경(北京)의 북쪽에는 만리장성이 있다. 산해관으로부터 감숙의 가욕관까지 뻗어있는 이 장성은 B.C. 3세기에 축조된 이후 여러 차례 강화되고 확장되어 오늘에 이른다. 그 너머에는 북중국을 자주 쳐 내려온 이민족의 본거지가 있는데 대때로 그들은 전 중국을 지배하는 왕조를 세우기도 하였다. 한족(漢族)에게 이 장성은 북방유목민의 침략을 막는 방어선인 동시에 문명과 야만의 경계를 의미하는 것이었지만, 황량한 스텝과 산림지방에 사는 우목민에게 있어서는 중원의 평화로운 도시와 정주농경사회로 들어가는 관문이다. 이 장벽은 두개의 다른 문명이 만나는 접점이었다. 이 국경지대에서 농경문화와 유목문화가 만났으며 한인과 이민족은 교역을 하고 통혼을 하면서 새로운 사회생활의 복합형태를 창조해 냈다.

 중국사에서 주로 관심 있게 다투어지고 있는 부분들도 바로 이들 북방 제 민족들이 세웠던 왕조들과 한족(漢族)들이 세웠던 제 왕조들이다. 그러나 눈길을 약간 왼쪽으로 돌려보면 아름다운 자연과 황량한 사막 속에서 다양하고 풍요로운 군화를 누리며 살았던 이국적인 사람들을 만날 수 있다. 그들은 파란 눈과 하얀 피부를 가지고 있다. 여기가 바로 오랜 옛날부터 사람들이 서역(西域)이라 부르던 곳이다.

 현재 중국의 영토는 한반도의 44배 정도나 되는 그야말로 그 자체가 세계라 할 수 있을 정도의 광활한 대륙이다. 그곳에는 생산되지 않는 산물이 없으며 다양한 사람들에 의한 다양한 종교와 문화가 파노라마처럼 펼쳐진다. 이 땅의 가장 서쪽에 위치하며 러시아와 카자흐스탄과 접하고 있으면서 중국 내에서도 가장 특이한 문화를 갖고 있는 곳

중의 하나가 바로 신강의 준가르(Jungar)다.

7월 26일―연수동으로 옮긴 새 연구실에서 여행 중 접히 닳지 않도록 신강(新疆)지도에 스카치테이프를 붙이는 작업을 했다. 필자는 여행 중에 늘 지도를 보면서 다니는 습관이 있다. 거리가 얼마인지, 어느 정도 가면 목적지에 도달하는지, 위도는 어딘지 등등.. 지도 테이핑 작업을 하고나서 시간이 남아 『아시아歷史事典』에서 '준가르(Jungar)'에 대해서 찾아보았다.

아름다운 쥰가르 초원

"쥰가르분지- 표고 500m, 사막보다 초원이 많다. 기후는 스텝형, 사막형으로 연강수량- 타림 100mm이하, 쥰가르 분지- 250mm이하, 기온은 1월 평균이 타림: -7℃, 쥰가르: -15℃. 7월 평균: 타림 2

7℃, 준가르: 20℃, 투루판: 27℃. 농업은 오아시스 부근에서만 행해지며 투루판, 하미 등에서는 가레즈에 의해 관개. 커라마이의 석유.

한대(漢代): 준가르- 흉노, 차사, 오손. 타림-서역 36국. 후한대 명제(明帝): 반초(班超)의 노력으로 중국의 통치하에 둠. 6-7C: 서돌궐, 당(唐) 고종 때, 당의 정치력 下에 놓임. 9C 후반: 북로(北路)에 위구르 침입. 북송(北宋): 남로(南路)도 위구르 영지. 12세기 전반부터 80년간은 서요(西遼-카라키타이)의 일부로 됨. 원대(元代)-비시발리크(別失兀里), 알마리크(阿力麻里) 양 행성(行省)의 관할하에 있다가 이윽고 챠가타이 칸국에 포함. 명대(明代)에는 오이라트, 투루판, 카슈가르 칸국으로 분립. 청대(淸代) 초기- 북로의 준가르부, 남로의 회부(回部), 건륭(1736-95)년간 모두 청(淸)에 귀복 됨. 1884년(光緖 10년), 신강(新疆: '새로운 토지'의 뜻)省 설치, 우루무치가 성도(省都). 民國때에는 그대로 답습하였지만 영국, 러시아 양 제국주의의 각축장. 1944년 자치를 요구한 위구르족, 카자흐족은 쿠챠를 본거로 동투루키스탄공화국을 세웠지만 '50년 중화인민공화국에 흡수되어 해산되었다. '55년 성급 자치구(自治區)로 개명되어 지금에 이름"

간단한 소개이지만 신강의 과거사가 한 눈에 확 들어오는 느낌이다.

준가르(Jungar) 지역은 중국의 서북방에 있는 신강위구르자치구 중에서 천산북쪽에 위치하는 초원지대와 고르반 퉁구터사막을 가리킨다. 일반적으로 중국의 지형을 셋으로 구분하자면 장성 이남의 농경지대와 장성이북의 유목지대 그리고 장성 이서(以西)인 신강의 초원과 오아시스, 티베트의 초원과 산악지대로 나눌 수 있다. 중국을 상징하는 만리장성은 강수량 1,500㎜의 경계선으로, 장성 이남은 농사가 가능했지만 장성 이북지방은 상대적으로 부족한 물과 지형적인 요인으로 인해 농사보다는 드넓은 초원을 이용한 가축의 방목이 더 적당했다. 때문에 장성 이남은 예로부터 농사를 짓게 되었고 자연히 보다 많은 노동력이 필요하게 되었다. 이로 인해 대가족이 모여 살게 되었고 자연히 인간 사이의 예의질서를 중시하는 풍조가 생기게 되었다. 반면 상대적으로 생산성이 떨어지는 장성 이북지역의 유목민들은 물과 풀을 찾아다니며 가축을 방목하는 조방적인 유목을 할 수 밖에 없었다. 그렇다고 해서 유목민들이 예의를 중시하지 않았다는 것은 아니다. 이들도 물론 연장자나 손님에 대한 각별함은 북방예의지국이라 할 정도로 깍듯하다.

청왕조의 입국지조, 옹정황제
(1723-1735)

장성의 서쪽 끝은 임조현에 있는 가욕관이다. 이 서쪽의 가욕관을 뒤로하고 더 서쪽으로 가다 보면 정말 귀신도 새끼를 치지 않는다는 풀 한포기 나무 한그루 없는 불모의 산들이 한없이 이어진다. '새도 날지 않고 짐승도 달리지 않는, 단지 해골만이 가는 방향을 가리키고 있다'라는 당(唐)나라의 승려 법현의 기록처럼 황무지를 따라 한나절을 가다 보면 마침내 푸른 나무의 산과 물이 흐르는 풍요로운 초원지대를 만나게 된다. 서유기의 요괴가 나타나고 손오공이 여의봉을 타고 날아다니며 도술을 부리는 서역이 바로 이곳 신강이다. 이곳의 자연환경은 유목지대보다도 척박한 사막에 가까운 초원이다. '냉혈왕'으로 불린 청(淸)왕조의 입국지조(立國之祖), 옹정황제는 자신의 동생 윤당을 서녕(西寧)으로 보냈다. 이월하(二月河)는 소설 『옹정황제』에서 섬서와 감숙을 다음과 같이 표현한 바 있다.

"광막한 황토길이 끝간 데 없이 펼쳐져 있었고, 언덕과 골짜기가 교차하여 행군에 어려움을 겪었다. 말 위에서 멀리 바라보니 지평선이 하늘에 닿아 있었다. 길섶엔 마른풀들이 찬바람에 애처로이 떨고 있었고 발가벗은 백양나무들이 오싹 움츠러들게 만드는 신음소리를 내며 울부짖었다. 말라서 쩍쩍 벌어진 하상(河床)이며 황사 구릉, 난석(亂石)이 굴러다니는 알칼리성 토양, 수시로 덮치는 회오리바람에 만장(萬丈) 높이 황사가 몰아쳐 온통 아득한 혼돈의 천지였다. 말을 끌고 보행하는 것조차도 바람 때문에 무척이나 힘들었다."

이것은 당시 섬서와 감숙성의 가을 풍경을 소설에서 표현한 것이지만 천산 남북 신강(新疆)의 풍광 또한 이보다 더하면 더했지 덜하지 않다.

이 서역 땅 중간에 가로 놓여 있는 만년설로 덮여있는 거대한 산들을 천산산맥이라 부르는데 이 천산의 북은 쥰가르분지로 고르반 퉁구터사막과 초원의 유목세계이며 천산의 남쪽은 그 대부분을 타클라마칸 사막이 차지하는 타림분지와 오아시스세계이다. 인간들은 이 사막에도 관개를 하여 물을 끌어들이고 지하수를 이용해서 오아시스를 만들어 살아왔다. 이 오아시스 주민들은 옛날부터 농사를 지으며 동·서를 잇는 통상을 열어 아시아와 유럽을 연결하는 교역상 매우 중요한 역할을 담당하여 왔다.

실크로드 즉, 비단길이라는 것은 그 교역에 있어 중국의 비단이 주요한 교역품이었다는 것을 보여주는 것이다. 동양과 서양을 잇는 물자의 교역로는 지금처럼 대형 화물선에 의한 해상로나 빠른 항공루트가 생기기 전까지는 이 오아시스를 잇는 캬라반의 루트가 가장 주요한 것이었기 때문에, 중국의 한(漢)과 당(唐) 등의 왕조에서는 이 내륙아시아의 오아시스지대를 서역이라 부르고 서역경영에 비상한 관심을 가졌다. 중국에서 서역을 신강(新疆)으로 부르게 된 것은 청조(淸朝)의 건륭(乾隆)시대부터이다.

신강위구르자치구(新疆維吾爾自治區)는 중국 최대의 성(省)으로 인구는 1,925만, 면적은 160여만㎢이며 중국 전 국토의 1/6이다. 여러 민족이 모여살고 있어 '세계민족박물관', '종교박물관'이라 불리는 신강에는 대략 위구르족 외에 한(漢)족, 카자흐족, 회족, 몽골, 키르기즈, 타지크, 시보(錫伯:Sibo), 우즈베크, 만(滿), 다고르(達斡爾:Daghur), 타타르, 오로스(러시아) 등 10여개 민족이 주를 이루고 있다. 위그르족은 약 720.70만(1990년 전국 제4차 인구조사통계)명으로 자치구 내의 40% 정도로 대부분 천산(天山)산맥 이남에 많이 모여 살고 있으며 이리(伊犁) 지구와 북강(北疆)지역에도 분포한다.

1. 보름간의 북강(北疆) 기행

27일— 점심을 먹고 우연히 sky TV(차이나 TV)를 켜니 마침 드라마 '옹정황제'를 방영하고 있었다. 마지막 회인지는 잘 모르겠으나 옹정이 죽는 모습이 방영되었는데 거기에는 이렇게 써 있었다.

"옹정황제 1735, 8, 22(음), 북경 장춘원 死. 58세, 재위 13년. 4子 홍력 계위-건륭제… 강희제 달년의 국고- 50만량. 옹정제 말년 국고- 5000만량"

비록 13년간의 짧은 재위기간이었지만 옹정은 내내 밤잠을 설쳐가며 국사에 전념하고 충실한 재정확보에 진력했으며, 백성을 위한 정치를 하기위해 뼈를 깎는 노력과 변민을 하고 생명을 바친 성군으로 묘사되어 있다. 개인적인 견해지만 건륭제가 전성기를 구가하고 쥰가르를 복속시킬 수 있었던 힘은 분명 그의 선친 옹정의 치적 덕분이었다. 국고를 확보하지 못했다면 어찌 여러 차례 쥰가르 원정에 소요된 막대한 전쟁비용을 감당할 수 있었을까? 예나 지금이나 재정(자금과 물자)이 확보되지 못하면 전쟁을 벌일 수 없다. 때문에 쥰가르를 복속하고 나서 이 지역에 대해 청조가 가장 신경 쓴 부문도 바로 이 재정확보문제와 변방 수비문제였다. 그래서 챠하르(察哈爾:Chakhar)를 비롯해서 다고르(Daghur), 시보(Sibo), 회족, 내지의 한족 등을 이주시켜 일정기간 변방 수비를 하고 교대로 둔전(屯田)을 개간케 한 것이다.

오후 5시, 인천공항 H홀에서 남상긍 교수와 김천호 교수를 만나 출국수속을 마치고 19: 30분 CA(Air China: 中國國際航空公司)항공으로 북경을 향해 출발했다.

비행기에 올라 이번 여행에 대해 생각해 보았다. 목적은 각기 약간 다르다고 할 수 있겠지만 또 어찌 보면 모두가 비슷하다고도 볼 수 있는 여행이다. 언제나 그렇듯이 김천호 교수는 그 지역 음식연구가 주 관심사이고, 필자와 남 교수는 신강의 몽골족을 비롯한 준가르지역의 소수민족에 대한 궁금증이 주된 요인이라 할 수 있을 것이다. 굳이 말하자면 필자는 개인적으로 2000년도에 번역했던 "최후의 유목제국" 이후, 오이라트몽골의 본거지였던 이곳이 몹시 궁금하여 꼭 한번은 가보고 싶었던 것이 사실이다. 늘 기회만 엿보고 있던 차에 '95년 이래로 늘 함께 답사를 다녔던 한국몽골학회 임원들 중에 마침 셋이 그래도 이번 여름, 시간대가 가장 서로가 근접했던 것 같다. 준비를 위해 몇 번의 미팅을 갖으면서 각자 역할을 분담했다. 어디를 어떻게 돌 것인지를 논의하고, 남 교수는 지도를 보고 작계를 짰고, 김천호 선생은 인맥을 동원해 당지의 파트너를 물색하고, 필자는 신강의 소수민족에 대해 조사를 해나갔다. 몇 번의 수정을 거쳐 떠나기 바로 전에 세부 일정이 나왔다. 부족하지만 이제는 현지에 가서 보고 듣고 묻고 확인하는 작업만 남았다. 아무 사고 없이 모두 무사히 돌아오길 빌었다.

이런저런 생각으로 뒤척이는데 어느새 북경공항에 이르렀다는 신호음이 들린다. 짐을 찾고, 마중 나온, 한국 유행가를 무척 좋아하는 상냥한 CA항공사 직원의 안내로 밤 11시경 잠시 머물 CA항공사호텔에 도착했다. 방 배정을 받고 짐을 풀어 놓고, 그리 배가 고픈 상태는 아니었으나 내일 일정에 대해서 논의할 겸 1층 식당에 내려가 원탁에 앉아 간만에 시원한 청도(靑島)맥주와 자장면(炸醬面)을 주문했다.

28일—새벽에 기상하여 서둘러 북경공항으로 갔다. 우리가 구입한 항공표는 인천에서 직통으로 목적지인 신강의 우루무치로 가는 것이 아니라, 하루전날 북경에 도착하여 공항 근처의 중국국항에서 운영하는 호텔에서 하루를 자고 이튿날 아침에 환승하는 표였다. 11:45분발 (CA1901)이었으나 12:30분에 출발하여 16:10(3시간 40분소요)분에 우루무치 공항에 도착하여 김석종(66세. 1960년 연변에서 이곳으로 와 44년째 살고 있는 조선족. 이곳 質量技術局(우리의 표준화 검사소)에서 간부 관리로 재직하다가 지금은 퇴직하여 연금으로 생활하고 있으며, 현재 이곳에서 여행업에 종사하면서 한글학교를 운영하고 있다)씨와 운전기사 최명호(崔明浩: 36세, 조선족 2세이나 조선말은 전혀 할 줄 모름. 강인한 체력과 정신력과 책임감을 갖고 있으며 수차 사업 실패 후 지금은 운수업으로 어느 정도 안정된 성공을 하고 있음. 부지런하여 틈만 나면 자동차를 닦고 정비하며, 손재주가 좋아 집에서도 스스로 음식을 만들어 먹는다고 한다)씨와, 그의 15인승 IVECO(新H 10388)의 마중을 받았다. 우루무치 시내 新疆質量苑賓館(烏魯木齊市 北京南路40号 附9号(科學院內). 전화: 0991-3859988)에 여장을 풀고 잠시 휴식 후 김석종 선생과 향후 일정에 대해서 의논하였다.

필자는 이곳 우루무치에 '93년 여름에 온 적이 있다. 당시의 느낌은 어딘지 우울하고 어둠침침한 전형적인 사회주의식 회색도시라는 느낌이었으나, 10여년이 지난 지금의 우루무치는 '이곳이 서울인지 북경인지?' 전혀 구분할 수 없을 정도로 화려하고 활기찬 서북방 최대도시로 바뀌어 있었다.

우루무치는 위구르어로 '아름다운 목장'의 의미이며 '사냥터', '인구가 많고 풍요롭다'란 의미도 포함되어 있다고 한다. 한자로는 '烏魯木齊'

로 쓰고 있으나 이것은 한자로 음사한 것에 지나지 않아 한자의 뜻과는 아무런 관계가 없다. 천산산맥의 명산 복드봉(峰)의 북서록에 자리하며 우루무치하(河)의 충적평원상에 북으로는 준가르 분지를 바라보며, 서(西)로는 큵吉평원을 끼고 있다. 7개 구(區)에 인구는 151만, 온대건조기후로 연평균기온 5.7℃, 연평균강수량 277㎜로 자치구의 省都이다. 신중국이 세워졌을 당시 우루무치의 인구는 8만에도 미치지 못하였고 흙벽돌로 만든 인가만이 있어서 도저히 도시라고 말하기 어려운 곳이었다. 김석종씨의 말에 의하면 '60년대 이곳에 왔을 때에 2층집이라고는 '烏魯木齊 晚報社' 옆에 하나밖에 없었다고 한다. 그러나 지금의 우루무치는 신강의 정치, 경제, 문화의 중심지로 내지의 여느 도시보다도 편안하고 화려한 대도시로 완전히 바뀌어버렸다.

일정 논의 후 신강사회과학원역사연구소(新疆 烏魯木齊 北京南路 16號 tel: 0991-3838205) 소장이신 전위강(田衛疆: 한족, '55년생) 박사께서 오셔서 같이 한담 후 저녁식사를 함께 하였다. 전소장은 국립박물관의 민병훈 박사와 서울대학교 김호동 교수와도 잘 아는 사이로 우리의 일정에 최대한 도움을 주겠다고 하였다. 또 차후 남교수의 연구년 때 신강에서의 생활이나 연구방면에서도 최대한 도와주겠다고 약속하였다.

우루무치의 명소 이도교
바자르 입구

식사 후에 우리는 우루무치의 명소인 이도교(二道橋) 바자르를 관람했다. 붉은 벽돌로 지은 건물과 이슬람사원 같은 황금모스크가 화려하게 번쩍이는 광장에는 입장료 140위안(인민폐)에 80여 가지 음식이 야외 뷔페식으로 차려져 있으며 식당의

황금 모스크를 본뜬 야시장 전경

정면에서는 아무런 보호 장비도 없이 건물과 건물을 외줄에 의지해서 건
너고 있는 곡예사가 공중에서 개미 만하게 보였다. '고공주승(高空走繩·고공
줄타기)'이라는 '다와즈(達瓦孜, Dawaz)'였다. 이것은 위구르족 전통 체육의
하나로, 보는 사람으로 하여
금 손에 땀을 쥐게 한다.

'다와즈'에 대해서는 다음
과 같은 전설이 전해 내려오
고 있다.

"옛날, 하늘에서 활동하는
한 요괴(妖怪)가 있었는데
늘 바람과 비를 불러와 사
람들을 괴롭혔다고 한다.
그러자 한 청년이 이 요괴

춤추는 서역 여인들

를 없애기 위해, 지상에서 30여m 장대를 세우고 60여m의 긴 줄을 장대의 끝에 묶었다. 그리고는 손에 무기를 들고 맨발로 줄에 올라 요괴와 3일 낮과 밤을 싸워 마침내 해를 끼치는 그 요괴를 죽였다. 이 싸움에서 청년도 불행히 상처를 입어 후에 피를 많이 흘려 결국 희생되었다"이 청년의 영웅적 행동은 사람들에게 존경을 받아 후대 사람들은 그를 기념하기 위하여 이 '다와즈'를 체육활동으로 하였다. 이 고사(故事)가 반드시 사실은 아닐지라도 위구르 사람들의 악을 응징하는 염원을 반영했다고 볼 수 있는 대목이다.

실크로드의 서역무희들

야외 뷔페에 마련된 무대에선, 어릴 적 만화에서 보고 상상했던 페르시아 왕 앞에서 육감적으로 배꼽춤을 추는 아름다운 서역 무희들의 매혹적인 자태가 화려한 현실이 되어 눈앞에 펼쳐졌다. 위구르 여인인지 카자흐여인인지 음산하면서도 이국적인 휘황한 조명아래, 나의 뇌리 속에 잠자고 있는 영혼을 자극하는 듯한 특유의 신비로운 관악기소리의 아랍 음악에 맞춰, 목에는 뱀(구렁이)을 걸고 배꼽이 율동하는 매혹적인 살집의 서역 여인들이 신비로운 자태로 춤을 추고 있다. 아마 학생시절 이곳에 왔다면 흉노에 잡

이도교의 야외 뷔페

이도교의 야시장

혀 10여년을 이곳에서 생활한 장건(張騫)처럼, 타의가 아닌 자의로 필자를 머물러 있게 했을지도 모른다고 생각이 들었다. 아름다운 무희들이 연출해 내는 화려하고 신비로운 장면은 내게 전형적인 아랍문화로 오랜 시간 각인될 것이다.

밤 10시나 되어야 해가 지는 이곳에서 우리는 12시가 되어 귀가하던 도중 시내의 야시장에 들렀다. 우리네 시장의 먹자골목에 가면 돼지머리가 반겨주듯이 이곳의 야시장에서는 양머리가 우리를 맞이한다. 가장 신기하게 본 것은 도삭면(刀削面)을 만드는 장면으로, 밀가루 반죽 덩어리를 들고 손에 쥔 양철 칼로 밀어내어 그대로 큰 솥의 육수로 떨어뜨려 끓이는 모습이다. 어떤 이는 밀가루 반죽을 머리에 얹은 채로 양손으로 칼질을 해서 썰어 넣는다고도 한다. 밀가루 음식이 발달한 회족문화권에서 볼 수 있는 재미있는 모습이다.

29일― 맑음, 31℃. 신강박물관과 도서관, 서점에 감

이곳의 한여름 기후는 우리의 가을과 비슷하다. 햇볕이 강렬하기는 하지만 습기가 없어 무덥지 않으거 가을 햇살처럼 따가운 느낌을 받는다. 오늘도 31℃라고는 하지만 건물 내에만 들어가면 덥지 않다. 이날의 메모장에는 다음과 같이 기록되어 있다.

"오전― 집에서 가져온 목록을 가지고 시내의 신강도서관에 가서 자료를 찾아 복사. 신강미술촬영출판사에 가서 소수민족 관련서적

구입. 2시-'경복궁'이란 한식식당에서 냉면으로 점심식사, 면과 육수의 맛이 한국에서 먹던 맛보다도 더 한국적이었던 냉면으로 기억. 식사 후 신화서점과 신강인민출판사 직영서점에 들러 「錫白文化」 및 신강관련서적 구입. 호텔로 귀가 후 근처 식당에서 마라면 (麻辣面-맵고 신 국수: 나는 지독히 면류를 좋아해서 귀국할 때까지 밥을 먹은 적이 없고 면류로만 끼니를 해결했다)으로 식사 후 돌아와 김석종 선생이 사주신 포도를 먹다. 신강에 오는 분에게 가장 권하고 싶은 과일이 포도라는 것을 재확인 한 포도 맛이었다."

신강의 명품 '포도'. 광고판 위에
포도가 탐스럽게 매달려 있다

신강의 특산물을 하나 들라면 필자는 서슴없이 포도를 추천한다. 어금니로 톡 터트리면 상큼하고 향기로운 천연의 단맛이 입 안 가득히 퍼지는 이 포도의 맛은 그토록 뜨거운 여름의 서역 하늘 아래에서만 맛 볼 수 있는 맛의 명작이다. 과일이라는 것이 가물면 당도가 높아져 맛이 있듯이 이곳 건조 기후에서의 포도는 특히 당도가 높아 맛이 달고 시원하다. 신강에서도 특히 포도로 이름난 곳이 투루판이다. 포도를 먹으려면 투루판시 동북쪽 10㎞에 위치하는 화염산 (火焰山) 포도구(葡萄溝)에 가야한다. 화염산은 투루판분지의 북측에 위치하는 산으로 길이 20㎞ 폭1㎞정도의 풀 한포기 나무 한그루 자라지 못하는 산이다. 이 山은 표면이 붉어 여름에는 강렬한 일사로 인해 지면 위에서 이글거리는 아지랑이가 마치 산 전체가 불타고 있는 것처럼 보인다. 이 화염산의 서쪽 협곡에는 천산산맥으로부터 지하수가 복류(伏流)되어 나오는 물을 이용해서 옛날부터 포도를 재배하는 폭 5백m, 길이 1km정도의 포도구(葡萄溝: 포도골짜기)를 조성하였다. 이 포도구의 입장료는 중국 인민폐로 2위안(우리 돈으로 3백 원 정도 —'93년 기준)인데 들어가서 먹기 싫을 때까지 먹을 수 있다.

투루판은 분지(盆地)라는 뜻으로 중국에서 가장 지대가 낮은 곳이다. 가장 낮은 지점은 아이딩호라는 호수로 우루무치에서 투루판으로 차를 타고 가다보면 볼 수 있는데 증발이 너무 심하여 물은 보이지 않고, 호수 전체가 우리나라 국민이 몇 해 동안 먹을 수 있는 방대한 양의 소금으로 덮여있어 포크레인으로 퍼내고 있다. 이곳의 기온은 여름에 보통 40℃정도이고 가장 더웠을 때는 49℃까지 올라간 적이 있는데 그때의 地溫은 84.7℃로 계란을 땅에 묻으니 곧바로 완숙 되었다고 한다. 이러한 이 지역의 특이한 기후(낮에는 일사량이 많고 밤에는 서늘함― 연간 30㎜정도의 비가 내리며 증발량은 3,000㎜)로 인해 이곳의 과일은 당도가 높다.

신강 포도의 생산량은 전국 총생산의 28%로 이것은 신강의 과일 총생산량의 1/3에 달하는 수치이다. 포도의 종류와 모양, 색깔도 다양하여 비취색, 우유색, 흑자(黑紫)색, 담황(淡黃)색, 심홍(深紅)색, 녹색, 홍색과 모양도 작은 진즈, 馬乳房(말의 유방)을 비롯해서 2백여 종이 있다. 그 중에서도 주요 품종으로는 씨 없는 백(白)포도, 마유방, 홍포도, 카슈카르, 쇠사슬 고리(瑣瑣) 등 13개 품종이 유명하며 특히 씨없는 백포도는 껍질이 얇고, 육질이 연하며 즙이 많고, 맛이 좋으며 영양이 풍부하여 '진주'라는 미칭으로 불리는데 당도는 최고 20～24%로 미국 캘리포니아산 포도보다 높다. 마유방은 노새의 젖꼭지 모양으로 생겨 붙여진 이름으로 과립이 크며 즙이 많고 맛이 담백하다. 쇠사슬 고리 포도는 작아서 후추 같으며 색은 자주(紫)색, 씨가 없으며 달면서 약간의 신맛을 갖고 있고 건조하여 약재로도 사용한다. 주로 어린이 홍역과 오장(五臟)의 기혈을 보충하는데 쓰인다고 한다. 청(淸)대 사람 조학민(趙學敏)이 쓴 『본초강목습유(本草綱目拾遺)』에는 이것을 칭하여 "出吐魯番, 北京貨之"이라 하여 쇠사슬 고리 포도가 이미 멀리 북경에 들어와 약용으로 팔렸음을 설명하고 있다.

투루판 사람들은 또 포도를 사철 먹기 위하여 이를 건조시켜 건포도로 만들어 오래도록 저장할 수 있게 하였다. 당지의 기후가 건조하고 여름, 가을에 바람이 많으며 특히 기온이 높은 자연조건을 이용하여 포도밭 옆, 양지바른 산언덕이나 고지에 흙벽돌을 사용하여 사방 벽이 규칙적인 수많은 통풍구(마치 바둑판 같이)를 낸 건물 '瓊結(치웅지에)'를 짓는다. 포도 수확 철이 되면 이곳의 벽과 벽 사이에 나무를 걸고 포도를 줄기채로 걸어 응달에서 건조시킨다. 이렇게 한 달여 걸어두면 색깔이 선명한 것이 윤기가 나고 과립이 풍만한 건포도로 거듭 나게 된다. 신강 위구르인들의 이러한 건포도 제조 방법은 나름대로 매우 독창인 것으로 여름의 신강은 과일의 천국이다.

천지에서 본 카자흐 목민들의 이동식 집들

30일—천지(天池) 관광. 10년 전에 보았던 아름다운 천지에 대한 많은 기대감을 갖고 설레는 마음으로 찾아갔으나, 피천득 씨의 수필 '인연'의 아사코처럼 너무도 많이 변한 모습에 실망이 컸다. 입구부터 비싼 입장료(1인당 60위안)에 케이블카와 전기차를 타고 오른 천지의 모습은 태고의 순수하고 신비로운 지난번에 보았던 그 자태가 이미 아니었다. 이놈 저놈 손을 많이 타고 먹고살기 힘들어, 세파에 잔뜩 찌든 거만과 돈만 아는 그런 모습이란 생각이 들었다. 단지 변치 않은 모습이라고는 천지에 오를 때 볼 수 있는 도도한 설송(雪松)의 푸르름뿐이었다. 역시 자연은 자연 그대로의 모습이 가장 아름다운 것인가 보다. 경관이 아름다워 사람이 많이 모여든다 하여 든을 들여 아름답게 가꿨다고 하지만 이미 그것은 자연(自然)이 아니다.

천지에 올라 호수 주변의 설송 아래에서 가지고 갔던 하미과를 세로로 여러 조각내어 나누어 먹었다. 과일 속살의 작고 맑은 투명한 세포 알갱이들이 싱싱하게 살아 이빨 사이에서 톡 터져 달콤한 향이 퍼지는 하미과의 맛은 과연 황제에게 진상할 만한 맛이라는 생각이 들었다. 그러나 옛날에는 유통기간이 있어 아무리 막강했던 황제라도 필자만큼 천연의 맛은 느끼지 못했을 거라는 생각에 미치자 입가엔 미소가 번진다. 문득 식구들의 얼굴이 스쳐 지나간다. 가지고 간 청포도와 하미과를 다 먹고 나서 유람선을 탔다. 전면에 우뚝 솟은 성스

천지 입구의 설송(雪松) 사이로 말 탄
카자흐 목민이 보인다

러운 만년설의 복드봉을 바라보며 간만에 찾은 여유로운 마음으로 천지를 일주하였다.

호수 아래에서는 천산의 만년설이 녹아 흐르는 물이 폭포가 되어 힘차게 흐른다. 개울가 주변에는 장흥계곡이나 북한산 계곡의 주점처럼 천막으로 지은 파오식 산장과 음식점들이 즐비하게 늘어서 있다. 나무들 사이에서는 간간히 양 잡는 모습과 가마솥에 불을 지피는 연기가 피어나고 있다. 돈이 좀 된다 싶으니 주변 목민들이 모두 이곳에 모여 장사를 하는가 싶다. 변화의 바람을 느낄 수 있는 광경들이다.

내일은 아침 일찍 신강의 최북단인 하나스로 출발 예정이다.

7월 31일- 새벽에 일어나 보니 추적추적 비가 내리고 있었다. 7:00 호텔 현관에서 이번 여행에 동행키로 한 신강 사회과학원 역사연구소 부연구원인 이수휘(李樹輝)선생을 만나 인사를 나누고 차에 짐을 싣고 하나스(喀納斯)를 향한 장정을 시작하였다.

후투비(呼圖壁)현을 지나 키르키즈의 영웅의 이름을 딴 마나스(瑪納斯)현, 스허즈(石河子)시를 거쳐 09:40에 사완(沙灣)현에 이르러 이곳에서 유명한 안동찜닭 같은 따판지(大盤鷄)로 아침 식사를 했다. 본래는 '60년대 개척한 인공 오아시스 도시인 스허즈에서 아침을 먹고 시내도 돌아볼 계획이었으나, 어쩐 일인지 입구에서부터 제복을 입은 중국경찰들이 차량과 사람 통행을 봉쇄하고 있어 들어갈 수 없었다. 알고 보니 국무원 원자바오(溫家寶)총리가 아침에 이곳에 와서 지금 회의를 주재중이라고 했다. 이곳은 중국이었다.

우루무치에서 여기까지의 풍경은 단지 길 왼편으로 천산이 따라오는 것만 빼고는 이곳이 흑룡강성인지 구별할 수 없을 정도로 빈 땅 없이 빼곡히 농사를 짓고 있었다. 고속도로 양옆에는 맥주의 원료인 두줄보리와 끝없이 이어지는 목화밭의 흰 꽃이 마치 감자 꽃밭처럼 펼쳐진다. 그 옛날 대상인들만이 낙타를 타고 힘들게 다니던 쓸모없이 버려진 사막이 옥토로 바뀐 모습이다. 그 대표적인 도시 중에 하나가 스허즈(石河子)시이다. 陳舜臣이 쓴 『중국역사의 여행』에는 다음과 같이 쓰여 있다.

"스허즈(石河子)- 불모의 사막 중에 만들어진 도시. 황무지가 녹지로 된 인간승리의 전형적인 도시. 인민해방군이 개간하고, 상해(上海)등지로부터 지식청년이 와서 새로운 토지 만들기에 참가. 개간이라 해도 사막과 사력(砂礫)의 황지는 아무리 개간한다 하더라도 경지(耕地)로는 되지 않는다. 경지로 된 흙을 옮겨와 꽤 두껍게 만들어야 농작물을 기를 수 있다. 뿐만 아니라 「마나스」강에 여러 개의 댐을 만들고 이것에 다시 「인공 支流」를 만들어 물을 끌어 들였다. 댐에는 물고기의 양식이라는 새로운 산업이 생기고 각지에 수력발전소도 만들어져 조림에 의한 녹화는 눈에 띄게 진전되어 갔다"

탐사팀 일행과 여관집 주인
왼쪽부터 기사 최명호 씨, 이수휘 선생,
필자, 정가운데 김천호 교수님,
남상긍 교수, 김석종 선생

위 책에는 1965년에 주은래 총리가 이곳에 와서 지식청년들을 격려했다는 내용이 있는데 이것으로 보아 이곳 스허즈(石河子)는 '60년대부터 본격적으로 개발된 인공도시이며, 강에 댐을 막고 인공수로를 만들어 물을 끌어들였음을 알 수 있다. 신강에 가

본 사람은 누구든지 이곳의 가장 큰 어려움이 물(水) 문제임을 쉽게 알수 있다. 과거 우루무치에서 이곳 스허즈까지의 모습은 지금처럼 농작물을 재배하는 풍경이 아니었다. 그저 강렬한 태양과 모래바람과 간혹왕래하는 낙타 떼의 대상인들만이 왕래하던 그런 전형적인 사막이었다. 그렇게 버려진 이 땅에 사람들은 고속도로를 만들고, 흙을 갖다 붓고물을 끌어들여 대규모의 옥토로 가꾸어 '사람이 가장 살기 좋은' 환경으로 만들어 놓았다. 이곳의 작물은 강우(降雨)에 의한 것이 아니라 모두인공관개에 의해 재배된다. 스허즈 농업의 특징은 한마디로 말하자면 크

신강에서 농사를 가능케 하는 천산의
만년설이 녹아 흐르는 수로

다(大)는 것이다. 밭(田)의 면적이 크고재배하는 작물의 규모가 커, 말 그대로일망무제(一望無際), 만경양전(萬頃良田: 1頃은 1,800평)의 녹색의 파도를볼 수 있다. 이러한 대토지의 개간위에생성된 스허즈 농업의 산업화는 4대 구호를 목표로 하고 있다. 즉 '농전임망화(農田林網化)', '관개거계화(灌漑渠系化)', '경작기계화(耕作機械化)', '재배모식화(栽培模式化)'로 이 중에서 앞의 2구호는 개발 초기부터 형성된 것으로 '농전임망화'라는 것은 밭의 둘레를 나무로 숲을 만들듯이겹겹이 둘러싼다는 것이다. 이곳의 기후는 사막기후로 건조하며 모래바람이 잦아 사람이 살기에 적합지 않은 곳이기 때문에 개발 초기부터 사람들은 밭과 도로 주변에는 모래바람과 건조 기후에 강한 나무의 수종을 선택하여 띠를 두르듯이 담을 쳤다. 남강(南疆)에 가면 오도림(五道林)이란 곳이 있는데 이곳은 도로 주변에 방풍림으로 5겹의 나무를심은 곳이다. 우루무치고 어느 도시를 가든 이곳 신강에는 도로와 밭

주변에는 버드나무(柳樹)와 느릅나무(楡樹), 미류나무, 홍류(紅柳), 호양(胡楊나무- 잎이 지열로 인허 증발을 막기 위해 아래는 가늘고 위는 광합성을 위해 넓고 두껍다)등 모두가 사막기후에 강한 수종들을 심으며 그것도 층층이 겹겹이 심음으로써 바람을 완벽하게 차단하고 있는 것을 볼 수 있다. '관개거계화'는 남강 투루판의 지하수로인 '가레즈'와 함께 스허즈 대농업의 한 특징이다. 천산(天山)에서 눈(雪)이 녹아내린 물을 모아서 인공수로를 통해 각 농장의 수로에 물을 공급해 주는데, 각 농장의 수로에는 갑문이 있어 물의 양을 조절하여 물의 손실을 최대로 줄인다.

혼자서 종일토록 돌아가는 원유시추기

규툰(奎屯)에서 커라마이(克拉瑪依)까지는 140여km이다. 14시 30분경에 커라마이에 도착했다. 커라마이는 위구르어로 '커라(카라, 하라)'는 '검다'는 뜻이고, '마이'는 '기름'이라는 뜻이다. 신강(新疆)의 발전전략 중에는 '흑백(黑白)'전략이라는 것이 있다. '흑'은 석유이고 '백'은 면화를 지칭하는 것이다. 신강의 면화는 주요 경제작물이며 명품으로 생산량은 국내 최대이고 전국 총생산의 1/20을 차지한다.

도시 입구부터 안으로 들어가면 갈수록 모두가 자동화 되었는지 사람은 보이지 않고 그저 원심력에 의해 혼자서 고개를 끄덕이며 돌아가는 수 천 수백의 원유시추기의 모습만 보이는데 정말 장관이다. 쓸모 없이 버려졌던 땅이 어느 날 갑자기 검은 황금의 축복받은 땅으로 변

마귀성 원경

했다. 얼마 전까지만 해도 원유를 퍼내어 차로 실어 내지로 운반하던 것을 이제는 송유관을 땅속에 묻어 운송한다고 한다. 흑룡강성의 따칭(大慶)을 비롯해서 이곳 커라마이, 두산즈 등에서 석유가 나오는 중국은 그야말로 지대물박(地大物博)한 땅으로 생산되지 않는 것이 없는 그 자체가 하나의 세계이다.

15시 45분, 마귀성이라고하는 우르허(烏爾禾)에 도착했다. 도착 전까지는 도대체 왜 마귀성이라고 했는지 궁금했

제주도 돌하루방처럼 생긴
아궁가이티 초원의 돌궐 석인상

으나 도착해 보니 과연 이름을 기가 막히게 잘 지었다는 생각이 든다. 정말 대국(大國)의 땅이라서 그런지 지형도 가는 곳마다 특징이 있다. 어느 때인지는 모르겠으나 이곳의 지질은 수천 수 만년 동안 비바람에 의한 풍화작용으로 산들이 기기묘묘하게 침식되어 변형되었

서풍호텔이 있는 아름다운 허무촌

다. 그래서 바람이 불면 각 지형마다 기기묘묘한 소리를 내는 것이 마치 귀신들이 울부짖는 것처럼 들린다. 또 멀리서 보면 각 산들이 성채처럼 보인다. 그래서 마귀성인가 보다. 사진사들은 동이트기 전에 미리 이곳에서 대기하면서 시시각각 떠오르는 햇빛에 의해 달라 보이고,

또 각 계절마다 변하는 이 마귀성의 아름다운 모습을 사진작품으로 찍는다고 한다.

출발한 지 13시간인 20：15분에 목적지인 부얼진(布爾津：일명 부르진—현지인에게 알아본 바에 의하면 ① '강으로 둘러싸인 중심부' ② '낙타 거품'이란 뜻) 우이봉(友誼峰)호텔에 도착했다. 부얼진은 이전에 갔던 중·소 국경도시인 만주리와 흡사하다는 느낌이 드는 조용하고 매우 깨끗한 북방의 소도시였다. 입구에는 유목민의 한 맺힌 과거사가 서려 있는 어르치스(額爾齊斯：Irtish)강이 조용히 흐르고 있었다. 가물어서 그런지 수량은 그리 많지 않다고 느꼈는데 문득 차안에서 이수휘선생이 커라마이시는 유전지대라서 지하수를 이용하기가 곤란하여 이 강물을 끌어들여 저수했다가 식수로 사용한다는 말을 들은 것이 생각이 났다. 어르치스란 물이 소용돌이치며 거칠게 흐르는 것이 마치 낙타가 흰 거품(부르진)을 내는 것과 같다는 뜻이라고 한다. 그러나 내가 부얼진에서 본 어르치스강은 너무도 얌전하고 조용히 흐르고 있었다.

아궁가이티 초원의
카자흐 족 유르트

8월 1일—아침(08：50)에 부얼진을 출발하여 11：00경 알타이(阿勒泰)초원의 아궁가이티(阿貢盍提)초원유목문화생태원에 도착하여 몽골초원에서 본 돌궐석인상과 같은 10여 개의 석인상(石人像)군집들과 카자흐(哈薩克)족의 민속공연을 관람했다. 전시용 카자흐족의 집(유르트)이 있어 둘러보니 몽골 겔하고는 약간의 차이가 있다고 느꼈다. 겔과 비교해서 유르트는 집 가운데 지붕을 받쳐주는 기둥이 없고, 지붕과 둥근 벽을 연결하는 마디가 몽골

겔은 직선인데 비하여 유르트는 곡선으로 되어 있으며, 겔에 비해서 덩
치가 커 전체적으로 겔에 비해 위에서의 압력에 약하겠다는 생각이 들었

아궁가이티 초원의 석인상과 유르트

다. 유목문화생태원을 관람 후 1km정도를 달리다가 계곡에서 우회전하여
허무하나스몽골족향(禾木河喀納斯蒙古族郷)으로 가기 위하여 알타이
지대로 접어들었다. 곧게 뻗은 침엽수립과 코발트색의 부얼진하(河)가
장관인 골짜기를 따라 산 넘고 물을 건너니, 14:00경이 되어 마치 미국
서부개척시대의 개척촌 같은 마을이 보였다. 허무허(禾木河)가 흐르고
그림 같은 통나무집들이 강 옆에 지어진 평화롭고 아름다운 마을이다.
곧바로 허무촌(禾木村)의 2층 통나무집 서풍호텔(瑞豊賓館)로 들어가
짐을 풀었다.

필자가 마을로 접어들면서 가장 인상 깊었던 것은 그림같이 펼쳐진 이 마을의 통나무집들이다. 이곳 신강(新疆)의 알타이(阿勒泰), 이리 (伊犁), 버르타라 등지의 초원에서는 종종 이러한 통나무집들을 볼 수 있다. 통나무집은 본래 타이가지대에 사는 러시아인들의 전통 가옥으로 여겨지나, 이들 또한 당지의 주변에서 쉽게 구할 수 있는 통나무를 이용하여 정교하게 다듬어 집을 짓고 있었다. 집의 크기는 각기 달라서 한 칸, 두 칸 또는 서너 칸짜리가 있다. 지붕은 '人' 자형으로 만들어 경사지게 하거나 평편하게 만든다.

지붕과 벽은 온통 나무로만 지으며 틈새는 흙으로 메워 안팎의 차단 효과를 높였다. 모서리의 교차되는 부분은 나무를 파내고 서로를 끼우는 방식으로 못은 전혀 쓰지 않는다. 이곳은 집만이 아니라 학교, 관공서, 상점, 호텔 등 모든 건물을 이런 식의 통나무집으로 짓는다. 가정집의 내부는 바닥과 천정 및 사방 벽면이 모두 카펫으로 장식되어 있다.

전통복장을 한 허무촌의
투와족 어린이

여장을 풀고 식사를 한 후 우리는 투와몽골족(이 마을의 투와인은 800여명)을 만나러 약간의 선물(磚茶와 술)을 갖고 먼저 향장 집에 들렀으나 모두들 산으로 풀을 베러 나가고 없었다. 그들이 돌아 올 때까지 우리는 얼마간의 여유가 있었다. 우리는 바로 옆에 있는 허무허로 가서 물에 발을 담그고 주변의 말과 양들이 노니는 것을 구경하면서 북방에서의 성하(盛夏)의 오후를 즐겼다.

이 알타이 산 지역의 하나스호수 주변에 살고 있는 투와(圖瓦)족은 몽골족의 한 갈래로 『新疆圖志(신강도지)』에는 우량하이(烏梁海)로 기록되어 있다. 그러나 이곳의 '우량하이'는 明代 동몽골지역의 '우량하이(우량카이, 오랑캐)'와는 다른 부족이다. 그 옛날('60년대) 우리가 초등학교 운동회 기마전 때 즐겨 불렀던 "무찌르자 오랑캐 몇 햇 만이냐…"의 그 오랑캐는 바로 동몽골의 '우량하이'부족이다. 실제로 오랑캐(우량하이)라는 부족은 북방의 소수몽골족의 명칭이다. 이것이 점차 중국의 영향으로 우리에게는 '북방에 사는 야만인'정도로 변형 인식되었다. 그러나 이곳의 '우량하이'부족은 대대로 방목과 수렵을 하면서 이곳, 산 좋고 물 맑은 깊은 알타이산속의 숲 지대에서 그들만의 정체성을 갖고 소박한 문화를 이루면서 살아왔다.

전문가들의 견해에 따르면 이들이 사용하는 언어는 알타이어계통의 돌궐(투르크)어종에 속하며 일반 몽골족이 사용하는 알타이어 계통의 몽골어종과는 구별된다고 한다. 그래서 이들을 투르크계통이라고도 한다. 그러나 그날 저녁 우리가 만났던 투와족 향장 노인(말딩, 63세)이 사용하는 언어는 몽골어로, 수사나 인사말 그 외 지형의 어휘는 모두 몽골어였다. 필자의 짧은 몽골어 실력으로 판단하기에는 무리가 있어 좀더 전문가들의 연구가 있어야겠지만 투와족 소개 책자에도 이들은 몽골족투와인으로 소개되어 있다.

필자의 생각으로는 이들은 본래 몽골계통이라기보다는 돌궐(투르크)계통이 맞을 가능성이 높다. 그렇지만 오래 전에 몽골에 복속되었고 인근에서 같은 영향권에 있다 보니 몽골화하게 되었는데, 흑룡강 하류의 허저(赫哲)족이나 오룬춘족처럼 극소수의 소수민족으로 남아있는 것 보다는 몽골족이라는 덩치가 큰 소수민족 편에 서서 몽골족화하는 것이 정치상으로 유리한 것이 아니었겠는가 생각해보았다. 어쨌든 지금

이곳의 투와인들은 몽골족이다. 이들의 언어, 복식, 집, 음식 등 생활 양식, 종교, 오보제, 이들의 의식 등 모두가 그대로 몽골족과 꼭 같다.

허무허 다리위로 유유자적하며
자기 집을 찾아가는 소 떼

이날 저녁 이 서풍호텔 주인장은 우리를 위해 특별히 양고기 요리를 마련해 주었다. 늘 상 느끼는 것이지만 목축과 유목을 주로 하는 몽골과 이곳의 사람들에게 있어 양(羊)은 이들의 삶 그 자체이다. 가장 흔한 것이면서 또한 가장 귀한 것이다.

귀한 손님이 오면 반드시 양고기를 접대한다. 양 한 마리를 통째로 삶아 머리의 볼때기 살을 칼로 살짝 베어 먼저 귀한 손님의 손에 쥐어준다. 정겹다. 몽골사람들은 그들이 좋아하는 기름기 많고 고소한 엉덩이 살을 베어 손님에게 먼저 맛보라고 주기도 한다. 어두운 밤하늘 불빛아래 원탁에는 큰 쟁반에 양고기 그득 삶아놓고, 독한 아리흐(술) 한잔에 양고기 한점 뜯어먹는 모습은 그런대로 잘 어울어지는 북방 타이가지대의 풍경이다.

이곳 신강에서 가장 유명한 요리 중의 하나를 들라면 카오양로우촨(烤羊肉串:구운꼬치양고기)을 들 수 있는데, 양 냄새를 제거하기 위해 불에 구울 때 여러 가지 향신료를 뿌린다. 우리는 대체로 향신료나 양고기가 익숙하지 않아 많이 먹지 못하지만 목민들과 이곳 사람들이 가장 좋아하는 것이 바로 이 양고기 꼬치다. 출출할 때 그들은 수십 개의 꼬치를 먹는다.

계절마다 색깔이 바뀌는 신비한 하나스호수

2일—아침기온 19℃. 산간지대라서 그런지 한 여름이라도 이곳의 아침은 서늘하다. 간단히 아침을 먹은 후 우리는 이곳 메이리펑(美麗峰) 아래에 있는 조용하고 아름다운 북방의 작은 시골 마을 허무허몽골족 향을 뒤로하고 하나스(喀納斯) 호수를 향해서 출발했다. 하나스호수로 가는 차안에서 김석종 선생은 이 호수에 송아지를 잡아먹는 500㎏짜리 잉어가 산다고 했다. 그래서 '관어정(觀魚亭)'이란 곳에 오르면 가끔 수면위로 올라오는 잉어를 볼 수가 있다고 한다. 이 이야기를 들으니 얼마 전 『NHK 비경 홍안령을 가다』에서 1940년대 흑룡강에서 800여㎏짜리 철갑상어를 잡았다는 기록이 생각난다.

"흑룡강은 예로부터 철갑상어의 산출지로 유명한데 한때 이곳
에서는 길이 5미터, 중량 524㎏(이 물고기는 담수어로서는 세계
최대의 철갑상어)짜리가 잡힌 기록이 있다.

중국에서는 황어(鰉魚)라 하는데 魚(고기 어)에 皇(빛날 황)자를 붙
인 것처럼 물고기의 황제로 淸代어는 황궁(자금성)에 계신 황제에게 공
납품으로 진상했다고 한다. 그의 고기(肉), 뼈(軟骨), 알(卵)은 '원두
(猿頭-원숭이 골모양)'라 불리는 버섯과 '곰 발바닥', '한다한(말 사슴)
의 코'와 함께 흑룡강성 일대에서 나는 진미로 여겨진다. 특히 철갑상어
의 알을 소금에 절인 '캬비아'는 세계적으로 진귀한 식품이다. 1940년대
에는 그야말로 800㎏으로부터 1,000㎏의 大황어가 잘 잡혔지만, '50년
대 이래로는 점차 적어져 최근에는 거의 잡히지 않는다 한다.

이 철갑상어는 北極海에 사는 冷水魚인 동시에, 온대수역에서도 살
수 있는 물고기로 일본 북해도의 石狩川과 天鹽川에서도 많이 살고
있는데, 아이누인 들은 鮭(연어)와 함께 神의 고기로서 숭배하여 먹은
후에 머리의 뼈는 정중하게 제(祭)한다고 한다. 이 철갑상어는 전장
1.5m의 철갑상어科에 속하는 것으로 북해도에서는 환상의 고기로 여
겨진다. 일본의 前田潮가 쓴 『北万狩獵民의考古學』에 의하면, 흑룡
강 유역에는 다우리아 철갑상어와 아무르 철갑상어의 2종류가 있는데,
전자는 흑룡강 본류로부터 우수리강 등에 분포하면서 강바닥의 부드러
운 진흙 위에서 작은 고기를 잡아먹으며 큰 것은 길이가 4m에 이른
다. 또 후자는 전자만큼은 크지 않으며 흑룡강 본류를 중심으로 살며
전장 3m에 달한다고 한다."

믿어야 할지 어떨지는 모르겠으나 호수가 커서 큰 고기가 살 수는

동양 유일의 스위스 풍경 하나스 호수

있겠다고 생각했다. 여지껏 그렇게 거대한 물고기를 본적이 없던 나로서는 중국 사람들의 허풍이겠거니 생각했지만 얼마 전 sky TV의 낚시 채널에서 본 우랄 강 하류에서 낚시로 잡는 거대한 철갑상어를 보고나서는 그렇게 거짓말도 아니겠구나 하고 여겨졌다.

하나스 호수 입구에서 도록을 하나 샀다. 겉표지에는 다음과 같이 써있다 '아시아 유일의 스위스 풍경, 신비의 하나스'. 하나스는 몽골어 '한수'와 같은 음으로 '神水' 또는 '아름답고 신비로운'호수 라는 의미이다. 호수 입구부터 코발트빛깔의 아름다운 물 색깔과 어우러지는 나무들의 조화로움은 정말 천상에나 있음직한 '아름답고 신비로운'호수라는 생각이 든다. 옛날에는 '變色湖(색깔이 변하는 호수)'라고도 불렀는데 실제로 날씨의 맑고 흐림에 따라 또는 비나 눈이 올 때, 아침과 저녁에 그 빛깔이 남색, 벽옥, 청회색, 흰색 혹은 분홍 등으로 변한다 하니 정말 신비스러운 호수임에는 틀림없다. 그런데 무엇보다도 필자에게 아름답게 각인된 것은 이 하나스호수로 들어오는 20여㎞에 걸친 입구의 풍경들이다. 마치 설악산 자체보다도 외설악이 시작되는 한계령 입구부터 마음이 설레듯이 필자는 하나스호수에서 힘차게 뻗어 흘러 내려오는 코발트 색깔의 계곡을 보는 순간의 영상이 늘 기억 속에 잔상이 되어 남아 있다.

안내판에는 다음과 같이 호수에 대해 소개하고 있다.

"하나스호 20만 년 전 생성, 남북 약24㎞, 동서 1.6~2.9㎞, 면적 44.78㎢, 호수면- 해발 1,370m, 평균수심- 90m, 가장 깊은 곳은 188.5m, 중국 내 가장 깊은 고산 호수…"

우리는 아름다운 코발트의 호수가 내려다보이는 쥐라기 공원 같은 이곳 전망 좋은 식당에서 사천(四川)사람들이 좋아한다는 5~6㎝정도의 면 위에 스파게티 소스 같은 것을 얹어주는 면류로 점심을 한 후, 호수 선착장에서 쾌속유람선을 타고 무언가 색다를 것 같고, 혹시 사람 크기만 한 잉어를 볼 수 있지 않을까? 하는 기대를 갖고 코발트빛 물 위를 2시간여 남북으로 종단을 했다. 물빛과 조화를 이루는 청록색의 주변 산들을 보니 불현듯 이곳에서 하루 정도 야영하며 낚시나 했으면 좋겠다는 생각을 해 보았다. 아름다운 호수를 충분히 보았다는 것에 만족하고 오후 서너 시쯤 우리는 투얼진을 향해 기수를 남으로 돌렸다.

인터뷰에 응해준
나이만의 후손
무타리푸 씨

20:00에 부얼진의 우의봉호텔로 돌아온 후, 저녁식사를 하면서 낮에 수소문했던 카자흐족인 무타리푸(木塔力甫, 67세, 布爾津縣 財政局家屬樓 2單元 101 號, tel:0906-6522212)씨와 자리를 함께 하였다. 심장박동기를 착용할 정도로 몸이 불편하여 식사 조절을 하는 관계로 음식은 잘 드시지 못하였으나 여러 가지 질문에 친절하게 대답해 주셨다. 이 분은 할아버지 때 할아버지의 누이가 이곳에 계셔서 이곳으로 이주해 와서 살았다고 한다. 그런데 이야기 도중에 이 분은 나이만 부족이라고 하였다. 13세기 테무친의 공격으로 서요지역으로 들

바인오보향의 수호신 대오보

어갔다가 카자흐스탄까지 쫓겨 갔던 여러 서부몽골족들 중의 하나인 나이만 부족이 바로 이 분의 선조이다. 그런데 지금은 카자흐족이다. 평소 궁금했던 13세기 몽골초원의 여러 유목부족들에 대한 실마리를 하나 얻은 듯했다.

3일(화)―아침에 약간의 비. 08:25분, 부얼진(부르진: 布爾津)에서 다청(塔城)을 향해 출발. 217번 도로를 타고 남하하다가 11: 10분경 화풍(和豊)현에서 우회전하여 바인오보(巴音敖包)향을 지나 허부커샐(和布克賽爾)몽골자치현에 도착(12시)하였다. 바인오보향에는 몽골족 마을답게 마을 어귀에 상당히 큰 규모의 오보가 세워져 있었다. 몽골사람들은 매년 7월에 이곳에 모여 음식과 술과 고기(肉)를 장만하여 천신에게 바치는 예를 행한 후에 음식을 나누어 먹고, 온 마을 사람들이 모여 말타기, 활쏘기, 씨름 등의 경기를 벌인다. 일종의 오보 축제(나담)이다. 과거로부터 이러한 몇 날 며칠 동안의 축제 기간을 통해서 몽골족들은 자신들의 단결과 유대감을 강화했고, 중요한 사안도 이 기간에 장로들이 모여 회의하여 결정하곤 하였다. 문화혁명 기간과 그 이후 얼마 동안에는 오보축제를 제한하였으나 개혁 개방 이후에는 다시 활성화 되고 있는 추세이다.

오보(鄂博, Obu)는 몽골, 신강, 티베트 등지에서 볼 수 있는 석조(石造) 구조물로 대체로 산꼭대기, 호숫가, 지역 경계 등에 많이 세워 지도표(指導標)의 역할을 했지만, 본래는 샤머니즘의 신령(神靈)을 모셔놓은 장소로

오보의 위치도 무당(샤만)의 결정에 의해서 정해졌다. 모양도 지역마다 조

금씩 다르기는 하지만 모두가 돌을 둥글게 탑 모양으로 쌓고, 안에는 신상(神像)을 모셔놓고, 가운데에는 긴 장대를 꽂아 만드는 공통점이 있다. 과거에는 매 가족마다 혹은 부락 단위로 공동의 오보를 만들었다. 몽골 사람들은 오보를 만나면 시계

현 성립 50주년 기념행사 준비에 한창인
허부커샬의 어린이들

방향(오른쪽)으로 세 번 돌면서 돌을 하나씩 던지며 소원을 비는 습관이
있다. 매년 오보제(祭)가 행하여지는데 현재에는 라마가 이것을 담당하
며 이 때 오보경(經)을 읽는다.

이 제전(祭典) 때 앞에서 언급한 경마(競馬), 씨름, 활쏘기(弓技)
등의 경기를 벌이며 온 마을 사람들이 모여 흥겹게 논다.

오보의 어원은 '오바(Oba)'라는 투르크어로, 뜻은 '住家(집에 머물
다)' 즉, '신령이 머무는 집'이라는 설과, '堆子' 또는 '鼓包'라는 설이
있다. 유래는 원(元)조의 창시자인 후빌라이(忽必烈)가 일찍이 '황제
와 몽골 제왕은 매년 반드시 명산대천(名山大川)에 제사하여야 한다'
라는 규정에서 비롯되었다고 한다. 그러나 원(元)왕조가 중원을 지배
했을 때는 '명산대천'이 많았지만, 흑에 몽골 고원으로 물러난 뒤(北元
시기) 초원에는 '명산(名山)'이 드물었기 때문에 돌을 쌓아 산을 만들

어 '명산'을 대신하고 그 안에 신(神)을 모신 것으로 추정된다.

허부커샐(和布克: 매화사슴, 賽爾: 이 마을에 있는 말 등같이 생긴 산의 이름)현(인구: 5.7만, 토르구드(土爾扈特:Turghud)몽골족: 1/3, 카자흐족: 1/3, 한족: 1/3)은 자치현 성립 50주년 기념행사 준비가 한창이었다. 지난날 왕야부(王爺府) 2층 관저는 원형 그대로 잘 보존되어 있었으며 이곳에다 토르구드(Turghud) 몽골족 역사전시관과 허부커샐현 소개 전시장으로 꾸미고 있었다. 나는 전시관을 관람하다가 이 몽골족들이 지난날(17세기 초) 같은 오이라트부의 하나인 준가르부에 밀려 볼가강으로 쫓겨 갔다가 18세기 후반 준가르부가 청(淸)에 망하자 갖은 고초를 겪으면서 다시 고향으로 귀향했던 바로 그 토르구드(土爾扈特:Turghud)몽골족 이라는 것을 알고 적지 아니 놀라면서 한편으로는 매우 반가웠다.

토르구드(土爾扈特,Turghud)몽골은 오이라트몽골 4부 중의 하나로 본래는 타르바가타이(塔爾巴哈台)지구와 어르치스(額爾齊斯:Irtish)강 중류 서안 일대에서 유목하였었다. 그러나 17세기 초, 점차 강대해진 오이라트몽골 중의 준가르(准噶爾)부와의 마찰로 인해 결국에는 무리를 이끌고 멀리 유럽의 볼가강유역까지 이주하였다. 그래도 이후 1세기 반 동안 줄곧 토르구드부는 청조(淸朝)와 서로 사신을 파견하면서 긴밀한 관계를 유지하는데, 청조에서도 1712년(康熙 51年) 사신 투리천(圖理琛:Tulishen)이 이끄는 30여명의 사절단을 보내 서로간의 관계를 지속적으로 유지한바 있으며, 서장(西藏)과도 예불(禮佛)을 위해 사람을 꾸준히 보내 서장과 오이라트몽골 각부 종교 수령들과의 관계도 긴밀하게 유지하였다.

허부커샐 왕야부 전경

　그러나 18세기 중엽, 제정러시아의 세력이 점차 볼가강유역까지 확
대되면서 토르구드부에 대한 통제와 박해가 점차 심해졌다. 특히 제정
러시아는 대외 확장 전쟁 중, 토르구드부의 장정들을 멋대로 징발하여
전쟁에 투입시켜 토르구드부의 격렬한 반발을 불러 일으켰다. 이에 토
르구드부의 수령 우바시(渥巴錫:Ubashi)는 청조(淸朝)가 신강을 통
일하여 천산남북의 대초원이 비어있어 유목이 가능하다는 소식을 듣고,
각부의 수령들과 의논하여 제정러시아의 통치를 벗어나 고향으로 귀향
할 것을 결정하였다. 마침내 1771년 1월 5일, 우바시(Ubashi)는 주
둔하고 있던 제정러시아군을 선제공격하여 제압하고 신속하게 토르구
드 및 호슈트(和碩特:Khoshot)　호이트(輝特:Khoyit), 두르부드
(杜爾伯特:Durbod) 등 부중 3.3만여호(근 17만)를 이끌고 우랄강
을 건넜다. 귀로 도중 토르구드(Turghud) 등의 부중은 여러 차례 수
만의 제정러시아 군대의 포위와 공격을 막고 싸우면서, 또 다른 유목민
족의 공격을 받으며 산 넘고 강을 건너고 고비사막을 넘는 등 수없이
많은 고난을 이겨내며 마침내 그해 7월 청조의 통치 구역에 이르렀다. 목

적지에 이르렀을 때 토르구드의 부중의 생존자는 7만여 명으로 절반 이상
이 줄어들었으며 휴대했던 가축은 거의 소진된 상태였다. 특히 이 장정이
어려웠던 것은 적들의 공격 못지않은 자연재해였다. 봄이 되어 눈과 얼음
이 녹아 없던 강이 생기고, 초원은 순식간에 늪으로 되어 말과 소, 양들이
빠져 죽었으며 불결한 물로 인한 오염으로 많은 사람들이 죽어갔다.

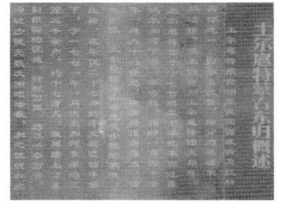

토르구드 몽골의
동귀 설명서

간난신고 끝에 동귀하는 토르구드 부족을 묘사한
서부광장의 벽화

　천신만고 끝에 7월 말, 이리(伊犁)에 도착하였다. 청조 정부에서는
이들의 귀향을 열렬히 환영했으며 그들에게 목지와 가축과 의복과 필
요한 모든 물자를 지원하였다. 통계에 따르면 신강 각지에서 소, 양
13만두, 내지에서 가축 14만두가 운송되어 목민 개인당 평균 4마리의
소와 양이 배분되고, 그 외 양식이 근 5만석, 찻잎이 2만여 봉, 가죽
옷 5만여 건, 면포 6만여 필, 면화 6만여 근, 백은(白銀) 20만량 등
으로 목민들의 기본 생활을 보장하고 율드스(裕勒都斯)초원(지금의
和靜縣)과 허부커샐 등을 목지로 정하여 살아가도록 배려하였다. 청

왕조에서는 이들의 귀환을 매우 중시하였다. 건륭황제는 여름궁전인 승덕(承德)에서 토르구드부의 수령 우바시 등을 접견하여 융숭하게 환대했으며, 승덕사(承德寺)에는 이들의 귀환을 영원히 기념하고자 《土爾扈特全部歸順記》와 《優恤土爾扈特部衆記》라는 2개의 석비를 세우도록 하였다. 필자가 허부커샐헌 왕야부에서 만난 사람들도 모두 이때 귀향했던 토르구드부족의 후손들이다. 전혀 예상치 못했는데 이렇게 만나고보니 반갑고 신기하면서 부쩍 이들에 대해서 알고 싶어졌다.

144년 만에 귀향하여 건륭제의 융숭한 대접을 받았다는 이 토르구드몽골 부족에 대한 이향(離鄕)과 귀향(歸鄕) 문제는 좀더 깊이 있는 연구가 있어야 한다. 앞에서 언급한 준가르(准噶爾)부와의 마찰이라든가 제정러시아의 징발 문제가 물론 이들이 이향하고 귀향하게 된 하나의 원인(遠因)으로는 여겨지지만, 보다 본질적인 필요충분조건이 되기에는 무언가 부족하다는 느낌이 있다.

필자는 역사의 변천에 가장 크게 영향을 주는 요인 중의 하나는 개인의 욕심에 따른 감정이라 생각한다. 개인의 감정이라 표현하면 너무 치졸한 느낌이 들어 대의명분이라는 어휘를 쓰기도 하지만, 결국 파헤쳐보면 본질은 개인의 이기적인 감정에서 시작된다. 이러한 감정의 대립을 흔히 역사에서는 내분(內紛)이라 표현한다.

이들의 귀향 원인에 대해서 가장 본질에 가깝게 언급했다고 여겨지는 오카다(岡田英弘)선생의 『몽골제국의 흥망』, 「토르구드 부족」 편의 표현을 빌린다.

"오이라트의 영도(領導) 호오르로크(和鄂爾勒克:Kho Oloq)는 토르구드(Turghud)부족을 이끌고 1628년 서방으로 이동을 개시하

여 1630년에는 볼가강에 이르러 노가이(Nogai)인을 정복하고, 1644
년, 달아난 노가이를 추격하여 코카사스 산중의 카바르다(Kabarda)
로 공격해 들어가 여기에서 전사했다. 호오르로크의 장남 수쿠르다
이칭(書庫爾 岱靑:Sukhur Dayching)은 부족장으로 되어 1656년,
러시아의 짜르 알렉세이 미하이르비치와 동맹했다. 수쿠르다이칭의
뒤를 이은 그의 아들 푼쵸크(朋楚克: Puntsuk)는 1670년에 호슈트
의 오치르트체첸 칸의 동생 아바라이에게 살해되었고 이후 푼쵸크
의 장남 아유기(阿玉奇:Ayuki)가 토르구드 부족장으로 되었다. 아
유기는 칸(汗:Khan)을 칭하고 반세기에 걸쳐 재위하고 1722년에
83세로 죽고 나자 왕위계승을 둘러싸고 내분이 일어났다. 아유기
칸은 장남인 쩨렌동도크를 후계자로 정했지만, 아유기의 비(妃)인
다루마바라 하톤은 아유기의 손자인 동도쿠옴보(Dongduq Ombo)
와 재혼하여 이를 후원하였다. 러시아의 개입으로 쩨렌동도크가 칸
으로 되었으나 국내는 안정되지 않고 1735년, 동도쿠옴보가 볼가로
진군해 오자 쩨렌동도크는 페테르부르그로 망명하여 동도쿠옴보가
칸으로 되었다. 러시아도 이것을 승인하였다. 동도쿠옴보 칸이 1741
년에 죽자 또다시 분쟁이 일어났지만 결국, 아유기 칸의 손자인 동도
쿠다시(Donduqdashi)가 계위했다. 동도쿠다시 칸은 20여년 재위하
고 1761년에 죽자 그의 아들 우바시가 17세에 칸으로 되었다. 러시
아는 칸의 힘을 약화시키고자 동도쿠다시 칸의 손자인 쩨베쿠도르
지를 토르구드의 '쟈르구치'회의의 의장으로 임명하였다. 이에 불만
을 품은 우바시 칸은 1771년, 토르구드의 대다수를 이끌고 볼가강
변을 떠나 이리(伊犁)에 이르러 청조에 보호를 구하였다"

  이 내용을 보면 결국 토르구드몽골부의 칸인 우바시는 러시아가 칸
의 세력을 약화시키기 위하여 동도쿠옴보 칸의 손자 제베쿠도르지를
토르구드부의 '쟈르구치'회의의 의장에 임명한 것에 불만을 품고 귀향

했다는 것이다. 17만 명 중에 10만 명을 희생시키면서까지 이리(伊
犁)로 돌아온 우바시의 무모한 행동은, 청조에 있어서는 역사적인 사
건이면서 또한 좋은 정치적 선전거리였다. 이제 바이칼호 동쪽의 부리
야트인과 우바시의 귀향 때 강물이 얼지 않아 동참하지 못해   볼가강
서쪽에 남게된 토르구드인(칼묵인)을 제외한 모든 몽골계 종족은 청조
에 신속하게 됨으로써 명실상부 건륭제는 모든 만주족과 한족과 몽골
족의 '대황제(大皇帝)'가 되었다.

   사람 산다는 것이 늘 그런 것이라는 생각이 든다. 과연 우바시(渥巴
錫:Ubashi)의 행동은 옳다고 할 수 있는가? 우바시는 이후 광영을 누
리며 오랫동안 행복했을까? 칸의 피를 받은 사람은 그토록 많은 인축을
희생시켜서까지 지존을 지켜야 했는가? 옳고 그름의 기준은 무었인가?
우바시는 왜 유하혜(柳下惠)가 화광동진(和光同塵)하고 월(越)나라의
범려(范蠡)가 천화어외(遷化於外)하듯이 부화(附和)하고 뇌동(雷同)
하는 그런 지혜와 여유가 없었을까? 토르구드 후손들은 이주 후의 생활
에 만족했을까? 생각할수록 자꾸 울화가 치밀어 별 의미 없는 생각들만
꼬리를 물고 나타난다. 복잡하고 착잡한 심경은 천천히 이동하며 달래
보기로 하고 갈 길을 재촉했다.

   참고로 남상긍 교수는 『몽골학』 18호에서 발표한 「北彊 준가르 초원의 토
르구드(土爾扈特)족의 분포과정」에서 토르구드족의 동귀(東歸) 배경을 (당시)

   "우바시(Ubashi)가 17세의 나이로 족장이 되었을 때 볼가 강
   일대에는 많은 러시아인, 우크라이나인, 도이치인들의 끊임없는
   入植으로 일해 토르구드인들은 물도 없는 황무지로 밀려날 형편
   이었고, 더욱이 1770년 (러시아와) 오스만 투르크와의 전쟁이 재
   발하고 또다시 징병령을 받은 토르구드족은 이를 거부하고 쥰가

르 초원으로의 귀환을 구체화하기 시작하였다'라고 밝힌바 있다.

허부커샐에서 점심식사를 하고, 하미과 사촌인 티에탄 (鐵彈:포탄처럼 생긴 하미과)을 후식으로 한 조각씩 잘라 먹고 에민(額敏)현을 향해 출발했다. 에민으로 가는 길은 그리 평탄치만은 않은 비포장도로이다. 어릴 적, 어머니 손잡고 버스를 타고 덜 덜거리면서 서울 가던 그런

허부커샐에서 에민현으로 가는 도중의 사막풍경

길이 생각났다. 길 주변은 전형적인 사막풍경으로 주위의 바위산과 사막식물과 낮게 깔린 구름들이 다양하게 변화하는 묘한 매력이 넘치는 모습이다. 그리 맑지 않은 날씨 탓에 스산하면서도 몽골초원에서 불어오는 가을향의 바람에 취해 문득 외로워지는 그런 오후였다.

16:00 백양하(白楊河) 다리(大橋)를 통과했다. 잠시 개울가에서 쉬며 이제 먹지 않으면 곯을 것 같은 자루 속의 수박을 꺼내 한 조각씩 먹고 길을 재촉했다. 우리는 이번 여행 내내 늘 차에다 하미과와 티에탄과 수박을 한 자루씩 가지고 다녔다. 이곳에서는 손님이 오면 '차(茶) 대신 과일을'이란 말이 있을 정도로 과일이 풍성하다. 신강의 여름은 과일의 천국이다. 그만큼 과일이 흔하여 우리 돈 1만원 정도면 수박이나 하미과를 한 자루씩 살 수 있다.

신강은 중국에서도 이름난 과일의 고향이다. 수박이나 하미과 포도, 사과

등 과일의 생산(매년 60만 무(畝-1묘는 6.6a) 재배)도 많이 될 뿐 아니라, 이곳 특유의 건조기후 덕에 당도에 있어서도 전국 최고의 맛을 자랑한다. 매년 7,8,9 3개월은 과일의 황금계절이다.

팔리기 전 시장에 쌓아놓은
하미과와 티에탄

신강 사람들은 또 이들 과일들을 잘 보존하여 엄동설한에도 난로 주변에 모여서 수박과 참외를 즐긴다. 신강의 겨울은 매우 춥다. 추울 때는 섭씨 영하 30도 아래까지 내려간다. 눈꽃이 바람에 날리고 찬바람은 뼈가 시리도록 춥다. 이 추운 한겨울에 위구르족 고향집에서는 저녁을 먹은 후에, 온 식구가 난로 옆에 모여 정담을 나누며 수박과 참외와 포도를 먹는다.

천산 남북의 과일재배 농가에는 모두 작은 규모의 보관용 과일 창고가 있다. 일반적으로 포도와 참외는 창고에 걸어서 보관하고, 수박은 식량더미 속이나 모래 속에 저장하여 신선도를 유지시킨다. 재미있는 것은 남강(南疆) 농민의 포도 저장 방법이다. 9, 10월, 남강의 포도재배 농민은 익은 포도를 따서 특수 제작된 토방(土房)에 건다. 이 토방은 그리 높지 않고, 담장은 매우 두꺼우며, 창문은 작아서 보온하기 쉽게 만든 집이다. 포도를 다 걸고 나서는 문과 창을 닫고 황토(黃土)를 뿌려 황토가 포도위에 떨어지게 하여 보온층을 만들어준다. 겨울이 되면 창문 옆에 한 그릇의 물을 떠 놓고 실내의 온도를 측정한다. 얼음이 얇게 얼면 실내 기온이 영하로 떨어진 것이고, 얼음이 두껍게 얼면 실내 온도를 높여야 한다. 온도를 높이는 방법으로 이들은 양(羊)을 토방으로 들여와 사육한다. 양의 몸에서 나는 열량을 이용하여 포도가 어는 것을 막고 신선도를 유지하도록 실내 온도를 조절하려는 목적이다. 이 외에 신강의 농민들이 과일의 신선도를 유지하는 방법은 많다. 지역에 따라 약간씩 방법에 차이가 있을 수 있지만 대체로 하미과와 참외는 5개월, 길게는 7개월까지 저장한다. 사과와 포도, 배, 석류 등의 과일은 모두 반년 이상 저장이 가능하다.

얼마 전까지만 해도 석탄을 채취했을 것 같은 폐광촌을 지나 17:15 라마소(喇嘛昭) 마을을 지났다. 이 길에도 부얼진 가는 길에서 본 것처럼 ~단(團)같은 군부대 명칭이 눈에 많이 띈다(신강개척의 주력은 군대이기 때문에 지역 이름에 군대 단위의 명칭이 많다). 우리나라 군대도 남북이 대치하지 않으면 그렇게 많은 병력도 필요 없겠지만, 이곳에서처럼 '낙후된 지역의 건설 인력으로 투입'될 수도 있겠구나하는 생각을 해 보았다.

19:00경 에민(額敏)현에 도착했다. 그 튼튼하던 IVECO(新H 10388)도 200여Km의 비포장 자갈사막 길을 달리면서 이상이 생긴 듯하다. 정비소에서 1시간여 손을 보고 목적지 다청(塔城)으로 향하는 도중, 이수휘 선생으로부터 이곳 에민현이 지난날 서요(西遼: 카라 키타이)의 도읍지로 번성했던 역사적인 도시라는 이야기를 듣고 그렇게 멀고 막연하게만 느껴졌던 '키타이'가 신비하게 다가오는 듯 했다.

필자는 평소 13세기 몽골족의 절반 이상은 키타이인이라고 생각하고 있었다. 916년 야율아보기(耶律阿保機)가 요하(遼河) 상류에 세웠던 요(遼)왕조가 1125년 금(金)의 태종(太宗)에게 망했다고 역사에서는 말하고 있는데, 그렇다면 요(遼)왕조가 멸망하고 그 많던 요(遼)의 백성들은 과연 어디로 갔을까? 필자의 견해로는 이들의 일부는 물론 금(金)왕조의 노예로 끌려간 자들도 있겠지만, 그의 대부분은 이후 몽골족에 흡수되어 몽골족으로 동화되었을 것이라는 생각이다. 그들은 요(遼)의 멸망 이후 대흥안령산맥의 주변에 살면서 금(金)왕조의 기미정책에 어느 정도 구속은 받았겠지만 이후, 1206년 칭기스칸의 대몽골제국 성립 이후에는 그대로 몽골족으로 흡수되었을 것으로 판단된다.

당시 세계의 패자 '대몽골제국'의 역사에서 절대적인 비중을 차지했던 이 키타이(거란: 契丹)는 그 어떤 유목민보다도 높은 문화를 갖춘 문명국가였다.

키타이인(『신당서(新唐書)』에는 동호(東胡)종족으로 기록)은 본래 대흥안령산맥 일대의 유목기마민으로 돌궐(突厥)이나 수(隋), 당(唐)에 신속되어 있었다. 8부족 연합체로 왕은 3년에 한번씩 돌아가면서 맡았으나 916년 야율아보기(태조 耶律阿保機)가 전 종족을 통합하여 종신 왕이 되어 황제를 칭하였다. 이것이 키타이(Khitai)제국의 건국이다. 키타이(거란) 외에 「요(遼)」라는 국호를 사용했는데 이것은 고향인 요하(遼河)로부터 따온 것이다. 요대(遼代)의 키타이인은 부족연합을 폐지하고 모든 종족을 2가의 성(姓)씨로 통합했다. 하나는 말(馬)을 토템으로 한 야율(耶律)성이고, 다른 하나는 소(牛)를 토템으로 하는 심밀(審密, 蕭)성이다. 이 2성은 내부에서는 결혼할 수 없는 족외혼제가 지켜졌다. 이후 키타이제국은 11세기초(1004년) 위구르 고성(故城)중의 하나인 오르혼(Orkhon)강과 톨(Tuula)강 사이의 카톤바리크에 몽골고원을 통치하는 거점으로서 진주건안군(鎭州建安軍)이라는 군사기지를 설치하였다. 그리고 같은 해 성종(聖宗)이 이끈 키타이 군은 송(宋)의 수도 개봉(開封)을 공격하여 송의 진종과 요의 성종이 형제가 되고, 송은 요(키타이)에게 매년 비단 20만 필, 은 10만량을 지불하는 조건으로 요의 성종(聖宗)과 전연(澶淵)의 맹약을 맺었다. 이보다 앞서 936년에는 후당(後唐)을 멸망시키고 사타 투르크인 석경당(石敬瑭)을 후진(後晋)의 황제로 세우는데 일조하여 요는 산서북부로부터 하북 북부에 걸친 연운(燕雲)16주를 할양받기도 하였다. 그러나 달도차면 기울고 화무십일홍이라고 그 막강했던 키타이 제국도 말년에는 천조제의 부실통치와 송화강 중류에서 일어난 신흥 강국인 금(金)에 밀려 쇠락의 길로 접어들었다.

키타이제국이 붕괴할 때 왕실의 하나인 야율대석(耶律大石)은 몽골 고원을 거쳐 서쪽으로 향하여 카라한조를 압박하고 북강(北疆)에 제2의 키타이제국을 수립하였다. 한문문헌의 서요(西遼), 이슬람문헌의 카라 키타이가 이것이다. 이리하여 12세기에는 동쪽에 여진의 금제국, 서역에 키타이의 서요국, 그 중간에 서하, 강남에 남송이 서로 버티고 있는 형국이었다. 그러나 머지않아 이들은 모두 몽골의 칭기즈칸에 의해 평정되어 유라시아 대륙에 새판이 짜여지게 된다.

에민(額敏)현을 떠나면서 키타이의 야율대석을 그려보며 과연 영웅들은 어떤 모습이었고 어떻게 말했으며 어떻게 행동했을까? 나름대로 상상해보았다.

에민에서 다청(塔城)시까지는 60여Km로 그리 먼 거리는 아니지만 도로공사로 인해 복잡하고 혼란스러웠다. 중국식 도로보수공사는 우리 방식과는 좀 다르다. 중국인들은 우리네처럼 도로의 반씩 공사(주행선의 반은 막고 나머지 반은 차량이 통하게)하는 것이 아니라 도로 전체를 50m간격으로 막고 공사(차량은 50m 달리다가 아래로 내려가 좁은 임시 길로 가야 함)하기 때문에 불편함은 이루 말할 수 없다. 너무

도로 공사 중인 북강의 모습

나 짜증스러워 차라리 1년 후에 올 것을 하고 후회 아닌 후회를 해본
다. '2004년 여름의 북강은 전체가 도로공사 중'이라 할 정도로 거의
모든 주 간선도로를 파헤쳐 놓았다. 이곳뿐만이 아니라 가는 곳마다
파헤쳐놓지 않은 곳이 거의 없을 지경이다. 이리(伊犁)의 위구르마을
에서 본 표어가 생각난다. "創一流平安大道 讓人民群衆滿意(편안한
일류도로를 만들어 주민으로 하여금 만족하게 하자)"라는 구호이다. 간
판의 구호처럼 북강의 간선도로들은 이제 몇 달만 지나면 왕복 8차선
이상의 완벽한 도로가 완성된다. 내년부터 이곳에 오는 사람들은 아마
도 주변의 좋은 풍경을 구경하면서 비행기보다 더 빠르게 다닐 수 있
을 것으로 생각된다.

탑성 지구 호텔 전경

　21:30분 카자흐스탄과 접경하고 있는 도시
인 다청(塔城)시 다청지구호텔(塔城地區賓館)에
도착했다. 이 다청(塔城)지역도 그 연혁을 보
면 기원전 흉노, 오손으로부터 돌궐, 위구르,
서요, 나이만, 몽골이 지배하는 등 수없이 많
은 지배세력의 교체와 혼란을 겪고 나서 오늘

에 이른 것을 알 수 있다.

여기서는 명(明)대 이후 청(淸)대의 다청지역 역사에 대해 언급하고자 한다. 특히 이곳은 청왕조 때 러시아와의 국경이 곧바로 현대사의 중국서북방 경계로 확정됨에 따라 그 역사적 의의가 매우 크다고 할 수 있는 곳이다.

> "명(明)대, 다청지역은 오이라트부 중의 하나인 토르구드(土尔扈特)몽골부의 유목지였으나 숭정원년(崇禎元年: 1628) 토르구드부의 서천후 타르바가타이(塔尔巴哈台Tarbaghatai) 일대는 준가르부의 목지로 되었다. 명 숭정 8년(1635), 준가르부의 수령 바토르홍타이지(巴图尔洪台吉)는 오이라트제부의 맹주가 되어 그 통치의 중심을 허부커샐(和布克赛尔)로 옮겨 지금의 이 다청지역을 준가르부의 핵심지대로 삼았다.

청(淸) 건륭 20년(1755), 청왕조는 준가르부를 멸망시켜 타르바가타이(Tarbaghatai) 일대를 복속하였으나 오래지 않아 아무르사나(Amurusanaa)가 반란을 일으켜 이 다청지구는 그의 통제 하에 들어갔다. 그러나 그도 잠시, 건륭 22년(1757) 청조는 아무르사나(Amurusanaa)의 반란을 평정하고 수복하였는데 또, 이 당시 아무르사나의 반란에 편승하여 일어났던 것이 대, 소 호자(和卓)의 반란이다. '호자'는 '聖裔(성스러운 후예)'란 의미로 이슬람교의 창시자 마호메트의 후예를 지칭하는 말이다. 대호자 바라나두(波羅泥都)와 소호자 휘즈디엔(霍集占)은 형제지간으로 원래 청조가 준가르부를 멸망시킬 당시에는 청조에 협조하여, 소호자는 청조로부터 이리(伊犁)에 남아 당지의 위구르농민들을 계속 통치할 수 있는 권한을, 대호자는 청군(淸軍)의 지지하에 그의 반대세력을 제거하여 남강

(南疆)의 광대한 지역을 다스릴 수 있게 되어 모두가 청조에 충성을 맹서했었다. 그러나 이것도 오래 지속되지 못하고 이리에서 아무르사나(Amurusanaa)가 반란을 일으키자 대, 소 호자들도 이에 가세하였다. 1757년 봄, 대 소 호자는 청조 정부에서 남강에 파견한 사신과 그 수행원 100여명을 죽이고, 또 그들을 반대하던 베크(伯克,Beg:지방관리의 우두머리)와 그의 가속들도 잔인하게 살해하면서 공개적으로 청조정부에 반대하며 반란을 일으켰다. 물론 이들 또한 오래 버티지 못하고 모두 청조에 복속되었으나 이에 놀란 청조는 이후 서북 변경에서의 잦은 반란의 방지와 변경 안정을 위해 이 서북 신강지구의 요처에 군부제(軍府制)를 실시하였다.

1762년 청조는 마침내 이리(伊犁)의 혜원성(惠遠城)에 신강전역 군정사무의 최고장관인 총통이리등처장군(總統伊犁等處將軍: 약칭-이리장군)을 설치하여 이리를 신강지구의 군사, 정치의 중심으로 만들었다. 장군 밑에는 약간의 참찬대신(參贊大臣)을 두었는데 이리참찬대신은 이리장군을 도와 이리지구의 군정사무를 맡았고, 타르바가타이 참찬대신은 다청지구의 변경 방어를 주관하였다. 민정사무에 대해서는 각 지역의 상황에 따라 서로 다른 방식을 채용하였는데 예를 들어 위구르족이 모여 사는 남강(南疆) 등지에서는 베크(伯克,Beg)를 두어 자치를 하게 하였고, 몽골이나 카자흐 유목지와 하미 투루판 지역에는 자사크(扎薩克)제를 실시하였다. 청대의 이러한 각지의 상황에 맞는 정책은 비교적 성공을 거두어 18세기 후반 서북방의 사회는 안정되고 생산은 발전되고 인구가 증가하였다".

밤늦게 다청지구호텔(塔城地區賓館)에 도착한 우리 일행은 김석종

마창을 권하던
웨이쥔 씨(가운데)

씨의 옛 부하직원인 30대 후반의 웨이쥔 (衛軍) 씨의 안내를 받았는데, 그는 이 곳 표준화검사소 기술 감독 국장으로 일 하고 있었다. 늦은 시간이었지만 저녁 식 사를 하기 위해 우리는 예약된 아래층 식당으로 갔다. 이곳에서 우리는 이 지방 특산인 마창(馬腸) 1㎏을 주문하였다. 마 창은 말 그대로 말 창자로 만든 순대인데 여러 성인병에도 효과가 있어 예로부터 북경의 고관들이 비행기로 공수해서 먹었다는 이야기가 있을 정도로 유명한 음식이다.

이곳의 카자흐 목민들에게 있어 매년 11월과 12월은 훈육(熏肉)의 계절이다. 이 때가 되면 그들은, 겨울 동안의 식용을 위해 살집이 좋 고 건강상태가 양호한 여러 마리의 소와 말과 양을 잡으며(屠殺), 이 육류를 오랜 기간 보존하기 위하여 그동안 다년간 쌓아온 방법(노하 우)인 훈(熏-연기를 씌워 건조시킴)제를 한다.

훈육(熏肉)의 방법은, 먼저 고기를 칼로 썰어 덩어리로 만들어 위에 다 소금을 뿌려 나무 시렁에 건 다음, 4면을 토담으로 만든 훈제실에 걸어놓고 아래에는 소나무 가지를 태워 연기를 내어 직접 말려 훈육시 킨다. 재미있는 것은 양고기 훈제 방법이다. 양을 도살하여 내장을 꺼 낸 다음 털을 태우고, 껍데기와 살코기를 함께 덩어리로 썰어 소금을 뿌려 훈육의 방법으로 훈제한다. 껍데기와 같이 훈제한 고기는 비교적 오랫동안 보존할 수 있어 다음 해 6, 7월까지 변질되지 않는다.

여러 훈제 중에서 카자흐인에 있어 가장 뛰어난 기술은 마창(馬腸) 만드는 기술이다. 그들은 살찌고 튼튼한 말(馬)을 골라 도살한 후, 먼저 배를 갈라 창자를 꺼내어 깨끗하게 씻는다. 그리고 나서 갈비를 잘라 고기를 발라내고 소금, 후추 등의 조미료로 간을 한 후, 그 발라낸

마창

갈빗살을 2척(尺)여 길이의 마창에 채워 넣는다. 그런 다음 다창의 양쪽 끝은 말의 힘줄로 묶어 집안에 걸어 자연 바람에 말리면 1달여 만에 완성된다. 특히 이렇게 갈빗살로 만든 마창은 마창 중에서도 가장 맛이 좋은 것으로 여겨져 카자흐족의 훈제 마창의 대표적인 '작품'으로 꼽히고 있다.

이 '작품' 외에 보통의 마창은 비계와 살코기가 섞여있는 소와 양고기에 소금을 뿌려서 말 창자에 넣고 양쪽 주둥이를 묶어 응달에 걸어 말려서 만든다.

카자흐족이 만든 이 마창은 지방이 풍부하나 전혀 느끼하지 않고, 영양가가 높으며 독특한 특유의 맛을 갖고 있다.

일반적으로 순대라고 하면 돼지창자 속에 잡채와 찹쌀과 피를 섞어 넣은 것과 몽골에서 먹어본 '게데스'라고 하는 피만 넣어 만든 양 창자 순대만 먹어본 필자로서는, 말 창자 속에 말고기만을 넣은 이 마창의 맛에 그리 익숙치가 않았다. 하지만 이곳의 기억을 간직하기 위해 두어 첨 먹어보았다.

밤늦게 야참을 먹으면서 우리는 마창을 비롯한 서북방의 음식과 내일 일정에 관한 이런 저런 이야기를 나누며 습관대로 예의 그 쓴 독주를 두어 잔 마셨다. 여행 중의 약간의 독주는 하루의 긴장과 피로를 풀어주는데 좋은 역할을 한다. 새벽 1시가 넘어 방으로 올라온 필자는 세상에 태어난 이래 집에서 가장 멀리 떠나온 이 서역의 서북 끝 다청의 하늘 아래에서, 세상이 다 그렇게 비슷하구나, 이곳에도 사람들이

모여 행복하게 살아가고 있구나, 또 이곳에서 얼마나 많은 사건 사고
가 터졌을꼬? 하는 별 의미 없는 공상들과 백이십 여 년 전 청군을 이
끌고 이곳을 회복코자 온 좌종당(左宗棠)과, 러시아와 국경 협상을
하러 북경에서 이 먼 곳까지 갖은 고민과 고생을 하며 말을 타고 왔을
주러시아공사 증기택(曾紀澤)을 생각하다가 잠이 들었다.

폐허로 변한 만성유지

4일—아침에 일어나 필름도 사고
산책도 할 겸 남교수와 함께 호텔
밖으로 나가 보았다. 시내는 의외
로 상당히 깨끗하고 정돈이 잘 되
어 있었다. 간단히 식사를 하고 시
정부에 들러 시장(市長)님을 뵙고
몇몇 직원들과 함께, 이제는 도시
계획에 의해 거의 다 사라지고 약

간의 흔적만 남아있는 만성유지(滿城遺址-청대 조성된 토성)를 둘러
본 후 아실(阿西爾)다고르족향으로 출발하였다. 다청 시내에서 1시간
여 차를 몰고 동북방으로 가면 아실향에 이른다. 우리는 아실(阿西爾)
다고르족향에 이르러 마을 한켠에 세워져 있는 다고르족 이주 기념탑
(높이-10여m)을 둘러본 후, 이곳 향장과 문화원장으로부터 향(鄕)에
대한 소개와 융숭한 다고르(Daghur)족 전통 식사 대접을 받았다. 필
자는 '98년과 '99년 여름에 한국몽골학회회원들과 함께 2차례에 걸쳐
내몽골 모리다와(莫力達斡)지역을 방문하여 다고르족에 대해 조사한
적이 있다. 이곳에서 필자는 개인적으로 아실(阿西爾)과 몇몇 다고르
어에 관한 뜻을 알고 싶었으나 여러 사정상 더 깊이는 진도를 나갈 수

가 없었다. 다음은 다고르족에 대한 소개이다.

신강으로 간 다고르족(達斡爾:Daghur族)

다고르 수변 기념비 전경

다고르족은 본래 노몽한사건[1]으로 유명한 흑룡강성의 후룬 부이르지역과 치치하르부근의 눈강(嫩江) 및 그 지류에 살던 민족이다. 가장 많은 수가 모여 사는 곳은 치치하르 북방의 모리다와(莫力達斡: 몽골어로 모리는 말, 다와는 언덕이란 뜻) 다고르족자치기(1958년 5월 성립)와 치치하르시 교외 지역이다. 이들의 일부가 청조 때 신강 평정 뒤 수비군의 일원으로 편성되어 이곳 준가리아까지 와서 둔전 개간과 변방 방어의 임무를 맡으면서 주둔했던 팔기병의 자손 4천여 명의 후손들이 이곳 신강위구르자치구 이리 카자흐자치주의 다청시(아실(阿西爾)다고르족향)에 정착하여 살고 있다.

현재 다고르족의 70세 이상 노인들만 쓰고 있는 다고르어는 알타이어족 몽골어군에 속한다. 그러나 다고르족에는 퉁구스인의 피도 섞여 있어 청조에서는 청조의 군단에 편입시켜 활용하여 만주족과의 관계도 깊었다. 문자도 청대(淸代)에는 만주문자를 사용하는 등 문화적으로는 몽골과 퉁구스의 복합적인 성격을 띠고 있다. 이러한 복합적인 성격 때문에

---

1) 1939년 5월, 일본 관동군과 소 · 몽연합군 사이에 벌어진 할하강 전투 – 이 전투에서 일본 관동군은 전차, 전투기와 화학무기를 사용하는 등의 입체전투를 벌였지만 주코프장군이 이끄는 소 · 몽연합군에 패배함으로써 일본의 몽골 진출이 좌절되었다

다고르족의 조상에 대한 여러 설이 있지만 아직 정설은 없는 상태이다. 다고르족 자신들에게 물어보면 대부분은 거란의 후손이라고 말한다.

다르고 수변 기념비의 뒷부분

다고르족은 17세기까지 흑룡강 상류와 중류의 강변에 살며 조방적인 농업과 목축과 어업을 하면서 정주생활을 하였으나, 17세기 중엽 러시아의 진출에 밀려 눈강(嫩江) 일대로 남하하였다. 청조는 이들의 용감한 기질에 주목하여 이들을 중심으로 부터하(布特哈)팔기라 불리는 군단을 편성하였다. 부터하는 만주어로 '수렵'이라는 뜻이며 한어로는 타생부(打牲部)로 번역한다. 부터하팔기는 다고르,

어원크, 오룬춘 등으로 구성되었으나 그 대다수는 다고르족이었다. 이 다고르를 주력으로 한 부터하 팔기(八旗)의 일부가 건륭 연간에 시보족처럼 신강수비군으로 편성되어 이곳으로 왔다.

『다고르족간사(達斡爾族簡史)』의 '다고르족이 부담한 병역과 요역'에 관한 부분을 보면 병역의 복무가 청대 다고르인의 가장 기본적인 의무임을 알 수 있다. 강희 연간부터 청조(淸朝)는 병역과 공부(貢賦)를 균등하게 할당한다는 명분으로 다고르 등 제족에 대하여 측정제(測丁制: 정남을 조사)를 실시하여 무릇 만 15세, 키 5척 이상의 남자는 장정(壯丁)으로 등록하여 병역, 요역과 납공(納貢)의 의무를 부여하기 시작했다. 淸 중엽 치치하르(齊齊哈爾), 메르겐(墨爾根:지금의 눈강), 아이훈 등 3성의 병적에는 다고르의 수가 반이었으며 이들 다고르족 팔기병의 주요 임무는 참전, 변경 순찰, 초소 지키기 등 3가

지였다.

1696년(강희 35년)부터 1899년(광서 25년)까지 200년간 흑룡강 지구의 다고르족 관병이 정부에 의해 징집되어 참가한 전역이 67차에 이르고 참전한 관병의 누계가 약 6만 7천여 명에 이른다. 이들은 외국 침략자에 대항하여 지방 할거세력의 반란 평정 등, 국가 통일을 유지 보호하기 위한 전쟁에 참여하였을 뿐만 아니라 백련교의 起義, 태평천 국과 염군의 진압 등의 전투에도 참여했다. 이렇듯 빈번한 전투에의 참전은 소수 다고르족의 인물에게 승관 진급의 기회를 제공하기도 했 다. 초기 통계에 따르면 청대 200여 년간 3만 인구의 다고르족 중 9 명의 장군이 나와 길림, 형주, 서안, 강령, 성도, 이리, 오리야스태, 수원 등, 정치 중심과 군사 요지에 주둔 하였으며; 도통 18인, 부도통 59인을 배출하여 동북 3성, 내몽고, 하북, 섬서, 영하, 감숙, 사천, 강소 등지에서 직을 맡기도 하였다. 그러나 부단히 징집되고 지속된 전투 참여는 다고르족에게 엄청난 재난을 주었으며 인구는 급격히 감 소되고 경제는 황폐화 되었다. 더욱이 도광 연간 이후, 다고르족의 족 보 중에는 많은 사람의 이름 아래 '陣亡', '無嗣'라는 글자가 기재되어 있는 것을 볼 수 있는데 '한 가족 3명 전사 및 3인중에서 2명 전사'라 는 비극적 기록도 많이 나타난다. 출정한 많은 관병은 '전쟁터에서 죽 지 않으면, 무더운 기후나 나쁜 환경 속에 역병으로 죽어갔다'고 한다. 다고르족 민간에서 널리 유행한 은어체 민가 《(보곤작)寶坤綽》에는 바로 타향에서 전사한 주인공을 묘사하고 있는데 내용을 보면, 관도 없고 묘도 없이 백골이 들에 뒹구는 비참한 광경을 묘사하고 있다.

초소 지키기는 다고르족 팔기병의 또 다른 하나의 임무였다. 옹정 연간, 청 정부는 동북지방의 변방 방어를 강화하기 위해, 흑룡강 북부지구에 파병하여 변방 성진(城鎭)을 지키는 외에 또한 많은 각종의 초소를 설립했다. 청조 말기에 이르러 흑룡강 장군 관할 내에는 차례로 67곳에 초소를 세우고 아이훈, 후룬부이르, 메르겐(눈강), 부터하, 치치하르, 후란 등지에는 팔기를 보내 관병을 교대로 주둔시켜 지키게 하였으며, 하나의 초소마다 관원1, 병 10명을 1개월마다 혹은 3개월마다 교대했다.

다고르족 팔기병의 3번째 임무는 중·러 국경선의 정기 순례이다. 《네르친스크조약》에 따라 중국과 제정러시아는 에르구네河와 외흥안령을 경계로 하였다. 다고르와 어원크족 등은 눈강 유역으로 이동한 후 흑룡강 북부의 광활한 지역에는 이미 황폐해져 인적이 없었다. 이 지역의 안전을 확보하기 위하여 청 정부는 흑룡강 이북의 국경선을 정기 순라(巡邏)하는 제도를 만들고, 아울러 고정된 오보를 만들어 매년 혹은 3년마다 정기적으로 순라하도록 하였다. 이러한 과중한 병역 외에, 청대 다고르인은 또한 각종 요역(徭役)을 부담했다. 강희 연간부터 청조는 동북지구의 변방 방어를 강화하기 위하여 흑룡강 지구에 수축한 아이훈, 메르겐, 치치하르, 하일라르 등 城을 군사요지로 만들었고, 신강지구의 이리(伊犁), 훠르궈스(霍爾果斯), 타르바가타이(塔爾巴哈台)등에 城鎭을 수축했다. 각지의 다고르족 팔기 관병과 장정은 앞에서 이야기한 성진의 수축에 참가했다.

이것을 종합해보면 다고르족은 철저하게 청조에 복속되고 통제되었음을 알 수 있다. 병역의 복무는 청대 다고르인의 가장 기본적인 의무로 무릇 만 15세, 키 5척의 남자는 장정(壯丁)으로 등록되어 병역, 요역과 납공(納貢)의 의무가 부여되었으며 주요 임무는 참전, 변경 순찰, 초소지키기 등 3가지였다. 그 임무의 일환으로 다고르 팔기병은 정예 군인으로 편성되어 1696년(강희 35년)부터 1899년(광서 25년)까지 200여 년간 전국 22개성 전역에 참전하였다. 신강지역은 그 중의 한 곳이었으며, 신강지구의 이리(伊犁), 훠르궈스(霍爾果斯), 타르바가타이(塔爾巴哈台)등 城鎭도 이들 다고르 팔기병에 의해 축성되었음을 알 수 있다.

그러나 말이 정예 팔기병이지 타의에 의해 고향을 떠나 식솔들을 데리고 이역만리까지 죽을 고생을 하며 이동해 왔을 것이며, 또 이곳에 와서 땅을 개간하고 축성을 하면서 갖은 고초를 겪었을 다고르족을 생각하면 마음이 편치만은 않다. 하지만 이제는 그 후

기대를 갖고 찾아갔던 야생바단싱
자연보호구 입구의 설명간판

손들이 이곳을 고향으로 삼고 잘 적응해 살고 있으니 그것으로 위안을 삼기로 한다. 아실향을 뒤로하고 우리는 일정대로 위민(裕民)현에 있는 바단싱(巴旦杏)자연보호구를 향해 출발했다.

필자는 몇 년 전에 흑룡강성의 치치하르(齊齊哈爾)시 자연보호구에 간 적이 있다. 그곳은 단정학(丹丁鶴)이라는 희귀 철새 도래지 수백만 평을 보호구로 하여 철새들을 보호하고 있는 자연 늪지대였다. 본래 이번 여정의 일정을 짰던 남교수의 의견에 따르면 이곳 바단싱(巴旦杏)자연보호구도 세계에서 하나밖에 없는 자연보호구로 치치하르의 보호구 못지않을 거라고 했다. 아실에서의 일정도 서둘러 끝내고 우리는 기대에 부풀어 세계 제1의 야생(野生)바단싱자연보호구로 향했다.

경사 60도가 넘는 가파른 산길도 마다 않고 서너 시간 차를 몰아 내를 건너고 산을 돌아 우리가 도달한 카자흐스탄접경지역의 자연보호구는 말 그대로 자연 상태의 바단싱을 보호하는 구역은 맞는 듯 했다. 산 전체가 상수리(도토리)나무 같은 사람 키보다 작은 바단싱나무만 가득한, 정말 아무것도 없이 나무만 산 전체에 가득한 자연의 관목지대였다. 이것만 본 우리는 또 수백㎞를 되돌아가야 한다.

며칠 전에 수돗물을 만병통치약이라고 페트병 1병에 4만 원씩 받아 먹고 팔아먹은 현대판 봉이 김선달이 생각났다. 진짜 만병통치라고 생각하고 먹으면 나을 수도 있겠다는 생각도 드나, 식물학자도 아닌 필자가 단지 이 야생 바단싱을 보려고 바쁜 여정 중에 여러 시간 투자한 것을 생각해 보면 참으로 허무한 생각이 들었다. 다들 마주보며 한참을 허탈하게 웃어 제치다가 한편으론 억울한 마음도 들었다. 최명호 씨가 '이 야생 바단싱이 암 예방에 효과가 있다'는 말을 듣고 모두 한 움큼씩 따고, 가지 몇 개를 꺾어 차에 올랐다.

위민(裕民)현에서의 하루는 한바탕 바단싱(巴旦杏) 개그(gag)로 그렇게 지나가고 있었다. 돌아오는 길에 멀리 카자흐스탄의 바다 같은 아라(阿拉湖)호수 위로 지고 있는 석양빛이 하얗게 빛나고 있었다. 얼마 전까지만 해도 카자흐 유목민들이 계절에 따라 자유롭게 가축들을 데리고 이동했을 땅이지만 지금은 양쪽 나라 사이에 인위적으로 경계를 정하고 울타리를 쳐 군인들이 지키며 이동할 수 없는 불통의 땅이 되어 버렸다. 이렇듯 사람이 만들어낸 인위적인 경계로 인해 신강과 카자흐스탄 목민들을 비롯해서 가축들 또한 이동을 할 수 없게 되었다. 수천 년 이어오던 전통방식이 어느 날 갑자기 금지되어 고립되는 바람에 인간만이 아니라 가축들 사이에도 심각한 문제가 발생하게 되었는바, 그 중의 하나가 근친교배의 심각성이다. 인간으로 비유하자면 철저하게 '족외혼'의 전통을 유지하며 우성인자를 이어갔던 가축들이었다. 그러나 어느 날 갑자기 불통이 되자 근친교배로 인한 문제의 발생으로 목민들은 열성의 가축들을 도살하거나 거세의 방법을 택하고 있다고 한다.

5일—아침 19℃. 위민현에서 징허(精河)를 향해서 출발. 오늘 일정은 하루 종일 차를 타야 할 것 같다. 여행 중 하루 10시간 이상의 주행은 늘 있는 일과지만 앞에서 언급했듯이 불편한 도로사정으로 인해 조금은 힘든 여정이었다. 그나마 간간이 김천호 교수의 경기여고 시절의 공부벌레들 이야기를 들으면서 수재 여고생들의 내숭을 상상해보는 것과, 온갖 세세한 것을 다 꿰고 있는 박식한 남 교수의 해박한 중국사에 대한 강의를 듣는 것이 지루한 도로 사정의 괴로움을 조금은 덜어주었다.

이곳까지 오는 도중에 필자는 여러 차례 사막의 초원에서 의연하게 무리를 지으며 걷고 있는 낙타들을 보았다. 마치 마사이족이 걷는 것처럼 자세가 곧고 행보가 느릿느릿 하면서, 가끔 미소를 띤 표정으로 우리를 불쌍하다는 듯이 저으기 쳐다보는 모습은 약간 건방져 보이기까지 했다. 야생인지 주인이 있는지는 알 수 없었으나 도도하면서도 참으로 우아하다고 느꼈다.

낙타의 평상시 속도는 시간당 시속 4, 5km 정도로 보통의 성인 남자가 걷는 속도와 비슷하다. 그러나 12월, 발정의 계절이 되어 어미낙타를 쫓아가는 수 낙타의 속도를 보면 시속 70~80km로 일반 준마가 감히 따라 잡을 수 없을 정드로 빠르다. 이것을 보고 목민들은 낙타에게 '사막의 나르는 배'라는 미칭을 붙여주었으며 낙타 달리기 경주를 생각해 냈다. 카자흐, 몽골족 목민들은 낙타를 훈련시켜 달리기 경주를 벌린다. 참으로 동물이나 인간의 성욕이라는 것은 초능력의 엔돌핀을 만들어 내며, 인간의 정복사나 역사 발전의 원동력의 원천에는 바로 이 성욕의 발산 문제와 깊은 관련이 있다는 생각이 들었다.

양(羊)처럼 생긴 낙타의 얼굴은 익살스러우면서도 참으로 평화로워 보인다. 그런데 이놈들도 성질이 있어 가끔 맘에 들지 않으면 반추하던 오물을 사람에게 뿌리기도 한다.

이곳과 몽골의 낙타는 주로 봉우리가 두개인 쌍봉낙타이다. 야생 낙타의 봉우리는 사육 낙타에 비해서 봉우리가 작고 다리도 가늘다고 하나 전문가가 아닌 필자로서는 구분이 불가능하다.

낙타는 목민들에게 있어서 매우 유용한 동물이다. 보통 700kg까지 자라는데 무게만큼 운반능력도 뛰어나 요즘처럼 트럭으로 운반하기 이전에는 절대적으로 필요한 가축이었다. 그러나 요즈음에도 겨울철에 목민들은 말 보다는 보온효과가 좋은 낙타 타기를 더 선호하며, 낙타 젖으로 만든 낙타 젖 술은 영양도 높고 성인병 치료에도 효과가 좋아 마유주보다 귀하게 여긴다고 한다.

그런데 필자가 낙타에 대해서 가장 흥미 있게 느낀 것은 자식에 대한 어미 낙타의 사랑이다. 과거 몽골초원에서 살던 목민들은 사람이 죽으면 시신을 땅에 묻고 땅위를 지면과 평평하게 다지는 평장(平葬)을 했다. 그러니 표시를 한다고 해도 세월이 지나면 조상의 시신을 어디에 묻었는지 알 수 없는 경우가 많다. 그래서 목민은 시신을 묻은 곳 옆에 새끼 낙타를 죽여 묻어 놓으면 어미 낙타는 그곳을 기억해 그 주변을 가면 정확히 그곳을 찾아가 소리 내어 운다고 한다.

또 어미 낙타는 마두금(馬頭琴-말총으로 만든 2줄의 기타같이 생긴 몽골 전통 현악기, 머리 부분이 말머리 모양으로 만들어 마두금이라 한다) 소리를 들으면 눈물을 흘리며 우는데, 마두금의 음가가 새끼 낙타의 음가와 같아서 자식을 생각하며 눈물을 흘린다고 한다.

저녁 무렵, 지루한 11시간의 도로주행을 마치고 20:30분에 징허호텔(精河賓館)에 도착했다.

징허 입구의 알탄(황금)오보

징허마을 입구엔 동몽골의 알탄오보 같은 대(大)오보가 있다. 우리나라 절에 가면 민간에서 전통적으로 숭배해 왔던 산신을 모셔 놓은 산신각(山神閣)이 있듯이 징허 입구의 오보도 라마교의 불탑과 몽골의 전통신앙이 혼재되어 있는 형태라서 그런지 매우 인상적이었다. 이 황금불탑으로 둘러싸인 황금오보는 1993년 토르구드(土爾扈特)몽골족의 귀환 223주년을 기념하기 위해 만든 것이라고 한다. 토르구드몽골족은 앞에서 언급했듯이 볼가강변으로부터 1771년 천신만고 끝에 신강으로 귀향했던 오이라트몽골부족 중의 하나이다. 청조(淸朝)에서는 이들에게 여러 곳의 목지를 할당했는데, 그 중에서 서로 1기(西路 1旗) 4백호(3천여 명)의 대부분은 이곳 징허 일대에서 유목하도록 결정하였다.

6일—오전 9시 28℃. 징허호텔(精河賓館)에서 버르타라(博爾塔拉: Borotala)

징허호텔

몽골자치주로 출발. 오전에 버르타라(Borotala) 시내에 이르러 국제전화도 가능하고 한국 노래방 간판도 걸려있는 비교적 시설이 좋아 보이는 애비호(艾比湖)호텔(大酒店)에 도착하였다. 애비호는 이곳에 있는 거대한 호수의 이름이다.

버르타라는 초원의 이름으로 몽골어로는 '은회색의 초원'이란 뜻이다. 보다 정확히 말하자면 쥰가르어로 버르(博爾)는 청색, 타라(塔拉)는 평원으로 즉, 푸른 평원(초원)이라는 뜻이 된다. 버르타라(博爾塔拉)몽골자치주 또한 청(淸)왕조 시기 전략적 요충지이며 수많은 역사적 사건을 기억하고 있는 곳으로 특히, 쥰가르부와 챠하르몽골과의 관계가 깊은 곳이다. 우리는 버르타라몽골자치주 질량기술감독국(博爾塔拉蒙古自治州質量技術監督局)의 정개(鄭開)국장의 도움으로 챠하르몽골족의 원로 노인을 소개받아 챠하르8기 몽골의 서천도(西遷圖)와 토르구드(土爾扈特)몽골족의 동천도(東遷圖) 벽화가 조성되어 있는 시내의 서부문화광장을 함께 관람하면서 설명을 들었다. 1시간여 동안 광장의 이곳저곳을 돌아보며 너무도 친절하게 소개해 주신 이 챠하르족 노인은 우리 일행을 당신네 집으로 저녁식사에 초대하였다.

필자에게 있어 이곳 '버르타라'는 쥰가르의 반항아 아무르사나를 생각나게 하는 곳이다. 15세기 오이라트의 영웅 에센처럼 전 오이라트몽골의 패자가 되려 했던 풍운아 아무르사나(Amurusanaa)의 꿈은 끝

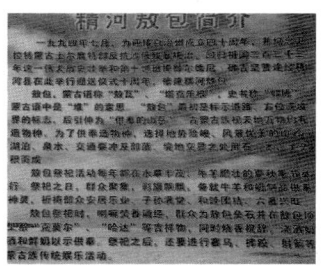

토르구드 부족의 귀환을
기념하기 위해 만들었다는
징허 오보에 대한 설명

내 이루어지지 못했지만 기울어져 가는 오이라트(서부)몽골을 일으켜 세우려고 했던 그의 야망은 가상했다.

최후의 유목제국의 영웅 갈단이 죽은 뒤, 그의 형인 셍게(Sengge)의 큰아들 쩨왕랍탄(策妄阿拉布坦:Tsevangrabtan)이 계위했다. 이전(1688년)에 갈단은 장래의 안전을 도도하고자 위험인물로 여긴 조카 쩨왕랍탄(Tsevangrabtan)을 제거하려고 자객을 보낸 적이 있으나 실패한바, 조카와 백부사이의 비극은 이로 인해 돌이킬 수 없는 강을 건너게 된다. 극적으로 탈출에 성공한 쩨왕랍탄은 그의 아버지 셍게(Sengge)의 옛 충신 7명과 함께 투루판으로 도피하여 강희제에게 사신을 보내 항복하였으며, 후에 갈단이 남침한 틈을 타 몰래 이리(伊犁)로 돌아와 버르타라 강변에서 유목하였다. 이후 갈단은 제정러시아의 묵시적 지원 하에 할하와 내몽골의 우란부퉁(烏蘭布通)을 공격했으나 결국에는 조모드 전투에서 청의 강희제군(軍)에 패하여 회생불능의 치명타를 맞게 된다. 갈단의 사후 쩨왕랍탄은 청조에 복종하며 알타이 이서(以西)에서 이리일대를 10여년 통치했다. 청 옹정 5년(1727), 쩨왕랍탄(Tsevangrabtan)이 죽고 그의 아들 갈단쩨링이 계위하여 18년간 준가르의 재기를 위해 노력했으나 그의 사후 준가르는 내란에 빠져갔고 이후 10년 만에 최후의 유목제국 준가르몽골은 청조에 의해 패망하여 역사의 무대에서 사라져 갔다.

뒤의 청 건륭제의 이리정벌 편에서 언급한 것을 좀더 부연해 설명하자면- 건륭10년(1745) 갈단쩨링 사후 준가르부가 이끈 오이라트 연합은 분열되었다. 1750년, 후계자였던 차남이 서출의 이모형에게 유폐되고 뒤이어 1752년, 쩨왕랍탄의 외손인 호이트부장인 아무르사나(阿睦爾撒納)는 쩨왕랍탄의 종형제의 손(孫)인 다와치(達瓦齊:Davachi)를 제위에 앉혔다. 그러나 다와치(Davachi)는 무능하고 방탕했다. 급기야 아무르사나는 또다시 군사를 일으켜 제위를 탈취하려했으나 실패하자 부중 2만 여를 이끌고 청조에 투항하였다. 당시 그 외 다른 부중들도 다와치의 폭정에 불만을 갖고 각자 무리를 이끌고 청조에 투항하는데, 두르부드(杜爾伯特,Durbod) 부중 1만 여도 아무르사나보다 조금 앞서 청조에 투항하였다. 장기간에 걸친 내분으로 인한 이러한 청조에의 투항은 준가르정권의 통치력을 약화시켰으며, 준가르 통치하의 지역에서의 사회경제적 발전에 현저한 퇴보를 자초하였다. 이것은 또한 야심찬 제정러시아로 하여금 남하의 빌미를 제공하였고, 오이라트몽골 부중의 적지 않은 유목지를 제정러시아에 빼앗기는 결과를 초래하여 중국 서북변경지역의 안전도 심각한 위협을 받았다. 이에 청조는 이것을 기회로 삼아 이리(伊犁)로 출병을 결정하였다.

1755년 건륭제는 일거에 준가르 문제를 해결하고자 아무르사나를 청(淸)의 북로군 부장군에 임명하였으며(北路: 반디(班弟)를 定北將軍, 아무르사나를 定邊左副將軍, 西路: 定西將軍-永常, 定邊右副將軍-살라르(薩喇爾)) 각각 2만5천의 몽골군과 만주군을 동원하여 2길로 나누어 진군시켰다(당시 동원된 군사는 북로군 2만5천, 말 7만 필. 서로군 2만5천, 말 7만 필이었으며, 이들은 2달 만에 버르타라에 집결하여 이리로 공격해 들어갔다). 청군은 거의 저항을 받지 않고 이리에 이르러 도망한 다와치를 붙잡아 북경으로 압송하였다. 준가르를 멸망시킨 이후 청조는 정복 지역에 대해 각 부족 단위로 분할통치를 하였으며, 이러한 청조의 분할통치에 불만을 갖은 아무르사나는 스스로 전오이라트 맹주인 홍타이지를 칭하고 청에 대항하여 독립을 선언하였다. 건륭제는 진노하였고 즉시로 토벌군을 파견하였다. 이때 아무르사나가 저항 전초기지로 삼은 곳이 이 버르타라였다. 3, 4천명으로 버틴 아무르사나군은 수적 열세와 청군의 전력에 밀려 카자흐 內의 중오르다로 도망했다가, 결국 러시아의 토볼스크(Tobolsk)에서 천연두에 걸려 파란만장한 젊은 풍운아의 일생을 마감한다.

또 한편으로 필자는 버르타라 시내의 서부문화광장에서 챠하르몽골의 서천도(西遷圖)에 대해 설명해주신 몽골 챠하르족 노인에 대해서도 도대체 어떻게 이곳에 와서 살게 되었는가가 여러모로 궁금했다. 그래서 돌아와서는 이 북강(北疆)의 버르타라에 살고 있는 챠하르몽골을 이해하기

서부문화광장 입구

위해 여러 자료를 조사하다 보니, 자꾸만 시기가 올라가 결국에는 작금의 몽골민족 중흥의 대부인 15세기 다얀 칸(Dayan Khan)부터 이야기가 되어야 한다는 결론에 이르렀다. 다얀 칸과 함께 챠하르부를 추적해본다.

다얀(바트 멍크: 재위 1487-1525)은 열여섯 살 때 26살이나 연상인 만두하이(Mandukhui) 하톤과 결혼하여 그녀와의 사이에서 7명의 아들을 두었고, 다른 처와의 사이에서 4명의 아들을 두었다. 이 11명의 자식들은 모두 몽골고원 각 유목부족의 수장으로 추대되었는데, 그

챠하르몽골의 서천도(서부광장 벽화)

중 2명은 자식이 없어 자손이 단절되었지만 나머지 9명의 자식들로부
터 난 자손들은 그 후 대대로 몽골제부족의 수장으로 되어, 이후 또다
시 칭기스칸의 혈통을 이은 후손들이 몽골고원의 주인공으로 되어갔다.
이것이 새로운 몽골민족의 탄생이다. 신몽골은 투멘(만인대)이라 불리
는 6개의 대부족으로 재편성되었는데 3투멘씩 고비사막 동북의 「좌익」
과 고비 서남의 「우익」으로 나뉘었다. 본래 투멘이라는 것은 1만 명의
병력을 징발할 수 있는 집단을 의미하는 것이지만 이 무렵에는 부족을
통합한 단위로 사용되었다. 좌익을 구성한 투멘은 챠하르(Chakhar),
할하(Khalkha), 우량한(Uriyangkhan)인데 그 중 챠하르부는 13세
기에 후빌라이가 형인 몽케칸으로부터 받은 서안(西安)일대 영민(領民
-속민)의 후손들이다. 챠하르부는 후빌라이의 어머니인 솔각타니 베키
의 영(靈)에 봉사(奉仕)하는 임무를 맡은 부중으로 이후 다얀 칸의 직
할령으로 되었는데, 대칸인 다얀 칸이 거주했던 이 챠하르부가 실제적
인 좌·우익 6만호의 종주(宗主)였던 것이다. 원래는 섬서의 서북방에
있었으나 15세기에는 동쪽으로 이주하여 대흥안령의 서쪽, 지금의 내
몽골 우젬칭기(旗) 근처에서 유목하였다.

16세기 다얀의 사후 챠하르는 경목상 종주의 지위는 갖고 있었으나 실질적으로는 우익 투메드(Tumed)부의 뛰어난 군주인 알탄 칸 쪽으로 몽골의 실권이 옮겨져 갔다. 알탄 칸은 명왕조의 서북방을 자주 침

챠하르 몽골의 서천도(서부광장 벽화)

입하여 명(明)의 세종(世宗)을 그토록 괴롭혀 끝내는 신경쇠약에 걸리게 한 이른바 북로(北虜)의 대표주자였다. 막강한 기마군단을 이끌고 바람같이 장성을 넘어 막대한 재물과 인명을 약탈하며 오랫동안 장성이북의 패자 노릇을 하였던 그가 죽자, 다시 한 번 종가집의 권위를 회복하고자 노력한 군주가 바로 챠하르부의 링단 칸이었다. 16세기 말에서 17세기 초, 명(明)과 북원(北元)과 요녕 지방에서 새롭게 떠오르던 건주위 후금(後金)과의 삼각관계 구도 속에서 후금에 위협을 느낀 명(明)은

서부 문화광장에 세워진 5축상

챠하르의 링단(Lingdan)을 이용하여 후금을 견제하고자 하였다.

서로의 이해관계가 맞아 떨어진 링단은 명왕조로부터 물자와 자금의 지원을 받으면서 과거의 영광을 재현코자 무리하게 몽골 제부족들에게 강압통치를 펴나갔다. 그러나 유목부족간의 독립적인 특수성으로 인해 링단의 주변 제부족에 대한 이러한 압박은 오히려 반발심만 키웠으며, 결국에는 커르친 몽골이나 내할하5부몽골의 후금 측에로의 가담을 가속화시키는 결과만을 초래하였다. 후금과 동몽골의 연합에 의해 수세에 몰린 야심가 링단은 끝내 후금의 태종 홍타이지(皇太極)에 밀려 청해를 정복하러 가는 도중, 1634년 청해성의 초원(지금의 감숙 天祝藏族자치현)에서 생을 마감(43세)한다. 칭기즈칸의 정통 핏줄을 이은 마지막 칸 링단이 죽으면서부터 챠하르부의 영광도 급속도로 몰락해갔다. 당시 동북지방에서 새로운 강자로 부각한 만주족 후금의 대세에 밀린 링단 칸의 아들 에제이는 후금군에 항복하여 원(元)왕조 황제의 옥새를 홍타이지(淸 태종)에게 헌상했다. 칭기스칸의 천명(天命)이 자신에게 왔다고 해석한 홍타이지는 여진이라는 종족명을 만주(滿洲:Manju)라 개명하고, 1636년 국호를 후금으로부터 「대청(大淸)」으로 고쳤다(칭기즈칸 이래 400여년 이어온 황금가(黃金家) 대칸의 혈통은 이로써 막을 내린다).

홍타이지는 에제이를 우대하여 자신의 둘째 딸 마가다 공주(馬略塔格格)와 결혼시켜 기장(旗長)으로서는 최고의 작위인 친왕(親王)의 작위를 주고, 지금의 요녕성 금현(錦縣), 의현(義縣)일대에 살게 하였다. 그러나 1662년 병(病)으로 에제이가 죽자 마가다 공주는 남편의 동생인 아부나이(阿布奈)와 재혼했고 아부나이는 형의 작위를 이어받아 친왕으로 되었다. 그러나 아부나이는 본래 청조에의 항복을 치욕으로 여겼던 사람이다. 친왕이 되고서도 여러 해 동안 조정에 입관하지 않았으며 조정을 경시하는 태도를 취함으로 인해 청 왕조와의 관계는 급속히 냉각되어 갔다. 마침내 청의 제4대 황제 강희제는 1669년 아부나이 친왕의 작위를 박탈하여 심양(瀋陽)에 감금하고, 아부나이와 마가다 공주 사이에서 난 부루니(布爾尼)에게 챠하르 친왕을 계승시켰다.

1673년 11월, 청 왕조 남부에서는 오랜 준비기간을 거친 운남왕 오삼계가 주축이 된 「삼번의 난」이 일어나자, 기회를 엿보고 있던 챠하르 친왕 부루니도 이에 편승하여 청 왕조에 대해서 반란을 일으켰다. 그러나 대부분의 몽골제부는 여기에 가담하지 않았으며 결국 부루니는 궁지에 몰려 사살되었다. 강희제는 곧바로 감금중인 아부나이를 목매어 자결케 하고 챠하르부족을 만주식 군대인 8기로 개편하여 요하(遼河) 상류로부터 장가구(張家口) 이토으로 이주시켰다. 이리하여 챠하르8기군과 챠하르 4목군(四牧群)으로 편제된 유목민은 청조황제 직속의 영민으로 되어 장가구 북부에서 살아가게 되었다.

그 후, 1755년 청 왕조의 이리정벌과 이후 이곳에 대한 청 왕조의 통치를 강화하기 위하여 실시한 군부제(軍府制)에 의해, 이 장가구 북부에서 유목하던 챠하르팔기군 1천명과 그의 식솔들은 청조 황제의 명을 받고 수개월에 걸쳐 이곳 버르타라로 이주해와 살게 되었다. 아부나이에

이어 부루니로 이어지는 챠하르 반란의 실패는 시종 청 왕조의 미운 오리 새끼로 남게 되어 끝까지 고난의 길을 걷게 되는 것이다.

우리에게 챠하르8기의 서천도(西遷圖)를 설명해주고 당신 집에 초대

우리를 반갑게 맞이해 주신
챠하르몽골 노인 부부.

했던 이 챠하르몽골부 노인의 수 세대 전 할아버지는 바로 이 벽화의 그림 속에 있는 챠하르팔기군 중의 1명이다.

정개 국장과 애비호호텔에서 점심식사를 하고 휴식을 취한 뒤 16:00에 아라산(阿拉山)口岸과 애비호로 가기로 하였다.

애비호(艾比湖)는 해발 189m로 버르타라자치주에서 고도가 가장 낮은 호수이다. 평균 수심은 2~3m, 전형적인 내륙 염호이며 식염과 망초(芒硝)의 주요 산지로, 이곳의 연강수량은 90~130㎜, 주변의 하천에서 물이 흘러들어와 형성된 호수이다. 크기는 1950년에는 길이가 약 60km, 폭 27km, 면적 1,200㎢였으나 60년대에는 축소되어 1,070㎢. 1983년에는 522㎢로 줄어들었다. 이렇듯 수량이 점차 줄어들므로 인해 주변 기후와 생태계에 영향을 미치게 되자 지금은 인위적으로 물을 끌어들여 수량을 늘리고 있다고 한다.

애비호가 보이는 길목에는 카자흐스탄으로 향하는 철로가 놓여있는데, 철로 주변에는 바람 때문에 흙이 날려 철로를 덮는 사고를 막기 위

하여 사방 1m 크기로 바둑판처럼 빼곡하게 울타리 같은 것을 만들어 모래의 이동을 막는 장치를 해 놓고 있다. 감숙성 돈황(敦煌)시 명사산(鳴沙山-모래산으로 바람이 불면 모래가 운다는 산)에 가면 바람에 의해 모래가 날려, 자고나면 산봉우리가 이동하듯이 이곳도 바람에 의

해 흙이 날려 철도를 막는 불상사를 미연에 방지하기 위함이다.

호수를 지나 15분쯤 가다 보면 '붉은 흙'이란 뜻을 가진 아라산(阿拉山)口岸에 이른다. 口岸이란 것은 해관(海關)인데 쉽게 말해서 외국과의 인적 물적 교류의 통과지점이다. 그러다 보

철도를 모래로부터 보호하기 위해
만든 장치

니 자연 통관 점검을 위한 경비가 삼엄한 곳이기도 하다. 이곳은 내몽골의 만주리(滿洲里)에 이어 중국 내에서 2번째로 물동량이 많은 곳으로 차량에 의한 이동 외에, 도로 바로 옆에는 기차역이 있어 기차로도 사람과 물건이 이동하고 있다. 재미있는 것은 중국과 카자흐스탄의 철로 폭이 달라 이곳 역에서는 여러 시간에 걸쳐 화물칸과 여객 칸을 기중기로 들어서 옮기는 작업을 해야 한다.

염호인 애비호에 들러 정말 물이 짠지 안 짠지 혀로 확인해보고 버르타라로 돌아온 우리는 예정대로 챠하르몽골 노인 집엘 갔다. 그리 귀한 손님도 아니건만 동네 노인들은 전통몽골복장을 갖추고, 마두금(馬頭琴) 연주에 맞춰 환영의 노래를 불러주면서 우리들 목에는 흰색의 하다(Hada)를 걸어주었다.

몽골사람들은 귀한 손님이 오면 즌중의 뜻으로 하다(Hada)를 손님

목에 걸어주는 풍습이 있다. 아리따운 몽골 처자가 전통복장을 갖추고 초원의 겔(Ger-몽골식 주택) 앞에 서서, 하다위의 은잔에 술을 따라 주면서 환영의 노래를 불러 주는 모습은 그 자체만으로 여로에 지친 나그네의 마음을 달래 주기에 충분하다.

이 하다의 풍습은 라마교가 몽골에 들어온 후에 생겨난 예속이다. 전에는 궁정이나 관부(官府)같은 상층사회에서 공경의 예로 바쳐졌으나 후에는 점차 민간에 퍼져 지금에 이르고 있다. 하다의 색깔은 주로 흰색(白色)이나 남색과 황색도 있다. 재질은 비단이며 길이는 보통 1m, 1.5m, 2m짜리가 있다.

하다를 목에 두른 채 자리에 앉아, 이곳 특산인 나이주(奶酒) 몇 순배 돌고나자 큰 쟁반 수북이 싸인 삶은 양고기가 들어왔다. 축목업에 종사하는 이곳의 카자흐족이나 몽골족은 모두 소, 양, 말고기 등을 주로 먹는 육식의 습속이 있다. 때문에 귀한 손님이 오면 대개 잡기 쉬운 양을 잡아 삶아 주는데, 양념 고기와 장류와 야채에 익숙한 우리의 입맛과는 다소 차이가 있다.

대부분의 사람들이 마찬가지겠지만 특히 몽골인들의 손님 접대는 그야말로 '북방예의지국'이라 할 정도로 깍듯하다. 조금이라도 손님이 불편해 할까 봐 지극 정성으로 돌봐줌은 눈물겹도록 정겹다.

차하르몽골족 전통의 노래와 춤과 술과 음식으로 모두가 밤늦도록 어울리다가 새벽 1시가 훨씬 넘어 아쉬운 인사를 나누고 호텔로 돌아왔다.

7일―애비호빈관 출발(10:00). 설산을 배경으로 고원의 호수 새리무(賽里木-사이람)호에서 사진을 한 장 찍고 이리(伊犁)시로 향했다. 도중에 혜원성과 이리(伊犁)장군부를 참관하고 오후 늦게 이리시에 도착할 예정이다.

새리무 호수는 버르타라시(搏爾塔拉蒙古自治州)의 서남쪽 100㎞에 위치한 호수로 애비호가 해발 200m에도 못 미치는데 비해 이 새리무는 2,071m의 산위에 위치한 고산 호수이다. 지대가 높아 보통

설산이 구름 위로 보이는 새리무 호수

11월부터 다음 3월까지 두께 1m정도의 얼음이 언다. 1980년에는 이곳에 고산 양식장을 만들어 냉수 어류의 시험 양식에 성공하였다고 한다. 차를 타고 오르다 보면 검푸른 바다 같은 호수 위로 구름이 걸쳐져 있는 설산의 모습이 보인다. 호수 주변에는 여의도 공원 수십 배의 초원이 펼쳐져 있다.

매년 7월 중순이 되면 이 호반에서는 3일에서 1주일간 '나다무(那達慕-나담)'대회가 열린다. 이것은 몽골족의 전통명절이다. '나다무'는 몽골어(몽골국에서는 '나담'이라 한다)의 음역으로 뜻은 '오락(娛樂)'혹은 '유희(遊戲)'이고, 기원은 오보제(敖包祭)에서 비롯되었다.

나다무(那達慕-나담) 첫날이 되면, 주변 초원에서 몽골, 카자흐, 위구르, 한(漢), 회족 등이 각기 명절에 입는 전통복장을 하고, 말이나 차를 타고 사방팔방에서 이곳으로 운집한다. 첫날부터 유목민들은 특유의 경마(賽馬), 조양(叼羊), 낙타 경주, 씨름, 활쏘기, 마술(馬術) 등의 체육대회가 벌어져 목민들은 직접 참가하거나 경기를 참관한다. 자치주의 문예단체, 극장, 가수, 서점 등도 이곳으로 옮겨와 군중들을 위하여 공연을 하고, 영화를 방영하고, 책을 전시한다. 또 대규모의

시장이 열려 목민들이 필요로 하
는 일용 잡화로부터 양피, 양모
등의 축산품, 의상 및 음식을 파
는 식당이 열려 각종 음식이 제공
되는 판이 벌어진다. 그야말로 목
민들의 물자 교류의 장이면서 목
민들의 여름 문화 오락의 장이 열
어지는 것이다.

새리무 호수 주변에서 유목하는
카자흐 목민

　자치주의 지도급 인사들 또한
이들을 축하해 주고 경기를 관람하러 온다. 수백동의 몽골 겔과 카자흐
파오가 지어져, 각지에서 온 여행객과 관광객들을 접대하며 다함께 며
칠간의 오락을 마음껏 즐긴다. 필자는 아쉽게도 때를 놓쳐 '나다무' 행
사는 보지 못하였다.

　새리무호수의 주변 경관이 너무도 아름다워 호반에서 잠시 카메라에
초원을 담아두려고 차에서 내렸다. 사진을 찍으려고 언덕 위로 이동
중에 양(羊)들이 이리 뛰고 저리 뛰면서 도망가는 것을 보았다. 거의
사람 허리 정도까지 뛰어오르니 1m이상은 족히 뛰었다. 알고 보니 잡
히지 않기 위해 필사적으로 도망가는 것이었는데 양들도 잡히면 죽는
다는 것을 직감적으로 아는 모양이다. 결국 잡힌 한 마리는 다리를 묶
이고 목이 따여져 피를 흘리면서 한참 만에 고통스럽게 죽어가는 것을
보았다. 공연히 보았다는 생각이 들었다. 그런데 이상한 것은 같은 유
목민이라도 이 카자흐족의 양 잡는 법은 몽골족과는 사뭇 다르다는 점
이다. 몽골족의 도살 법은 그 자체가 하나의 관광 상품이 될 정도로
특별하다. 다음 소개 글은 필자가 이전에 몽골초원에서 목격했던 것을

기록해 놓은 것의 발췌이다.

양 잡는 법—몽골의 남자들은 누구나 양을 잡을 줄 안다고 하는데 그 방법이 특이하다. 특이하다기보다는 유목민 나름대로 가축을 고통 없이 죽이기 위해 개발된 방법으로 여겨진다. 소처럼 큰 동물을 도살하는 방법과 양이나 염소처럼 작은 가축을 잡는 방법이 다른데, 일단 양 잡는 법을 보면: 우선 가로 2m, 세로 1.5m 정도의 천을 바닥에 깔고 양을 네 다리가 허공을 향하도록 쓰러뜨린다. 양은 정말 '양같이 순하다'라는 말처럼 전혀 반항하지 않는다. 그러면 날카로운 창칼로 튀어나온 가슴 부위를 순간적으로 15센티 정도 절개한 다음 손을 넣어 심장으로 들어가는 동맥을 손톱으로 끊는다. 그러나 동맥을 찾기 어려워 대개는 심장을 손으로 움켜쥔다. 그러면 4-5초 내에 죽게 되는데 이것이 동물을 가장 고통 없이 죽이는 방법이다. 피는 흘리지 않는다. 일단 양이 죽게 되면 칼로 네 다리의 발톱 위 발목 가죽에 칼집을 내

몽골인의 양 잡는 모습

손으로 양가죽을 벗기는 몽골인

고 그 곳으로부터 심장 부위까지를 절개한 상태에서 손으로 가죽을 벗긴다. 다 벗기고 나면 벗긴 그 양 가죽을 바닥에 깔고 그 위에서 내장과 고기를 재단하기 시작한다. 우선 칼로 배를 가르게 되는데 이때에 어느 정도 기술이 필요하다. 잘못 건드려 위가 터지면 위액과 섞여 소화가 진행되던 풀 냄새가 매우 고약하다. 배를 가르게 되면 당연히 피가 나오지만 숙달된 몽골인은 피를 전혀 바닥에 흘리지 않는다. 고여 있는 피는 국자로 떠서 통에다 받아 소금과 야생부추, 양파 등을 섞어 물로 깨끗이 씻은 창자에 넣어 제일 먼저 쪄서 먹는다. 이것을 '게데스'라고 하는데 우리나라의 순대와 같은 것이다. 김천호 교수는 학회 모임에서 '내장을 먹을 줄 아는 민족이 육식문화가 발달된 민족이다'라고 한 것을 기억한다. 나는 양 요리 중에서도 특히 이 '게데스'와 '허르허끄'가 맛있다고 생각하는데 그것도 누가 요리를 하느냐에 따라 맛에 차이가 난다. 필자는 '96

년 여름 몽골어 선생인 에르덴 바야르 박사의 집 (p. o b 74, ulaanbaatar, 24 Mongolia)에서 1달간 머문 적이 있었는데, 이때 이 집 식구들과 죠슬랑에 가서 며칠 머물면서 큰딸 인 나라(Naraa B) 아빠

'나라'아빠가 만들어준 게데스(순대)

가 요리해준 게데스를 먹은 기억이 지금도 생생하다. 몽골에 갈 때마다 나는 이 집에 들러 죠슬랑에 가서 의례히 양요리를 해 달라고 부탁하는데, 몽골의 대표적인 음식이 '허르허끄'와 '야마니 보드그'이다. 허르

허끄는 토막 낸 양고기를 불에다 달군 돌과 함께 양고기와 달군 돌을 하나씩 반복해서 통에다 넣고 불에 익혀 먹는 방법이고, '야마니 보드그'는 염소고기 요리로 염소의 목을 자르고, 목으로 뼈와 고기를 발라 낸 다음 고기를 토막 내어 역시 허르허끄와 같은 방법으로 불에 달군 돌과 고기를 다시 염소 가죽에 집어넣고, 외부에서 열을 가하여 익혀 껍데기와 고기를 통째로 먹는 방법이다. 이때 고기와 함께 가열되어 뜨거워진 돌을 손에 쥐면 몸에 좋다고 한다. 몽골에는 별다른 양념이 없다. 단지 소금과 양파, 야생부추 정도의 채소가 있을 뿐이다. 우리 나라에서 시판되고 있는 몽고간장이나 몽고된장은 몽골엔 없다. 13세 기 여·몽 연합군이 일본을 원정할 당시, 몽골군이 합포(지금의 마산) 에 주둔하면서 이들이 마시던 샘물로 장을 만들었다 해서 생긴 이름이다.

음식이라는 것은 여러 가지 장류의 오묘한 조화에 의해서 맛이 결정 되고, 색깔과 냄새에 의해서 먹고 싶은 충동을 느낄 수 있는 것인데, 몽 골에는 그런 양념이 없어 그 좋은 양고기와 염소고기를 그냥 몽골 정통 음식이라니 한 점 먹어볼 뿐, 맛있게 많이 먹지는 못하는 아쉬움이 있 다. 김치라도 있어 육류의 느끼함을 상쇄시켜줄 수만 있어도 좀 많이 먹 어보고 싶은데 아쉽다. 그런 의미에서 몽골 음식은 우리의 입맛과는 좀 거리가 있다고 생각된다. 요즈음 올란바타르에는 한국 음식점들이 많이 생겼다. 값도 한국과 거의 같아 먹고 싶은 한국음식을 언제든지 먹을 수 는 있지만 몽골에 가면 꼭 그곳의 음식을 먹어보라고 권하고 싶다.

우리는 13세기 고려시대에 몽골의 지배를 받으면서 육식문화와 도 살방법을 몽골인으로부터 전해 받았다. 설렁탕이니 순대니, 야쿠르트 같은 음식의 원조는 분명 유목민이라고 생각한다. 우리는 여름에 집중 되는 풍부한 양의 강수와 남방 농경문화의 영향으로 곡류를 재배하여 곡류가 풍부하다 보니 설렁탕에 밥을 말아먹는 것이고, 산림지대가 많아 양 대신 돼지를 키우다 보니 돼지 순대라는 음식문화가 생겨났으니 이런 것은 북방과 남방문화의 결합에 의해서 생겨난 것이다.

새리무 호수를 지나자 눈앞에는 높은 산의 침엽수림이 수정같이 맑은 하늘을 배경으로 한 폭의 그림이 펼쳐진다. 이곳이 알프스보다도 아름다운 경관을 자랑하는 이리(伊犁)계곡이다. 계곡 가에는 한 두 채씩의 유르트가 천연의 모습 그대로 점점이 박혀있다. 이런 곳에 살다 보면 저절로 하느님과 천신을 믿게 되고, 이런 곳에서 도가(신선)사상이 만들어 지겠구나 하는 생각이 들었다.

그림 같은 이리 계곡을 지나 여러 시간 차를 달려 전형적인 위구르 문화권의 중심부인 이녕시(伊寧市) 권역으로 접어들었다. 도중에 잠깐 차량이 말썽을 부려 지체하기도 하였지만 어렵지 않게 이리장군부 옆에 있는, 조선시대 성문같이 생긴 혜원종고루(惠遠鐘鼓樓)에 도착했다. 18세기 중엽 막강한 청조의 팔기군이 무장을 하고 이곳에 들어와 준가르 유목제국을 무너뜨리고, 얼마 후에는 서북쪽에서 내려온 제정러시아 군대와도 치열하게 전투를 벌였던 현장이다. 혜원고성(古城)과 종고루에 대한 안내 설명 표지판에는 다음과 같이 적혀있다.

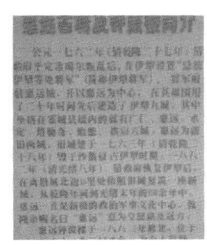

혜원고성 및 종고루
소개문

"서기 1762년(청 건륭 27년) 청 정부는 준가르 반란을 평정한 후, 이리(伊犁)에 '총통이리등처장군(总统伊犁等处将军-약칭 이리장군)□□을 설치하였다. 장군부(將軍府)는 혜원성(惠远城)에 주

둔하며 혜원을 중심으로 그 주변에 20여 년 동안 이리9성을 축조
하였는데 그 중 곽성현(霍城縣) 경내에 광인(广仁), 혜원(惠远),
수정(水定) 등 6성이 있다. 혜원은 신, 구 2성으로 구(旧)성은
1763년(건륭 28년) 제정러시아의 이리 침입 때 훼손되었다. 1882
년(광서 8년) 청 정부는 이리를 회복한 후, 옛 성(旧城)에서 북쪽
으로 15리 떨어진 곳에 옛 성과 같은 새로운 성을 쌓았다. 건륭
연간부터 광서(光绪) 말년 150여 년 동안 혜원은 줄곧 신강의 정
치, 군사, 문화의 중심지로 되었으며 건륭황제는 친히 '황은의 혜
택이 멀리 미치라'는 뜻의 '혜원(惠远)'이라는 이름을 지어 하사하
였다. 혜원종고루는 1883년 신(新)혜원의 중심부에 흙을 다져 쌓
은 성에 3층의 목조 건물을 세운 것이다. 성의 외부는 푸른 벽돌
로 쌓았으며 3층 누각은 나무를 사용하였다. 처마는 날아갈 듯 기
세가 날렵하며 동서남북 사방의 큰길은 이 종고루를 통해서 관통
할 수 있다.…"

종고루에 올라 사방을 둘러보니 과연 이곳은 사방이 탁 트여 황은이
널리 미칠 만한 사통팔달의 중심부라는 생각이 들었다. 종고루를 둘러
본 후 우리는 이곳에서 200여m 떨어진 곳에 있는 이리장군부(將軍
府)로 향했다. 청(淸)왕조의 입국지조(立國之祖) 옹정(雍正)의 4째
아들 건륭(乾隆)은 준가르를 평정한 후, 러시아의 남하를 저지하고 이
서북지역의 안정을 도모하기 위해 이곳에 장군부를 설치하고 군부제(軍
府制)를 실시하였다. 당시 이 장군부의 대장군은 이곳 서북일대의 정
치, 경제, 군사, 행정 등의 모든 권한을 갖고 있던 왕과 같은 존재였다.
청조는 이곳의 방어와 안정을 위해 심혈을 기울였다. 그래서 동북의
용감한 시보족과 다고르족, 오랫동안 만주(後金)를 괴롭혔던 챠하르
몽골족 등을 세력도 약화시킬 겸 이곳으로 이주시켜 변방방어의 임무

를 맡겼고, 남강(南疆)의 위구르족을 이곳으
로 옮겨 농사를 짓게 하여(타란
치,Taranchi- 농사짓는 위구르인을 타란치
라 부른다) 군량 생산에 충당케 하였다.

장군부 입구에서 경비병에게 신고를 하고,
언제 심었는지는 모르지만 하늘높이 쭉쭉 뻗
어 올라간 미루나무 길을 지나 오래된 대학
교정같이 아늑한 장군부에 다다랐다. 주변에

이리 장군부

는 군부대가 주둔하고 있는 듯 종종 군인들의 함성 소리가 들렸다.
대체 당시 대장군의 모습은 어떠했을까? 조그만 궁전 같은 장군부 건
물에서 옹정시기 서북지구 대장군이었던 연갱요(年羹堯)와 악종기(岳

'장군부'입구에서 바라본 여름 오후의 종고루 모습

鐘琪) 장군의 모습을 TV에서 본 기억을 떠올리며 그려 보았다. 모두 한인(漢人)으로 옹정의 총애를 한 몸에 받고 당대 최고 사령관 지위까지 올랐으나, 끝내는 수신(修身)에 실패하여 시골 성문지기로 전락했다가 마침내 자결을 명(命) 받았던 연(年)씨와, 쥰가르몽골의 갈단 쩨링의 벽을 극복하지 못하고 패배를 거듭하다가 끝내 몰락해 간 악(岳)장군의 말로를 생각해 보면서, 권력의 무상과 인생의 허무함을 느끼니 초라한 나그네의 마음만 암연히 쓸쓸해지는 것을 느낀다.

8일—궁월성(弓月城), 칸 묘소(마쟈르), 챠부챨(察布査爾)시보(錫伯)자치현 참관

아침부터 궁월성(弓月城)을 찾아 헤맸다. 기록에 의하면 궁월성은 당(唐)왕조 때부터 번성했던 성이었으나 같은 지명이 여러 곳이나 되어 너무 힘들게 찾았다. 그나마 찾고 보니 성터의 흔적은 없고 어느 위구르 가정의 과수원으로 포도나무만 무성하게 자라고 있었다. 차라리 이곳에 온 김에 쥰가르의 마지막 칸 다와치(達瓦齊：Davachi)가 청군에 항복한 커덩산(格登山：이리 서남부의 昭蘇縣 소재)에나 가볼걸 하는 후회 아닌 후회를 해본다. 일

팔상전 같이 생긴
마쟈르(칸의 묘소)

이 꼬이다보니 그랬는지 부랴부랴 궁월성지를 떠나 근처의 술탄 와이스(歪思) 칸의 마쟈르(麻扎—칸의 묘소)를 찾았으나 이 또한 쉽지 않

앉다. 마을 사람들에게 물어물어 어렵게 찾아
가 보니 마치 법주사 팔상전 같은 탑만 덩그
러니 하나 있을 뿐이었다. 안을 들여다보니
그 안에 봉분이 있고 이슬람신자 복장을 한
젊은 부부가 생활하고 있었다. 좀 괴이하다
싶어 물어보니 자신이 칭기즈칸의 21대손으
로 묘를 지킨다고 했다. 정말 그런지 어떤지

칸의 묘지기인
칭기스칸의 21대 손
(오른쪽에서 두 번째)

는 확인해 볼 길이 없었지만 흥미 있게 생각한 건 이 사람의 용모와
복장이었다. 와이스 칸은 차가타이 칸 국의 칸으로서 분명 몽골인이었
으나 그 후손들은 여러 세대 이곳 이슬람 문화권에 살다 보니 모두 이
슬람으로 개종을 했고 생활 습관 또한 이슬람화 되었다. '이렇게 민족
이라는 것도 다른 환경에서 오랜 세월을 지내다 보면 완전히 바뀌는구
나'하는 생각이 들면서 '세계가 지구촌화 되는 이 시기에 민족이라는
것도 그리 크게 강조할 만한 것이 못되는구나', '13세기의 칭기즈칸은
이미 자신의 민족만을 강조하는 국수적이고 쇼비니즘적인 발상을 뛰어
넘은 안목과 스케일이 큰 CEO였구나' 하는 생각이 순간적으로 스쳐갔
다.

근처 식당에 들러 점심 식사를 하고, 오후 2시가 넘어 이리(伊犁)
지역에서 가장 관심을 갖고 있었던 챠부챨(察布查爾)로 향했다. 오가
는 길에서는 마차를 끄는 잘빠진 이리마(馬)의 목에 걸린 목걸이 종
(鍾)에서 나는 딸랑거리는 소리와 규칙적인 말발굽소리가 낭랑하게 들
렸다.

챠부챨 시보자치현은 이리시와 인접해 있어 곧바로 시내로 들어갈
수는 있었으나 만나기로 한 사람과 접선이 안 되어 여기저기 한참을

차부찰 시보족 민속풍정원 전경

헤매었다. 챠부챨은 아늑한 마을르 도시라기보다는 농촌에 가까운 조
용한 곳이다. 이곳 챠부챨에는 작년에 개관한 챠부챨시보자치현 민속
풍정원(察布査爾錫伯自治縣民俗風情園)이란 민속박물관이 있어 시
보(Sibo)족의 서천사(西遷史)를 비롯해서 민족사, 민속 문화 등 시보
족의 모든 것을 한눈에 볼 수 있도록 전시해 놓고 있었다. 우리는 먼
저 민속풍정원에 갔다.

 본래 시보족은 고대로부터 중국 동북방에 살던 민족이다. 명말청초
에는 커르친(科爾沁)몽골에 속해 있었으나 청(淸) 강희(康熙)31년
(1692), 청 정부는 동북지역의 방위 역량을 강화하기 위하여, 이들을
커르친몽골기(旗)로부터 분리하여 만주8기로 개편하여 눈강(嫩江)과
송화강(松花江) 주변의 치치하르(齊齊哈爾), 바이두나(伯都納), 지
린우라(吉林烏拉) 지역으로 분산 이동시켜 그곳의 방어를 맡겼다. 본
래부터 몽골왕공의 통치하에 있었기 때문에 언어와 문화면에서는 몽골
족의 영향이 다소 강하게 남아 있었으나, 이주 후에는 만족(滿族)과
잡거하고 교류가 빈번해지면서 대부분의 사람들이 만어(滿語)와 만문

(滿文)을 익히게 되었다. 풍요로운 눈강과 송화강변에서 농사를 지으면서 주변의 만족(滿族) 외에 몽골족, 한족, 다고르족, 어원크족들과도 평화로이 공존하며 지내던 이들에게 큰 변화가 온 것은 청조가 준가르를 정복하는 18세기 중엽 이후이다. 청조는 말썽 많고 복잡한 이 서북방 이리(伊犁)변경지역의 수비를 강화하고자 시보족을 비롯한 다고르족, 소론족 등 용감한 동북방의 8기병들에게 신강으로의 이주를 명(命)했다.

건륭(乾隆) 29년(1764), 청 정부는 성경(盛京: 지금의 심양)장군 소속의 개원(開原), 요양(遼陽), 무순(撫順) 등 15개 지역에서 시보족 관병 1,020명과 그에 딸린 식솔 3,275명을 선발하여 신강의 이리 일대로 가서 둔전을 개간하고 변경을 수비하도록 하였다. 명(命)을 받은 시보 관병은 음력 4월18일 성경(盛京)을 출발하였다.

지금도 챠부챨(察布査爾)의 시보족은 이날(4·18절)을 '서천절(西遷節)'이라 하여 전통적인 성대한 명절로 지내고 있다. 이 날이 되면 가가호호 모두가 집을 깨끗이 청소하고 풍성한 음식을 준비하고, 전통적인 명절 복장을 갖춰 입고 다함께 모여서, 악기를 연주하고 노래를 부르고 춤을 추며 하루를 즐긴다. 이 외에, 씨름과 활쏘기와 경마 등 전통 체육활동을 하며 역사적 의의의 '四·一八'을 기념한다.

건륭 30년(1765), 챠부챨(察布査爾)의 시보족의 선조들은 1년여(북방기마대는 6개월, 남방 우마차는 12개월)에 걸친 간난신고의 여정을 거쳐 우하리커성(烏哈里克城: 지금의 이리 霍城縣)에 도착하였다. 반년 간 휴식을 취하면서 군민(軍民)을 10개의 쟈란(隊: 5개의 우록)으로 편성하였으나 이리(伊犁)로 이주한 후 이리 장군은 이들을 다시 6개의 우록(牛彔: 만주어로는 '니루'로 발음- 1니루는 대개 200~300

명 정도)으로 축소 편제하고, 시브족의 생활 특성에 맞춰 그들을 이리하(伊犁河) 남쪽 챠부챨(察布査翱)이란 곳에서 농사를 짓고 살도록 결정하였다.

지금 이곳에 살고 있는 이 시보족들은 바로 18세기 청정부의 명(命)에 의해 동북에서 이곳으로 이주해온 이들의 후손들이다.

민속풍정원 관람을 마친 우리 일행은 과수원 속에 있는 태능 갈비집 같은, 이곳 농가 숲 속에 위치한 마냥 평화로워 보이는 貝倫農家樂(tel 0999-3625966)이란 시보족 음식점에 갔다. 거의 오늘 일정도 마무리되어가는 오후였기에 우리는 시보 전통음식도 맛볼 겸, 조용한 이곳 마루에서 시보족 노래도 듣고 시원한 수박과 포도를 먹어가며 휴식을 취하기로 하였다. 시보족 음식은 몇 년 전, 치치하르 인근의 만주족 집에서 먹었던 음식처럼 장아찌류의 음식이 많이 있어 저장음식이 발달한 우리 음식과 매우 흡사하다는 생각이 들었다. 아무래도 추운 겨울이 여러 달 계속되니 그런 부식류가 발달했으리라는 짐작이 갔다. 어차피 인간은 자연 환경에 영향을 받을 수밖에 없고, 자연 환경에 의해 음식문화도 결정되고 음식에 의해 민족의 성격도 영향을 받겠구나 하는 생각이 들었다. 저녁을 먹고 휴식을 취하면서 노곤 노곤한 상태에서 밤이 어둑해져 근처 숙소에 도착했다.

9일—이리 시내의 위구르 식당에서 낭(饢)과 면(麵)으로 간단히 아침식사를 하고 스허즈(石河子)를 향해 출발했다. 218번 도로를 따라 4시간여 달리다 보니 술(酒)로 유명한 아러러이튀비에(阿熱勒托別鎭) 근처의 가축 시장에 도착했다. 양과 염소를 흥정하는 장면과 말을 평행봉 같은 곳에 묶어놓고 발굽을 갈아 끼우는 모습을 보니, 어릴 적 동네 우

낭과 면류를 파는 위구르 식당

시장에서 소 발굽에 징을 박던 아저씨와 아파하던 소의 모습이 떠올랐다. 우리는 이곳 가축시장이 보이는 근처 식당에서 점심식사를 하고 오후에 천산을 넘기로 하였다. 코스는 동쪽으로 조금 더 가다가 217번 도로를 타고 북으로 천산을 넘는 여정이었다. 필자는 대관령 넘어 동해안에 가는 정도의 길이겠거니 생각했다.

오후 3시경, 경치가 좋아 주변에서 사람들이 많이 놀러온다는 나라티(那拉提) 숲 속에서 잠깐 휴식을 취한 뒤, 새들도 넘나들기 힘들다는 雲山高峰의 천산으로 접어들기 시작하여 두산즈(獨山子)를 향한 횡단을 시작하였다. 지금 생각해보니 참으로 아찔하고 위험한 오후였지만, 한편으로는 내 인생에 두 번 다시없을 귀하고 기묘한 천산 속 내면의 풍광을 보았던 귀중한 시간들로 기억되었다. 필자는 이날 천산(天山)

아침식사를 '요우티아오(油條)'로 간단히 하는 중국인의 모습

은 정말 옆으로도 길지만 폭 또한 두텁다는 생각을 했다. 400㎞가 천리이니 우리가 넘은 230㎞는 오백 킬가 넘는 길이다. 그것도 해발 2, 3천m의 산길을 넘는다는 것이 지금 생각해보면 제정신이 아니었다는 생각이 든다. 제정신이 아니라기보다 멋모르고 그렇게 덤볐던 것이지 알고는 그리 못했을 것이다. 정말 시시각각 변하는 천산의 오묘하고 신비스럽고 경이로운 모습은 세파에 찌든 내가 소화해 내기에는 벅찬 그 무엇이 있었다. 아니 벅차다기보다는 오히려 두려움이었다. 나약하고 궁핍한 내 자신은 천산 속에서 한 마리 어린양만도 못한 존재였다. 아! 이런 곳에 귀신이 살고 요괴가 도술을 부리는구나 생각했다. 앞자리의 이수휘 선생으로부터 얼마 전 일본의 화가가 이곳에 머물며 그린 천산의 갖가지 풍경을 일본에서 전시한 적이 있다는 말을 들었다. 정말 그림 그리는 재주라도 있으면 노트에라도 손 가는대로 스케치라도 하고픈 마음이다.

지도책으로 보면 한 뼘도 안 되는 이 길을 우리는 무려 8시간에 걸쳐 2개의 만년설을 넘어 밤 11시가 되어 두산즈(獨山子) 쪽의 산기슭에 이를 수 있

말발굽을 가는 가축시장의 한 풍경

었다. 불현듯 학생시절, 친구와 설악산에 갔다가 늦게 하산하는 바람에 어둠이 밀어닥칠 때의 두려움과 당황스러움에 '아! 이래서 사람들이 조

난을 당하는구나' 하는 생각을 했던 기억이 순간적으로 스치고 지나갔다. 두산즈의 불빛들이 마치 솜처럼 푸근하게 느껴졌다. 천산을 넘었다. '오! 나의 오아시스 두산즈'여.

아무리 신비스럽고 아름다운 풍광이라도 두렵고 목마르고 배고픈 자에게는 결코 아름다움으로 다가올 수 없다는 것을 느끼게 하는 그런 밤이었다. 두산즈(獨山子)는 석유로 인해서 생긴 도시로 행정구역상으로는 커라마이(克拉瑪依)시에 속한다.

차에 기름도 다 떨어져 가까운 주유소에서 기름을 넣고, 호텔을 찾아 짐을 풀자마자 우리는 허기를 채우고자 부랴부랴 호텔 앞 솬궈(涮鍋)가 예쁘게 그려져 있는 식당으로 향했다. 솬궈는 우리나라의 샤브샤브라는 요리로 특히 중국에서의 솬궈는 채(菜)의 종류가 다양하다. 팔팔 끓는 탕에서 육류를 살짝 데쳐서 참깨가루의 소스에 찍어 먹는 맛은, 육류에 어우러지는 야채의 독특한 맛과 향으로 인해 필자가 가장 애호하는 중국음식 중의 하나이다. 필자는 유별난 식도락가는 아니지만 학생들과 단동(丹東)에 있는 자매대학인 요동대학에 갈 기회가 있으면 반드시 이 맛을 즐기기 위해, 신류(新柳)에 있는 신둥웬(新東源)이나 압록강변에 있는 르웨탄(日月潭)에 들리곤 한다. 이날 밤 우리는 일정이 끝나감과 무사히 천산을 넘었다는 안도감에 취해 오랜만에 맵고 다양한 솬궈 맛에 포식을 하였다.

여담이지만 중국여행에서 필자의 사소한 즐거운 괴로움 중의 하나는 바로 이 음식이다. 어렸을 때부터 부모님께서 텃밭에 고수(香菜-샹차이)를 심어 먹은 덕분에 나는 중국음식의 향에 대해 아무런 거부감이 없다. 그래서 중국에만 가면 예의 그 튀기고, 볶고, 찌고, 삶은 중국음식에 맛이 들어 늘 과식을 하는 편이다. 조심은 하지만 늘 조절에 실패하여 포식을 하고나면 몸이 거북해 후회스럽고, 그러다가 졸리어 자고 나면 다음날까지 개운치가 못한 것이 더 짜증스러울 때가 많다. 그런데 이상한 것은 그런 중국음식이 한국에 오면 또 생각이 난다는 데에 있다. 그래서 어떤 때는 불현듯 솬궈가 생각나 중국에 가고 싶은 충동을 느낄 때가 있다. 오늘밤엔 좀 소화를 시키고 자야겠다고 다짐했다.

10일—아침에 기상하여 빈관(賓館)식당에서 가볍게 식사를 하고 약간은 들뜬 기분으로 우루무치로 귀경을 서둘렀다. 이제 거칠 것이 없었다. 빙산도 절벽도 비포장도로도 없다. 차량 이동도 그리 많지 않아 아늑하고 조용한 서역의 고속도르를 3~4시간 질주하면 우루무치에 도착한다. 저녁은 김석종 씨의 초청으로 당신 집에서 한식으로 하기로 하였다.

오후 1시경, 지구상에서 바다와 가장 멀리 떨어져 있다는 내륙 도시 우루무치에 무사히 귀환하여 출발할 당시 머물렀던 '질량원(質量苑)호텔'에 짐을 풀고, 근처 식당(쳰쥐더(全聚德)분점)에서 구운 오리고기를 춘장을 찍어서 파와 곁들여 밀전병에 싸 먹는 '베이징카오야(北京烤鴨)'로 점심식사를 하였다. 본래 '북경오리'의 원조는 북경의 '쳰쥐더'이다. 미국의 닉슨대통령이 북경을 방문했을 때 주언라이 중국 수상이 '마오타이' 술과 함께 접대한 이후 유명해진 곳이다. 이곳의 오리는 닭장 같은 곳에서 일정한 기간 먹이를 주어 강제로 살을 찌워 키워내는 것이 아니라, 자연 상태의 오리 농장에서 좋은 조건과 환경에서 일정 기간 키워낸 후 기준에 달한 오리로만 요리를 한다고 한다. 때문에 육질이 부드럽고 맛이 기가 막히게 좋아 너무 장사가 잘되어 이제는 중국 곳곳에 분점이 생겨 체인점으로도 운영하고 있다.

식사 후에는 오후 내내 휴식을 취하면서 내일 돌아갈 짐을 챙기고,

저녁 무렵 우루무치(烏魯木齊)시 만보사(晚報社) 옆에 있는 김석종 씨의 아파트에 갔다. 그래도 우리 입맛에는 역시 된장찌개와 삼겹살에 김치가 제격인가 보다. 그리 힘들게 고생한 여정은 아니었지만 간만에 맛보는 고향의 맛은 그동안의 여독을 풀기에 충분했다. 특히 이곳에서 김 선생 사모님께서 차려주신 김치는 어릴 적 어머니가 땅에 묻은 장독에서 꺼낸 그런 아련한 추억의 김치 맛 그대로였다. 일전에 이곳 '경복궁'이란 식당에서 먹은 냉면 맛이 한국에서 먹을 때 보다 더 한국적이었듯 김석종 씨 댁에서의 김치는 정말 어머니의 손맛 바로 그 맛이었다. 식탁에 둘러앉아 삼겹살 구우며 술 한 잔 마시면서, 그동안의 여로에서의 이야기와 이곳에서 40여년 생활을 하신 김 선생의 이주생활사 이야기를 들으면서 우리의 신강(新疆)에서의 밤은 그렇게 깊어갔다.

11일─우루무치 공항으로 떠나기 전 숙소인 新疆質量苑호텔에서 김천호 교수의 주선으로 이리(본명-伊力·里提甫, 45세: 위구르인으로 신강문물고고연구소 부연구원)씨 부부와 그동안 고생하신 김석종 선생과 최명호 씨와 함께 점심식사를 했다. 이리(伊力·里提甫) 선생은 작년 겨울, 회족음식을 조사하러 이곳에 온 김천호 교수와 함께 동행 했던 분이다. 지금은 남강(南疆)의 사막에서 위구르 유물을 발굴하는 도중에 며칠간 집으로 휴가를 온 상태였다. 이리 선생의 부인도 위구르인으로 우리는 줄곧 향비(香妃)와 위구르여인들에 대한 이야기로 환담을 나눴다.

여행을 다니다 보면 특히 그 지방의 아름다운 여인들에 관심이 가는 것이 인지상정이다. 개인적인 생각이지만 중국 56개 민족 중 가장 예쁜 민족을 꼽으라면 필자는 서슴없이 위구르 여인을 꼽는다. 위구르 처녀들의 몸매는 가냘 파서 하늘거리며, 작은 얼굴에 긴 속눈썹 속의 눈은 수정체가 맑고 인도 여자처럼 윤곽이 뚜렷하면서도 눈 주위의 선이 곱다. 남자들의 코는 대개 매부리 코지만 여자들의

오아시스 도시에서 한가로이 휴식을 취하고 있는
아름다운 서역의 여인들

코는 크지도 작지도 않은 것이 콧방울은 작은 육종마늘처럼 오뚝하다. 눈썹은 검은 송충이를 얹어 놓은 듯이 부드러우며 아미에는 잔 눈썹이 소소하다. 볼의 피부는 얼음이 얼 때처럼 희고 찬 느낌이다. 입술은 붉고 이는 희다. 대개 중국과 몽골 사람들의 이는 검은 사람이 많다. 이 전체가 검은 것이 아니라 이빨 주위가 담배 진이 낀 듯이 검다는 것이다. 필자는 개인적으로 직접 물어볼 수 없었기 때문에 이것을 늘 궁금해 했다. 확실한 근거가 있는 것은 아니지만 이번 여행에서 얻은 결론은 기름기 많은 음식과 관련이 있다는 생각이다. 기름기가 이빨과 이빨 사이에 끼어 있는데 이것을 빨리 제거하지 않으니 농축되어 때가 낀 것처럼 되는 것이리라.

손가락은 목선처럼 가늘고 길다. 대개 키가 큰 사람들은 손가락과 발가락이 길다. 위구르의 여인들은 키가 크다기보다는 적당히 마른 사람들이 많아 그렇게 보인다.

가슴은 마치 투루판의 청포도처럼 적당한 크기에 봉긋하다. 허리에서 자연스럽게 이어지는 엉덩이의 라인은 수줍은 듯 겸손하다. 목소리는 허스키하지 않고 낭랑해서 듣는 이로 하여금 총명하단 생각이 들게 한다. 예로부터 중국의 황제들은 허스키한 여자의 목소리는 남자의 기를 뺏어간다 하여 선호하지 않았다. 목소리가 은쟁반 위에 옥구슬이 '떽 떼구르' 굴러가듯이 맑고 낭랑하며, 볼에는 홍조를 띤 15, 6세의 처자와 배꼽을 맞대고 자면 배꼽을 통해서 기가 들어와 몸이 튼튼해진다고 여겼다. 그래서 황제들은 그렇게 기(氣)가 충만한 처자들을 통해 건강을 유지하려 했다고 한다.

이야기가 나온 김에 소수민족 조사차 대흥안령에 갈 때, 기차 침대에 누워 읽었던 《건강향도(健康向導)》란 주간지에 나오는 〈환관과 청대(淸代) 황제의 성생활〉이란 글이 있어 이를 통해 중국 청(淸)황제의 궁중생활의 일면을 소개한다.

첫째 제목은 〈太監과 閹割(태감은 궁중의 여러 부서에 있는 내시들의 장(長)을 말하며, 엄할은 거세(불까기)를 말한다)〉으로 이것은 64쪽에 있는 그 내용의 완역이다.

"태감이 되려면 거세를 해야 한다. 그러나 거세한 사람이라고 반드시 태감이 되는 것도 아니며, 또 거세의 목적이 반드시 태감을 만들기 위한 것도 아니다. 엄할(閹割)은 다른 말로 刑除, 去勢(거세), 私刀, 淨身, 無名刀...등으로도 불린다. 엄할은 중국에만 있었던 것이 아니라 다른 나라에도 또한 존재했었다. 『성경』의 마태복음 제 19장 12절에는 다음의 문구가 있다. '어미의 태로부터 된 고자도 있고, 사람이 만든 고자도 있고, 천국을 위하여 스스로 된 고자도 있다.' 남자아이는 거세한 후에 목소리가 여성 소프라

노처럼 고음을 낼 수 있게 변하기 때문에 이태리에서는 교회 합창단원을 만들기 위해 거세를 시켰다 한다. 그러면 중국에서 사람들은 왜 엄할을 했을까? 그것은 엄할 이후에는 쉽게 황궁으로 들어갈 기회를 가질 수 있기 때문에, 즉 자기의 운명을 바꾸기 위해서이다. 그러면 어떻게 엄할을 하는가? 참고로 어윈크(에벵키)족들은 우성인자를 유지하기 위하여 열성의 순록들을 거세 할 때 고환을 헝겊으로 싸서 이빨로 씹어 터뜨린다고 한다. 또 돼지는 어렸을 때 눕혀놓고 면도칼로 고환을 쪼개어 잘라낸다. 그러면 성질도 순해지고 고기 맛도 좋아진다. 그러면 사람들은 어떻게 했는가? 거기에는 2가지 방법이 있다.

하나는 어원크족들이 순록에게 하는 것처럼 이빨을 사용하는 것은 아니지만 고환을 망가트려 정액이 모일 수 없게 하는 것이고, 다른 하나는 생식기를 제거하는 것이다. 옛 이집트에서는 뜨거운 천(모포)을 사용해서 성기를 싸고, 날카로운 칼로 신속히 잘라낸 후 뜨거운 기름이나 재를 뿌려 지혈하고, 다시 엄자(閹者)의 하반신을 모래 속에 묻었다 하는데 사망률이 60%에 달했다 한다. 인도에서는 이집트보다는 다소 발달하여 엄자 지원자를 수술용 전용의자에 앉히고, 아편을 사용하여 마취시킨 후 성기를 죽편(竹片)에 끼워 고정시켜 놓고 예리한 칼 혹은 죽편의 옆면을 이용해 순간적으로 자르고, 일종의 특수 기름을 발라 지혈 시켰다 하는데 이것은 비교적 안전하여 죽은 자가 매우 적었다. 중국의 엄할에 관해서는 『구당서(舊唐書)』에 "저아(人名)는 거란 부락 출신으로 15 여세에 祿山(안록산)을 섬겼는데 머리가 매우 총명했다. 록산이 칼로 그 세('勢'는 생식기를 가리킴)를 잘라 피가 여러 되 흘러 죽을 것 같아, 록산이 재로 그곳을 발라 지혈시키니 하루가 지나 소생했다"는 기록이 있다.

『청대야기(淸代野記)』에는 李蓮英(이연영: 서태후의 환관장)의 엄할의 참상에 대해 기록되어 있는데

"엄할 하기 전 며칠 동안은 먹지도 마시지도 않고 밀폐된 방에 있으며 수술도 바람을 막기 위해 지하실에서 진행되었다. 지하실 천장에는 차갑게 빛나는 한 자루의 작은칼이 소용돌이치며 걸려 있었다. 이연영은 잔뜩 긴장하며 서서히 내려오는 칼을 응시한다. 칼잡이는 그것이 엄도(閹刀:수술용 칼)라고 말했다. 아직 엄도는 공중에 있었다. 그러나 곧바로 이연영은 자신의 은밀한 곳에 심한 통증을 느끼고 이어 의식을 잃고 말았다. 수술 후 이연영은 100여 일이나 누워 지냈다"

수술 후에는 누구나 요도에 하나의 가는 관을 삽입하는데 거기에는 2가지의 목적이 있다; 하나는 오줌이 상처에 침투하지 못하게 하여 감염을 방지하기 위함이요, 2번째는 요도가 막히지 않게 하기 위함이다.

잘라낸 생식기는 '보패아(寶貝兒)'라고 부른다. 엄자는 그것을 나무 상자에 넣고 유명한 사찰의 대들보 위에 올려놓는다. 이렇게 하는 것은 '고승(高升)' 즉 '출세하라'는 뜻을 갖고 있다. 이 '보패아'는 입궁 전에 반드시 주관 태감에게 보여주어 신분을 증명해야 하며 또 승진할 때에도 반드시 보여야 한다. 그리고 죽은 후에는 반드시 원래의 위치에다 다시 넣어주는데 이것은 시체가 완전치 못하여 내세에 암나귀로 되는 악운을 면케 해주기 위함이라 한다.

엄할의 초기에는 소변을 실금하기 때문에 몸에서 냄새가 난다. 그래서 북경의 노인들은 사람 몸에서 냄새가 나면 "象个老公公"이라 한다.

엄할 후에는 성격 또한 변하는데; 가벼운 작은 일에도 흐느껴 울거나 크게 화를 내기도 하며 얼굴과 귀가 빨개진다. 때문에 이들 앞에서는 말조심을 해야 하는데, 예를 들어 이들 앞에서는 꼬리 짧은 사슴, 꼬리 잘린 개, 손잡이 떨어진 주전자 등류의 말을 해서는 안 된다. 어린 나이에 엄할한 자를 '통정(通貞)' 또는 '동신(童身)'이라 한다. 이런 者들 중에 피부가 희고 부드러우며, 잘 생기고 요염한 자는 제왕과 후비의 총애를 쉽게 받을 수 있다. 그러나 청년기가 지나면 주름살도 보통 사람보다 많아지고 피부도 풀어져 실제 나이보다 늙어 보인다.

태감들은 서로 '동병상련(同病相憐)'이라고 단결심이 강하고 의기투합이 잘된다. 만일 한 사람이 수세에 몰리면 태감들은 모두 합심하여 그를 돕는다고 한다."

두 번째 이야기는 〈淸代 황제와 비(妃)의 성(性)생활〉이란 제목으로 다음은 그 내용이다. "이 일을 맡은 황궁 내의 부서는 경사방(敬事房)이다. 저녁 식사 때 경사방의 태감은 은쟁반을 하나 황제에게 바치는데 은쟁반에는 비(妃)들의 이름을 적은 '녹두패(綠頭牌)'란 것이 원 모양으로 놓여있다. 황제는 그 중 하나를 뒤집어 놓는다. 이 활동을 전용명사로 '선패정진(膳牌呈進)'이라 한다. 황제가 녹두패를 뒤집으면 태감은 즉시로 그 비에게 통지한다. 황제의 소실은 많고 황제는 오직 한 명뿐이다. 지금 같으면 '성희롱에 해당될 수도 있겠지만, 구중궁궐의 여자(피지 못하는 꽃)들은 '성은(은총)'으로 여겼다.

황제를 한번 모신다는 것은 그야말로 신분을 상승시킬 수 있는 천재일우의 기회이다. 따라서 통지를 받은 비는 조금도 지체치 않고 목욕을 하고 향수를 뿌리고, 손톱을 깎고 머리를 빗고 눈썹을 그리고 분을 바른다. 선택된 비는 황제의 안전을 위하여 어떠한 물건도 휴대해서는 안 되는데 내, 외복을 비롯하여 양말도, 신발도 신어서는 안 되며 완전한 나체(全裸)로 경사방 총관의 검사를 받아야 한다. 그런 후에 옥체는 태감이 가져온 붉은 비단옷에 싸여져 태감의 등에 업혀 황제의 침대까지 대령된다. 이토록 엄격하게 몸 검사를 하는 것은 명(明)왕조 가정(嘉靖)황제가 비의 손에 죽을 뻔한 경험이 있기 때문인데, 『야획편(野獲編)』의 기록에 의하면: '가정 壬寅年(21년, 서기 1542년), 궁비(宮婢)들이 황제를 죽이기로 작당하여 끈으로 황제의 목을 묶고, 황제의 입을 천으로 틀어막고, 황제의 배 위에 올라타 끈을 죄었다. 그러나 다행히도 이 비(婢)들은 결박하는 방법이 능숙치 못해, 문밖에서 켁켁대는 소리를 들은 소열황후(素烈皇后)가 사람들을 끌고 들어가 풀어주어 황제는 죽음을 모면하였다…라는 기록이 있다. 이후 황제의 침실에 불려가는 비(妃, 후궁)들은 어떠한 물건도 소지할 수 없게 하였다.

한편 비가 황제의 침실에 들어가면, 등에 비를 업고 온 태감은 나가고 총관태감이 황제의 침실 밖에서 서서 내실의 동정을 조용히 살핀다. 만약 가정제 모양으로 '켁켁'거리는 소리가 들리면 즉시로 황제의 침실로 돌진한다.

한편, 황제와 비와의 동침에는 일정한 시간이 있어 그 시간이 지나면 총관태감은 가벼운 목소리로 '황제보중(皇帝保重-황제여 몸을 중하게 여기소서)!'(어떤 때는 '시간입니다'-시간 다 되었습니다)라고 한다. 만일 황제가 그 비와 情에 사로잡혀 놓지를 못하고 다시 운우(雲雨)를 생각하여 대답을 하지 않으면 잠시 기다렸다가 재차 시간을 알린다.

황제와 떨어진 비는 반드시 무릎 아래로 기어 나오며, 올 때와 마찬가지로 태감의 등에 업혀 간다. 비가 간 후에 총관태감은 즉시로 皇上

(황제)에게 묻는다: "留不留(리유 부리유)?" 이렇게 묻는 이유는 정액이 비의 자궁에 있느냐, 없느냐를 물어 비의 잉태 여부를 묻는 것이다. 만일 황제의 대답이 "不留(부리유)"라면, 그는 즉시로 비의 처소로 가서 그녀를 세워놓고 엉덩이의 급소를 가볍게 만져본다. 이렇게 하는 것은 정액이 陰道(자궁)에서 곧바로 나오기 때문이다. 만일 황제가 동침한 비와 이미 性愛(성애)가 있거나 정이 있어 애정의 결정을 생각한다면 곧 "留(리유)"라고 한다. 그러면 이때부터 그 비의 몸 가치는 백배 상승하며 皇子(황자)의 어머니가 될 수 있는 특별대우를 받는다. 그리고 경사방 태감은 잊지 않고 〈기거주(起居注)〉위에 상세히 기록한다: '몇 년 몇 월 며칠 몇 시, 황제 누가 어떤 비를 총애하다'라고."

다시 이야기를 되돌려 위구르인에 대해서 이야기하자.

필자는 이 자리에서 여러 대화 중에 '향비(香妃)와 관련해서 위구르 여인들이 왜 그토록 아름다운지'와 '위구르인들의 장수비결'에 대해서 물은바 있다. 이리 선생은 아름다움과 장수의 비결은 모두 먹는 음식, 특히 과일을 많이 먹는다는 점과 복잡하게 생활하지 않아서 스트레스를 받지 않는 생각에 있다는 의견을 피력한 바 있다. 무슬림들은 하루 다섯 번을 기도한다고 한다. 거의 일상을 기도로 시작해서 기도로 마친다고 볼 수 있다. 이렇듯 기도하는 정성된 마음과 하미과 같은 과일을 저장하여 겨울에도 늘 먹기 때문에 예뻐지고 오래 산다는 그의 말이 상당히 설득력이 있다고 여겨진다. 실제 위구르족 여인들은 그 옛날부터 천연의 화장품을 사용했던 민족이다. 그들의 '아름다움' 또한 이 화장품과 밀접한 관계가 있다.

신강의 농촌에 가면, 흔히 위구르족 여인들의 가는 눈썹이 매우 검고 길다는 것을 느낄 수 있다. 멀리서 보면 하나의 물줄기가 맑고 큰 눈망울 위에서 잔잔히 파도를 치는 것처럼 매우 정감 있어 보인다. 그들이 눈썹에 그리는 이 원료는 집의 앞 뒤 어디서나 자라는 '奧斯曼(아오스만-板藍, 松藍의 뿌리)'으로, 이 '판람(板藍)'의 뿌리에서 즙을 채취하여 면봉에 묻혀 눈썹을 그리는 방식이다. 이 '판람'의 즙으로 그리는 눈썹은 미용효과가 뛰어나며, 눈썹을 보호하기도 할 뿐 아니라 눈썹의 성장을 촉진하기도 한다. 그래서 위구르족 소녀들은 4, 5세부터 시작하여 어른이 되어서까지 줄곧 이 판람의 즙을 바른다.

그들은 또 '海納花(하이나화)'가 만개하는 계절이 되면, 그 꽃잎을 으깨어 손톱에 바른다. 몇 시간 후에는 고운 염홍색이 손톱에 새겨져 몇 날 며칠 동안 변하지 않는다. 매니큐어에 비해 경제적 효과가 매우 큰 천연 염료이다.

또 얼굴을 분장하는 화장품으로 투루판(吐魯番)의 부녀들은 일명 '튀터구라커구리(托特庫拉克古麗)'라는 꽃잎을 직접 뺨에 바른다. 순간 볼은 곧바로 온화하고 볼그스레한 빛으로 변화한다. 이 꽃은 2촌(寸-3.3㎝) 정도로 크지만 1촌정도 자라면 꽃이 피기 시작한다. 봄부터 가을까지 6개월여 줄곧 피기 때문에 1년에 반은 부녀들에게 천연의 화장품을 제공하는 셈이다.

더욱 재미있는 것은 위구르 여인들이 일종의 '머릿기름'으로 쓰는 '사조수(沙棗樹)'나무의 진(膠)이다. 위구르어로는 '이림(依里穆)'으로 발음하는데, 평상시 그녀들은 이 나무 액을 채집하여 명절 때나, 혹은 친척 집이나 친구 집을 방문할 때 물에 섞어 머리에 바른다. 빗이나 손에 묻혀 머리에 바른 후 머리를 땋는데, 땋은 후 조금 있으면 변발은 검고 윤기가 나는 것이 일주일이 지나도 머리 모양은 변형되지 않는다. 그 어떤 '머릿기름'이나 '무쓰'도 이것의 효과에는 미치지 못한다.

이렇듯 '이림'은 예쁜 머리 형태를 오랫동안 유지시켜줄 뿐만 아니라, 두발을 보호해 주는 효과 또한 뛰어나 위구르 여인들이 가장 애호하는 화장품 중의 하나이다.

꿀 또한 과거부터 위구르 여인들이 즐겨 쓰던 화장품의 하나이다. 촉촉하게 젖어있고 탄력적인 피부를 유지하기 위하여, 위구르 여인들은 꿀을 물에 타서 얼굴 위에 옅게 발라 피부가 건조해지는 것을 방지하였다.

위구르 여인들이 사용한 이러한 천연 화장품은 모두가 독성이 없고 부작용이 없는 특징이 있다. 주변에서 손쉽게 구할 수 있는 안전하고 경제성 있는 이 화장품들은 위구르 여인들의 빼어난 자태를 더욱 돋보이게 한 일등공신이다.

청왕조 건륭황제 상
(재위: 1736-1795년)

필자는 청조(淸朝) 황제 건륭제가 그토록 사랑했던 위구르 여인 향비가 이렇듯 손톱을 물들이고 눈썹이 가는 것이 날아갈 듯하고, 볼은 발그스레 홍조를 띠고 피부는 촉촉하게 향내가 나는 그런 여자가 아니었을까 하고 생각해보았다.

향비에 대한 기록은 사서(史書)에는 없다. 단지 후세 문인들이 건륭황제가 총애했던 용비(容妃)의 사적을 상상해서 연출해 낸 것에 불과하다.

실제 건륭제가 총애했던 용비(容妃)는 야르칸드(葉爾羌: 지금의 沙車)에서 이슬람교 백산파(白山派) 호자 가문의 딸로 태어났다. 1757년 남강(南疆)에서 바라나두(波羅泥都)와 휘즈디엔(霍集占)형제가 반란을 일으키자 분열을 반대한 에서인(額色尹), 파르사(帕爾薩)형제는 청군(淸軍)에 협력하여 후방에서 반군을 습격함으로써 이 두 호자 가문은 완전히 다른 정치노선을 걷게 된다. 반란이 평정된 후 에서인(額色尹), 파르사(帕爾薩)형제의 일가는 북경에 초대되어 건륭황제를 알현하고 작위를 제수받았다. 이것이 인연이 되어 1760년, 그들 가문의 한 처자가 후궁으로 선발되어 용빈(容嬪)으로 봉해졌다가 후에 용비(容妃)로 되었는데 건륭은 이 용비를 매우 총애했다고 한다. 궁중은 물론 열하(承德) 피서산장이나 강남 순유 때에도 건륭은 용비를 위하여 특별히 위구르식으로 의식주를 해결할 수 있도록 배려하였다고 한다.

한번은 그녀가 홀로 어화원(御花園)에 앉아 울고 있는 것을 보고 건륭이 그 연유를 묻자, 그녀는 대답하기를: '저의 고향에는 은색의 잎과 황금색의 꽃이 피는 나무가 있는데 그것이 꽃이 필 때는 무엇과도 비길 데 없는 아름다운 향내가 납니다. 지금이 바로 이 꽃이 필 때입니다'라고 하니 건륭은 그녀의 향수를 조금이라도 덜어주기 위하여 즉시로 신강의 우스(烏什)지역의 관리에게 명하여 '금화은엽(金花銀葉)'의 나무인 사조수(沙棗樹)를 가져오게 하였다. 그 사조나무가 어화원에 왔는지 못 왔는지는 알 수 없으나 건륭의 용비에 대한 총애는 대단했던 것 같다. 용비는 궁중에서 28년 동안 생활하고 1788년 죽어 하북성 준화(遵化)현 청동능(淸東陵)에 안장되었다. 카슈가르(喀什: Kashgar)에 있다는 '향비묘'는 용비의 선조인 아팍(阿帕克) 호자와 그 가족의 묘원이며, 청대의 문헌 중에도 '호자분(和卓墳)'이라고 기록되어 있다. 지금도 궁중 서양화가가 그린 그녀의 초상이 남아 있다.

향비에 대해서는 그 외에도 여러 이야기가 있다. 다른 일설에는, 본래 그녀는 카슈가르 공주로 결혼을 한 상태였으나, 전쟁 전리품으로 건륭제의 휘하에 들어오게 되었고 아름다운 몸에서 흘리는 땀이 향료처럼 달콤한 냄새를 풍겨 향비(香妃)라고 불렸다고 한다. 그러나 그녀는 지조를 지키며 건륭제를 끝까지 거부하다가 결국 목을 매어 자결하였다고 한다.

『이야기 중국사』3, 청아출판사-, 김희영 지음. 293쪽에는 향비에 대해 다음과 같이 이야기하고 있다.

"회부(回部 신강성 남부)에서 청조(淸朝)에 저항한 호자 형제 중 동생인 호자지한의 아내가 향비라는 절세 미녀였다고 한다. 이탈리아 사람으로 청나라에서 벼슬하여 이름을 떨쳤던 카스틸리오네가 그렸다는 '향비융장상(香妃戎裝像)'이란 그림에 찬자불명(撰者不明)의 사략(史略)이란 제목으로 다음과 같은 글이 쓰여 있다. '향비는 회부의 왕비로서 자색이 뛰어났다. 태어날 때부터 그녀의 몸에서는 특이한 향기가 있어 나라 사람들이 이름하여 향비라 불렀다. 청나라 건륭제가 이 소문을 듣고 회부에 출정하는 장군 조혜(兆惠)에게 기필코 향비를 데려오도록 명하였다. 회부를 평정한 조혜는 과연 향비를 데리고 북경에 이르렀다.' 향비를 본 건륭제는 그녀의 빼어난 미모와 이국적인 체취에 한눈에 매료되었으나 그녀는 항시 칼을 빼어들고 죽음으로써 건륭제의 접근을 거부하였다고 한다. 이러한 그녀에 대해 건륭제의 어머니인 성헌 황태후는 혹시 건륭제의 신변에 위협이 있을까 두려워 건륭제가 궁정에 없는 틈을 타 환관에게 명하여 그녀를 목졸라 죽였다고 한다."

이렇듯 향비에 대한 이야기는 여러 가지로 분분하나 투루키스탄 출신의 용비(容妃)라는 것이 정설이다.

언젠가 KBS TV 환경스페셜이라는 프로에서 댐으로 막힌 강원도 어느 곳의 빙어에 대해서 이야기하는 것을 본적이 있다. 원래의 빙어는 그렇게 작지 않았는데 자꾸 댐에 막혀 동종교배를 하다 보니까 크기도 작아지고, 모든 조건이 열성화 되어 어느 순간 질병에 의해서 전멸될 수도 있다는 경고였다. 미국에서는 댐을 만들 때 물고기가 올라갈 수 있는 통로를 의무적으로 만들어 댐 상류와 하류의 물길이 서로 통하게 되어 있으며, 일부분은 유리 통로로 만들어 물고기가 물을 차고 오르는 모습을 관광객이 볼 수 있게 한다고 한다. 필자는 뒤의 우즈베크인에 대한 소개에서 우즈베크인은 투르크인, 이란인, 몽골인의 혼혈로 형성되었으며 키가 크고 상무정신이 강한 기질이 있다고 말한 바 있다. 카자흐인들은 양을 개량하여 육질과 털이 좋은 세모양(細毛羊)을 만들어 내고, 말(馬)도 그 옛날에는 개와 같이 작았던 것이 변이와 개량에 의해서 오늘날의 말을 탄생시켰듯이, 사람도 각기 다른 환경과 풍토 속에서 생활했던 족(族)끼리 결합하여 우수한 인자가 나타날 수 있는 것이 아닌가 생각된다.

지구상의 포유류 중에서 신체 비례로 볼 때 인간의 여자 유방이 가장 크다고 한다. 젖소의 젖이 큰 것 같지만 비례로 볼 때에는 인간이 더 크다고 한다. 태초의 인간은 그리 크지 않았다. 이성인 남자가 큰 것을 선호하고 본인들의 노력으로 인해 점차 오늘처럼 커진 것이다. 이렇듯 유전인자는 노력과 의지에 의해서도 개발되는 것으로 보인다. 몽골인과 투르크인과 페르시아계통의 사람들의 유전인자가 섞여 좋은 것은 노력에 의해서 발전되었고 열성인자는 퇴화된 것이 아닌가 생각된다. 오늘날의 위구르인 여자들도 그런 맥락에서 이해하고 싶다. 향비의 고향인 이곳 신강은 동·서 문물교류 통로의 길목에 위치하면서 상호간의 좋은 인자만을 받아들여서 만들어진 최고로 아름다운 미인들의 집단이다.

떠날 시간이 되자 우리는 훗날 다시 만나 위구르 여인에 대한 이야기를 더 연구 보충할 것을 기약하며 함께 공항으로 떠났다. 우루무치 공항은 '93년 때와는 완전히 다른, 마치 우리의 인천공항처럼 현대식 건물에 시설이 잘 갖추어진 최신식 공항으로 변해 있었다. 공항 내 서점에 들러 이월하(二月河)의 소설 '옹정황제(雍正皇帝)'와 '건륭황제(乾隆皇帝)'를 사고 북경 발 비행기에 올랐다.

12일―귀국

떠날 때 일말의 두려움은 말끔히 잊고 그래도 많은 것을 보고 얻어 돌아간다. 특히 가장 큰 소득은 허부커셀(和布克賽爾)의 토르구드(土爾扈特)몽골족과 버르타라(博爾塔拉)에 살고 있는 챠하르(察哈爾)몽골족에 대한 수확이다. 떠나기 전에는 전혀 예상치 못했으나 사람들을 만나고 눈으로 확인해 보니, 그 동안 책을 읽으며 머릿속으로만 그렸던 환상이 현실로 다가온 느낌이다. 여행이란 그런 것인가 보다.

2004년의 여름은 '신강의 쥰가르'로 나의 기억 속에 오래 간직될 것이다.

2부
신강(新疆)의 변천과
쥰가르 유목제국

1. 서역과 흉노

2. 실크로드

3. 신강의 변천사

4. 쥰가르(准噶爾) 유목제국

5. 답사준비

2부

신강(新疆)의 변천과 준가르 유목제국

필자는 '93년 여름, 현재 중앙박물관에 계시는 민병훈 박사의 남강 (南疆)조사팀에 참여하여 보름 동안 투루판 일대를 답사한 이래, 금번 11년 만에 2번째로 신강답사를 하게 되었다. 항상 느끼는 것이지만 철저한 사전 조사 여부가 답사의 성패를 결정한다는 생각으로 여기 2 부에서는 신강의 고대로부터 근대에 이르기까지 기본적으로 꼭 알아야 할 사안들과, 이제는 역사 무대에서 사라졌지만 한때는 신강의 주인공 으로 청(淸)왕조에 필적했던 강국 준가르몽골에 대해 중점적으로 서술 하려고 한다.

1. 서역과 흉노

전형적인 북강의 사막

신강위구르자치구는 예로부터 「서역」으로 불리던 지역인데 그 대부분은 사막과 산이 차지하고 있는 삭막한 땅이다. 자치구의 거 의 중앙에는 천산산맥이 가로지르고 있어 그 북쪽은 「북강(北疆)」, 남 은 「남강(南疆)」으로 부른다. 북 강에는 준가르분지, 남강에는 타 림분지라는 거대한 분지가 있다.

전형적인 북강의 초원. 양산을 쓴 서역 여인의 모습이 어울린다

'신강사회과학원'의 이수휘 선생이 신강(新疆)의 강(疆)자를 풀이하여 '활과 같이 생긴 땅이 위에는 알타이산맥(맨위 一자) 중간에는 천산산맥(중간 一자), 아래에는 곤륜산맥(아래 一자)이 있으며 그 사이에 각각 준가르분지(田자)와 타림분지(田자)가 있다'고 해자(解字)한 기억이 난다.

서역이라는 말이 문헌에 처음 등장하는 것은 『사기(史記)』 「흉노전」이다. 한(漢) 문제(文帝) 4년(기원전 176)조의 기록에 따르면, 기원전 2세기 무렵 서역은 한때 월지(月氏)의 힘이 강했으나 결국에는 흉노(匈奴)2)가 이를 정복했음을 알 수 있다. 한(漢)으로서도 흉노는 강적이

---

2) 『史記』 「匈奴烈傳」 중에서
"흉노는 蠻地에 살며 가축을 기르기 위해 이동하며 산다. 그 가축들 중에 많은 것은 말, 소, 양이며 귀한 것으로서는 낙타, 당나귀, 노새, 버새(암나귀와 수말 사이에서 난 1대 잡종)등이 있다. 물과 풀을 찾아서 이동하면서 생활하며 城(도시)이나 고정가옥, 경작지는 없지만 각자 할당된 땅이 있다. 문자는 없고 구

었다[3]. 한은 건국초기인 기원전 200년, 고조(高祖) 유방(劉邦)이 백등산(白登山—산서성)에서 흉노에 포위되어 굴욕적인 강화를 맺고 풀려난 적이 있다. 32만 명의 보병을 이끌고 흉노를 공격한 한 고조 유방은 본군의 선두에서 진군하였으나, 대동(大同)의 동쪽에 있는 백등

두(말)로 약속한다. 아이서부터 활 쏘는 법을 배워 새와 땅다람쥐(타루박)를 잡으며, 성장해서는 여우와 토끼를 잡아 식용으로 한다. 어른 남자로서 활을 당길 힘이 있는 자는 모두 甲冑를 하고 騎兵이 된다. 그 풍속은 평화 시에는 가축을 키우며 타루박이나 짐승을 잡으며 생활한다. 그러나 상황이 바뀌어 전쟁 시에는 한 사람 한 사람이 전사가 되어 전쟁에 나선다. 이것이 천성이다. 멀리 이르는 무기로는 활이 있고 접전 시에는 칼과 창을 사용한다. 이길 것 같으면 나아가고 불리하면 물러나며, 후퇴를 부끄럽게 여기지 않는다. 군주를 비롯해서 모두가 가축의 고기를 먹으며 그 가죽을 입고 펠트와 모피를 얻는다. 장년의 젊은이들은 기름이 많은 부위를 먹고 노인은 그 나머지를 먹는다. 힘이 강한 자를 존경하며 약한 자를 경멸한다. 아버지가 죽으면 자식이 계모와 결혼한다. 형제가 죽으면 남은 형제가 그 과부와 결혼한다. 휘(諱: 본명을 부르거나 쓰는 것을 피하는)의 풍속은 없고, 성(姓)이나 자(字)도 없다"

3) 흉노제국의 구조

BC 210년 시황제가 죽고 항우와 유방이 싸우는 동안 북방 음산산맥의 흉노부족 묵특선우(單于)는 동쪽의 유목민인 동호(東胡)를 복속시키고 서방에서는 월지(月氏)를 토벌하여 몽골고원을 처음으로 통일하였다. 묵특선우는 전사 30만을 이끌었다. 묵특선우의 세력범위는 동방의 대흥안령산맥을 넘어 지금 중국의 요녕, 길림, 흑룡강성 일대의 수렵민을 비롯하여 북방 바이칼호까지, 서방으로는 알타이 산맥에까지 미쳐 몽골고원 유목민 모두를 지배 하에 두었다.

흉노제국은 많은 유목기마민 부족의 연합체였다. 司馬遷이 전하는 바에 따르면 선우 아래에는 좌현왕, 우현왕 이하 24人의 부족장이 있었으며 많은 자는 1만, 적은 자는 수천인의 기병을 거느리며 「만기(萬騎)」(만인대장)이라 불렸다. 이들의 지위는 모두 세습되었으며 24인의 부족장은 각각 천장, 백장(100인 대장) 등의 官을 두었다. 이 흉노제국의 구조는 그대로 13세기 몽골제국와 구조와 완전히 같다.

이라는 곳에서 묵특선우가 이끈 흉노의 대군에 포위되어 7일간 궁지에 몰린다. 고조는 은밀히 묵특의 황후(皇后)에게 使者를 보내 막대한 뇌물을 주며 중재를 의뢰했고, 뇌물 덕분에 묵특선우는 고조를 풀어주었는데 이로부터 漢은 매년 정해진 액수의 면화와 견직물, 술, 쌀, 음식을 흉노에 보내고 황족의 딸(공주)을 선우에게 출가시켜 가까스로 평화를 유지한다. 그러나 흉노는 漢에 시종 고압적인 태도를 취하여 묵특선우가 漢에 보낸 편지에는 「하늘이 세운 흉노의 대선우는 삼가 묻노라. 황제는 편안한가」라는 문구로 시작했다. 漢에 있어서 이와 같은 굴욕적인 우호 관계는 5대 무제(武帝) 때까지 반세기 동안 계속되었다.

한(漢)에서는 무제가 즉위하자 흉노의 서방에 있던 월지와 군사동맹을 맺어 흉노를 협공하고자하여 장건(張騫)을 월지에 파견하였다. 월지는 지난날 몽골고원의 서반부를 지배했던 대세력이었으나 흉노의 묵특선우에게 정복되어 주력은 天山북부로부터 이리하(河)로 이동하였다. 이를 대월지(大月氏)라 불렀으며 일부 감숙, 청해로부터 황하상류에 남은 것을 소월지(小月氏)라 불렀다.

하루에 천리를 달린다는 서역마

장건이 한(漢)을 출발한 기원전 139년에 대월지는 아직 천산산맥의 북방에 있었으나, 후에 또 흉노에 공격받아 좀더 서쪽으로 이동하여 지금의 아프카니스탄 북부로 진출한 상태였다. 장건은 도중에 흉노에 붙잡혀 억류되었다가 결국 탈출에 성공하여 10년 걸려 박트리아로 이주한 대욀지에 이르렀다. 장건은 월지와의 동맹을 성공시키지는 못하지만 그 사이 무제는 흉노에 대해 적극적인 공세를 취하여 위청(衛靑)과 곽거병(霍去病) 장군을 시켜 흉노를 격파하는데 성공하고, 하투(河套—지금의 오르도스)지방을 흉노로부터 빼앗았으며, 하서(河西)의 땅에 주천군(酒泉郡)과 돈황군(敦煌郡)을 설치하여 오아시스 루트를 직접 통치하게 된다.

천산 북록에는 월지의 뒤에 오손(烏孫)이라는 유목기마민이 살았는데 무제는 이번에는 오손왕의 본영에 장건을 파견하고, 한(漢)의 공주를 출가시켜 흉노에 대항하게 하였다. 한 무제 시대에는 흉노에 대하여 적극 정책을 취하여 누차 대군을 보내 흉노를 공격하였다. 그러나 본래 유목기마민족의 기병과 보병위주의 한군(漢軍)과의 전쟁은 시간이 갈수록 漢의 손해가 커지고 국력의 손실이 늘어나게 되어 결국, 기원전 87년 무제가 죽자 漢에서는 흉노와 충돌하지 않고자 소극정책으로 전환하였다. 다행히 얼마 후에 흉노 측에서도 내란이 일어나 기원전56년에는 5명의 선우가 등장하여 흉노는 동서로 분열되었으며, 동흉노의 호한야(呼韓邪) 선우는 형과 대립하여 기원전 51년에 漢의 수도인 장안을 찾아와 漢에 신하의 예를 취하기에 이르렀다. 호한야 선우는 스스로 漢 제실(帝室)의 사위가 되고자 하였기 때문에 漢의 원제(元帝)는 후궁인 왕소군(王昭君)을 선우에게 주었다. 왕소군은 寧胡연씨(흉노를 안정케하는 妃)라 불리며 호한야 선우와의 사이에서 아들 1명을 낳았다. 호한야가 죽자 다음의 선우가 또 왕소군을 처로 하여 2명의 딸을 낳았는데 이 왕소군의 딸과 사위는 그 후 흉노와 한왕조의 화친에 크게 공헌하였다.

2. 실크로드(고대 동·서 문화교류의 최대의 길)

기원전 중국사에서 진시황제(秦始皇帝) 이후 가장 걸출한 군주 중의 하나는 한(漢: BC202-AD220)의 무제(武帝)였다. 그의 치세는 안정되었고 살림도 넉넉하였으나 늘 편치 못한 구석이 있었는데, 그것은 그들과 서북쪽에서 접경하고 있는 '신의 채찍'이라 불린 호전적인 흉노족의 위협 때문이었다.

진(秦)의 시황제도 이들의 침입을 막기 위해 長城을 쌓았는데 그들은 걷는 것보다 말 타는 것을 먼저 배울 정도로 모두가 말 타는데 귀재들이었으며, 기병의 신속한 기동력과 그들 특유의 뛰어난 전술로 동(東)의 대흥안령으로부터 서(西)의 타림분지의 오아시스 제(諸)도시들을 모두 그들의 세력 하에 둘 정도로 막강한 부족이었다. 무제는 즉위하자 즉시 이들에 대해 공세를 취하기 시작하였는데 그가 제일 먼저 취한 대외정책은 이들을 격파해서 서북부를 안정시키는 것이고, 두 번째는 서방과의 통상을 여는 일이었다.

그 전략으로 택한 것이 월지(月氏)와의 동맹이었다. 월지는 흉노처럼 강력하고 선진적인 기마전술을 구사하는 부족이었으나, 이전에 흉노에게 군주가 살해되어 중앙아시아로 쫓겨났으며 흉노는 그 군주의 두개골로 술잔을 만들어 돌렸다 한다. 때문에 이들은 흉노에 대해 뼈에 사무치는 원한을 갖고 있다고 전해져 漢은 이들과 동맹하여 흉노를 양쪽에서 협공하고자 생각하였던 것이고, 이때 사자로 선발된 자가 무제의 부하였던 장건(張騫)이었다.

그는 기원전 139년 흉노 출신의 감보(甘父)라는 인물을 보좌로 삼아 백 수십 인을 거느리고 長安(지금의 西安)을 출발하였다. 그러나 일행은 한(漢)의 국경을 넘자마자 흉노의 포로가 되어버렸고, 흉노의

왕(單于)은 장건에게 흉노의 여자를 취하게 하여 그의 측근으로 삼았다. 장건은 아름다운 북방의 흉노여인과의 사이에서 자식을 낳고 십여 년을 그 지역에서 지냈지만 한시도 자신이 한의 사자라는 사실을 잊지 않았다. 흉노가 그를 신용할 무렵 장건은 부관인 감보와 함께 탈출에 성공하여 대완(大宛), 강거(康居)를 지나 마침내 대월지(大月氏)에 도착하였다. 그러나 대월지에 도착하여 보니 월지는 그곳의 풍요로운 땅에 만족하여 흉노에 복수할 의지가 없었다. 설득도 보람 없이 장건은 월지와 그의 속국인 대하(大夏)등지에서 1년여 체재한 후에 귀로에 올랐지만 도중에 또다시 흉노에 붙잡히는 신세가 되었다. 그리웠던 처자식을 만나 1년여 지냈으나, 때마침 흉노에 내란이 일어난 것을 틈타 도망에 성공하여 기원전 126년, 장안을 출발한지 실로 13년 만에 고국으로 돌아오게 되었다.

당초의 목적이었던 대월지와의 군사동맹은 실패하여 사자로서의 임무는 완수하지 못하였으나, 서역에 대한 많은 정보를 가지고 돌아와 한에 알렸다는 의미에서는 성공을 거두었다고 볼 수 있다.

장건의 보고에 의해 전해진 서역(西域)의 소식과 풍요롭고 진귀한 산물들은 무제의 마음을 매료시켰는데, 특히 대완에서 생산되는 한혈마(汗血馬)4)라는 명마는 말을 좋아하는 무제에게는 애타도록 갖고

---

4) 『史記』에는 天馬의 후손이라 적혀있다- 한혈마에 대해서는 여러 가지 설이 있으나 아랍말의 일종으로 앞발의 무릎 피부에 모세혈관이 드러나 얼핏 보기에 피가 스며 나오는 것 같아 피땀(汗血)이 흐른다고 했을 것이라는 설이 유력하다. 인내력이 강하고 특히 戰力이 우수하다는 사실을 안 무제는 이사성(貳師城)에 숨겨 기른다는 최상급의 한혈마를 얻기 위해 황금의 金馬를 대완에 보내어 이사성의 한혈마를 보내줄 것을 요구했으나 거절당했다. 자존심이 상한 무제는 이광리(李廣利)를 총사령관으로 하여 대완 정벌을 시켰으나 실패하고 만다. 한혈마에 대한 유혹은 2차 원정군을 발진케 했다. 병력 6만에 말 3만 필의 대원정이었으나 살아 돌아온 병력은 1만에 불과했다고 한다. 그러나 이때 이사성에

그림 68 오늘의 실크로드

싶던 물건 중에 하나
였다.

이후 곽거병장군이 흉
노토벌에 성공하여 돈
황에까지 군현을 설치
하였다. 이 무렵 장건은
재차 서역의 오손(烏孫)
으로 가서 통상을 여
는데 공헌하였는데, 이 서역과의 통로가 소위 실크로드라는 것이다. 오늘
날 우리들이 흔히 볼 수 있는 포도, 참깨(胡麻), 오이(胡瓜), 후추, 호도
(胡桃), 하미과, 수박 등은 이때 모두 서역에서 가져온 것이다. 이 외
에도 그가 연 통상로를 통해 여러 가지 물건이 전래되었으니 무제가
탐낸 대완의 말은 물론 양탄자, 진주, 터키석, 로마와 파르티아의 은
화, 옥 등이 그것이다. 또 서력기원 전,후에는 중앙아시아로부터 불교
도 전래되었고 많은 불승이 중국을 방문하여 경전을 번역하고 불교사
원도 세워 주기에 이르렀다. 또한 당대(唐代)에는 종이제법이 유럽으
로 전파된 통로였으니 실로 古代동서문화교류의 최대·최고의 루트였던
것이다.

원래 실크로드의 語源은 19세기末 독일의 지리학자 「리히트 호펜」
이 중국의 감숙성과 신강 위구르 자치구를 조사하던 중, 동으로부터
온 캬라반(隊商)을 보고 '옛날 비단(絹)을 운반한 길이 이 길이 아닌
가?'라고 생각하여 그의 저서 『支那』제 1권에서 「자이덴 슈트라센」이
라고 명명한 것이 시초이다. 이 독일어가 영국에서 영어로 직역되어

쳐들어가 한혈마 순종을 가져오는 데는 성공하였다

「실크-로드」가 되어 그 후 고대 兩世界를 잇는 말로서 사용하게 되었다. 중국어로는 「絲綢之路」라 불티워진다.

중앙아시아의 오아시스 도시를 잇는 길은 西安을 출발점으로 해서, 다시 3개의 루트로 갈라진다. 그것은 ①돈황—하미—우루무치—이리를 거쳐 현재의 카자흐스탄 국내를 통과 로마에 이르는 天山北路 ②하미—투르판—콜라—쿠챠—악수를 지나 카슈카르를 통과하는 천산남로(서역북로) ③돈황—누란—찰쿠리크—니야—호탄을 거쳐 카슈카르—파미르 고원을 따라가는 서역남로이다. 실크로드 이전에는 玉의 道(옥의길)이라고도 불렸는데 서역남로중의 하나인 호탄에서는 옛날부터 옥이 많이 생산되었다. 지금도 비가 오면 개울가에서 아이들이 빗물에 흘러내려온 옥을 줍는데 중국정부에서는 이 것을 사들여 말 그대로 절차탁마(切磋琢磨)하여 상품성있는 작품을 만들어 낸다.

3. 신강(新疆)의 변천사

1) 신강의 자취

먼 옛날, 신강의 천산 남북에서는 어떤 사람들이 어떤 모습을 하고 어떤 것을 먹고 무슨 생각을 하고 살았을까? 이 문제를 해결하기 위해서는 당시의 기록이라든가 유물·유적을 통해 유추해보는 수밖에 없다. 여기서는 확실한 기록이 남아있는 청대(淸代)부터 고대(古代)로 거슬러 올라가며 단편적으로 추론혀 본다.

서방의 무슬림들이 '칼묵'[5]이라 쿠르는 쥰가르부는 몽골어를 쓰는 몽골계 유목민으로 오이라트의 한 부족이다. 오이라트부의 위치는 신강(新疆)위구르자치구의 서북부로 지도상에 준가르분지(準噶爾盆地)라는 지역을 중심으로 북으로는 자이상(齋桑泊:Zaisan)호 주변, 서는 발하시호(巴爾喀什湖:Balkhash), 남은 천산산맥까지가 본거지로 이들 집단은 좌·우익으로 구분된다. 좌익을 구성했던 4부족 중의 하나인 쵸로스부의 부장 바토르 홍타이지(Baatur Khong Tayiji)가, 1640년대에 그때까지 오이라트부의 주도권을 장악했던 호슈트부장을 대신해서 오이라트부의 맹주로 된 이래 오이라트를 준가르부라 칭하였다. 그런데 뒤의 몽골사 부분에서도 잠깐 언급했듯이 오이라트어(오이라트 방언)를 몽골제어 중의 하나로 분류하여, 17세기 오이라트 최고의 고승인 쟈야 판디타(Zaya Pandita)가 몽골문자를 개량하여 오이라트어를 표기하는 오이라트문자(토도(Todo)문자)를 만들어 오이라트의 독자성을 주장하기도 하였다.

준가르의 최전성기는 바토르 홍타이지의 아들인 갈단(Galdan) 시대(1676-97)였다. 티베트불교계의 총수인 다라이 라마 5세로부터 보쇽트(Boshoghtu) 칸의 칭호를 부여받고부터는 준가르 칸국으로 불려지기도 하였다. 갈단은 이 티베트와의 연계를 위해 그 통로에 있던 천산산맥 이남에 있던 타림분지의 오아시스 제도시도 정복한다. 당시 타림분지에는 돌궐(투르크)계 무슬림(현재의 위구르족)이 차카타이 칸계의 칸에 의해 통치를 받으며 생활하고 있었는데, 준가르는 그들을 추방하고 당시 타림분지에서 절대적인 영향력을 갖고 있던 종교귀족인

---

5) 어원은 돌궐어의 동사 카르마크(Qalmaq_ 남아있다, 잔존하다)에서 유래한다고 하나 정설은 없다. 미야와키씨는 우즈베키스탄이나 카자흐스탄에 원정해서 그곳에 머물게 된 몽골출신의 제 부족이 고지(故地)에 남게 된 오이라트부족 연합의 유목민을 '남은자들'이라는 의미로 칼묵이라고 부른다는 견해를 밝힌바 있다

호자(和卓)일족의 지위를 인정하여 예우함과 동시에, 오아시스의 각 도시에 징세관을 주둔시켜 부세(賦稅)를 징수하여 국부로 삼았다.

그러나, 18세기로 접어들면서 과거 유목제국과 마찬가지로 준가르에서도 상속투쟁에 의한 내부붕괴가 일어났으며, 이 기회를 이용한 청조(淸朝)에 의해 토벌되어 멸망했다. 준가르 제국의 멸망 후 중앙 유라시아 초원에는 옛날과 같은 유목제국은 두 번 다시 생겨나지 않았다. 이 준가르제국의 중심무대가 바로 이 신강북부(북강)의 준가르분지를 중심으로 북쪽의 어르치스(이르티쉬)강 상류, 서쪽은 이리 계곡, 남쪽으로는 천산산맥6), 동쪽은 항가이 산맥에 걸쳐 있었다. 신강이 중국영토로 된 것은 청이 준가르제국을 지배하게 되었기 때문이다. 준가르 사람들은 18세기중엽 청군(淸軍)이 가져온 천연두(天然痘)의 대유행과 학살에 의해 거의 절멸되었다고 한다. 그러

어릴 적 동네 형들과 천렵하던 기억을
떠올리게 하는 어르치스 강

나 준가르와 동맹관계에 있던 오이라트라 총칭된 유목민의 후손들은 지금도 몽골국 서부와 중국의 내몽골, 신강위구르자치구, 청해성, 러시아의 시베리아와 카스피해(Caspian Sea) 연안 등지에서 생활하고 있다. 과거 오이라트는 서몽골족 등으로 불렸지만 현재는 몽골민족으로

---

6) 신강위구르자치구에서 키르기즈스탄에 걸쳐 길이 2000㎞, 넓이 400㎞, 평균 고도 3600~4000m(최고봉은 勝利峰, 7439m)인 산맥으로 타림분지와 준가르분지를 갈라놓은 산맥

분류되고 있다.

이곳은 또 투르키스탄 또는 투르케스탄(Turkestan)이라고도 불리는데 투르키스탄이란 '투르크인의 땅(~'이스탄'은 ~의 땅)'이란 뜻의 이란어이다. 동·서 투르키스탄으로 나눠 동투르키스탄은 신강위구르자치구를, 서투르키스탄은 카자흐스탄, 키르키즈스탄, 타지크스탄, 우즈베키스탄, 투르크메니스탄, 아프카니스탄 등이 포함된다.

그러면 신강위구르자치구에는 오이라트몽골인들도 많이 살고 있는데 동투르키스탄으로 불리는 것이 과연 옳은가? 하는 문제가 대두될 수 있다. 또 마찬가지로 서투르키스탄에도 역시 많은 몽골인들이 살고 있는데 서투르키스탄의 용어를 써도 무방한가? 이 문제는 논란의 여지는 있을 수 있다.

이에 대해, 미야와키 준코(宮脇淳子)는 그의 저서『몽골의 역사』에서 현재 투르크계 민족으로 분류되는 사람들은 시기는 다르나 이슬람교에 귀의한 사람들이고, 또 예외는 있지만 16세기 이후에 티베트 불교도로 된 사람들은 몽골계로 분류해야 한다는 견해를 밝힌바 있다. 그녀의 견해에 비춰보면 오늘날 신강의 남강, 북강의 대부분의 사람들은 거의가 이슬람교도로 투르크계로 보아야 하며, 투르키스탄이란 이름에서도 짐작할 수 있듯이 오늘날의 신강은 투르크계에 가깝다고 말할 수 있다.

신강위구르자치구의 주요민족인 위구르족도 알타이어족중의 투르크어군의 말을 쓰는 돌궐(투르크)계민족이며 또, 천산북방의 준가르분지로부터 알타이 산지에 걸쳐 사는 지난날 오이라트몽골족의 일부였던 카자흐족도 투르크어군의 말을 쓰는 돌궐계 민족으로 신강지방은 거의 투르크계민족의 천지이다.

결국 신강이 투르키스탄으로 불린다는 것은 이곳 주민의 주력이 투르크계 민족이기 때문이라고 여겨진다.

그렇다고 애초부터 투르크계가 이 지역의 주류는 아니었다. 역사가 시작된 이래 이 지역은 인도 유럽인종, 또는 이란계 인종이 거주하였다. 중국 고대 왕조인 한(漢), 당(唐)이 서역경영에 전력을 기울였던 9세기 무렵까지 이 지역에는 주로 이란계(즉 페르시아계) 위주의 아리아인종이 주류였다. 예외적으로 투루판분지의 고창국(高昌國)은 한족 둔전병(屯田兵)의 자손을 주체로 한족(漢族) 왕이 지배한 식민 국가였지만, 그 외 타림분지의 오아시스 국가였던 선선국(鄯善國), 호탄국(于闐國), 쿠차국(龜玆國) 등은 모두 아리아인의 나라였다. 서역에서 중국으로 전래된 포도(葡萄)와 비파(琵琶)의 어원도 이란어인 budawa와 barbat에서 연유한다.

여기서 잠깐 짚고 넘어가야 할 문제 중의 하나는 6세기에서 9세기에 걸쳐 이 지역에서 활약했던 소그드인에 대해서이다. 소그드인은 주로 조로아스터교를 신앙한 이란계 주민으로 장사의 재주가 매우 뛰어났던 사람들이었는데 그들이 사용하던 언어는 중앙아시아의 국제어였다. 그들의 주거지는 아무(Amuu Daryaa)강과 시루(Syr Darya)강 사이로 이른바 소구디아나(후에 서투르키스탄)이다. 이들의 주요 도시국가였던 사마르칸드(康國), 부하라(安國), 타슈켄트(石國)의 소그드인들은 속속 당(唐)의 수도인 장안(長安)에 와서 장사하였다. 당대(唐代)의 호인(胡人)은 주로 이 이란계 상인인 소그드인을 가리키는 말이다.

이들은 주로 조로아스터교도였지만 네스토리우스파 크리스트교, 마니교, 불교신자도 있어 유목기마민에게 종교를 전도하는 역할도 맡았다. 나중 이야기지만 431년 에페소스 종교회의에서 이단으로 결정된 네스토리우스파 크리스트교가 동방으로 전파되어 소그드어와 투르크어로도 경전이 번역된 바 있다. 이것이 7세기에는 중국 당(唐)왕조로 들어가 경교(景敎)로 불렸으며, 당(唐)으로부터 위구르인에 전해져 몽골고원으로 들어가 칭기즈칸 시대에는 옹구드(Onggud)와 케레이드(Kereyid)와 나이만(Naiman)이라는 대유목부족의 왕들이 바로 이 네스토리우스파 크리스트교도들이었다.

그러나 8세기에 아랍군이 사마르칸드지방에 침입하면서부터 이 지방은 급속도로 이슬람화 되었으며 머지않아 소그드인 또한 페르시아어(후의 타지크어)를 쓰면서부터 소그드라는 이름은 쓰지 않게 되었다.

흥미 있는 것은, 기원전 1세기에 아케메네스왕조의 아람문자로 소그드어를 표기한 것이 소그드인들이 중국을 드나들며 장사하면서 접촉한 돌궐과 위구르인들에 영향을 주었고, 후에 돌궐과 위구르인들은 소그드문자를 차용하여 자신들의 언어를 표기하였다. 몽골인은 13세기에 그 위구르문자를 차용해서 몽골어를 적었고, 만주인은 또 이 몽골어를 차용하여 자신들의 언어를 기록하였다. 필자 또한 지난학기 모 대학 언어학과에서 성백인(成百仁) 선생의 만주어 강의를 청강한 적이 있는데, 기원전 1세기에 표기된 소그드어의 인자가 동방 끝에 있는 21세기의 필자에게까지 이렇게 전해졌다고 생각하니 소그드인의 위대한 활약에 새삼 흥미로움을 느끼게 된다.

9세기 이후 신강지역에는 위구르인들이 들어왔다. 바이칼호의 서남부에서 유목하다가 키르기즈에게 망하여 남서쪽으로 이동해온 위구르인들은 크게 셋으로 구분된다. 839년, 내란과 이상 기후로 인해 어려운 상황에 처한 위구르 왕국에 서북방으로부터 같은 투르크계인 10만의 키르기즈 대군이 습격하여 오르도바리크[7]는 불타고 카간도 살해되었다. 몽골고원의 오르혼강변에 세워졌던 이 도시는 이후 하라 바리크(검은 성)으로 불렸으며, 13세기에 건립된 몽골제국의 도시(즉 상업센터)인 하라호름도 그 주변에 세워졌다. 키르기즈의 습격을 받은 20만 위구르인은 몽골고원으로부터 분산되었다. 그 일부는 남하하여 당(唐)의 북변으로 들어가 당에 귀속되었고, 다른 일부는 남서쪽의 감숙(甘肅)으로 들어가 소왕국을 세워 130년간 왕국을 유지하면서 요, 금, 송과 교류하며 한족(漢族)으로부터 감주회골 또는 하서회골(甘州回鶻-河西回鶻)로 불리다가 최종적으로는 서하(西夏)에 합병되었다.

나머지 일부는 지금의 카자흐스탄에 있던 유목기마민인 카를룩의 보호를 구하고자 서쪽으로 이동하다가 투루판으로 들어갔다. 이 투루판으로 들어간 위구르인이 그곳의 지배자로 되어 천산(天山)위구르(서위구르)왕국을 세웠다. 당시 이 천산위구르왕국의 영역은 천산북록의 초원과 산중의 율두스계곡 등의 목지와 고창성(高昌城), 카라샬, 쿠챠 등의 오아시스 도시들이다. 이 위구르왕과 그의 일족들은, 여름에는 피서를 위해 천산북록의 베슈바리크 초원으로, 겨울에는 투루판분지의 고창성 부근으로 이동해 살면서 카라키타이(西遼)의 압박을 받았지만 칭기즈칸에 복속될 때까지 3세기동안은 독립을 유지하였다. 한족의 문헌에서는 이 왕국을 서주회골(西州回鶻), 화주회골(和州回鶻), 고창회골(高昌回鶻)등으로 불렀다. 중국에서 이슬람교를 회교(回教)라고 하는 것은 이 오아시스의 이슬람교도, 즉 위구르인의 한자 표기「회골(回

---

7) 위구르제국의 제2대 카간때, 몽골고원에 바이바리크(富의 거리)라는 도시가 건설되었고, 제3대 부구 카간 때 돌궐계국의 성지인 위트겐에 오르도바리크(궁전의 거리)가 건설되어 唐의 공주를 수행해 온 중국인, 소그드 상인과 마니교 승려를 위한 고정가옥들이 세워진바 있다.

鶻)」에서 유래된 것이다.

이 왕국의 위구르인들은 원주민인 아리아계 주민과의 혼혈로 처음에
는 마니교와 경교를, 후에는 대승불교를 믿는 등, 실크로드에 흘러들
어온 여러 문화를 받아들여 복합적이고 독특한 문화를 키워냈다. 문자
도 소그드문자계의 위구르문자를 만들어 내어 동서의 책들을 번역하기
도 하였다.

이 9세기부터 11세기까지는 위구르를 비롯하여 그 외의 투르크족
집단이 잇달아 서방으로 이동하여 원주민인 아리아인을 쫓아내거나,
혹은 흡수하면서 내륙아시아에 이른바 투르키스탄을 형성해가는 시기
였다.

결국, 동투르키스탄은 돌궐의 지배와 위구르인의 서방 진출(9세기
중엽)이 이루어진 12세기말경에는 거의 투르크화 하였으며, 서투르키
스탄은 티무르제국(1369~1508)의 지배를 거쳐 남러시아 킵차크한국
의 자손인 우즈베크족이 이들을 멸망시키고, 사르다리아강 이남의 비
옥한 땅에서 정착생활에 들어간 이후 투르크화가 진행되었다.

2) 종교의 개종과 민족

요즈음 세상에서 종교란 민족을 결정짓는데 중요한 역할을 한다. 우
리는 단일민족이라는 용어를 쓰기는 하지만 내면적으로 볼 때, 한 핏
줄이라고 하기에는 다소 문제가 있다. 여기서 말하는 민족이란 영어의
nation(국민)과 race(인종)를 합한 의미의 민족이다. 우리가 생각하
는 의미의 민족의 의미에 꼭 맞는 외국어는 사실 존재하지 않는다.
nation(국민)은 일정 조건만 갖추면 자격을 얻을 수 있으며, race
(인종)도 여러 세대 살다 보면 완전 동화되어 구분이 없어진다. 예를

들어, 슬라브족 프로축구 선수가 귀화하여 한국 여자와 결혼했다고 하자. 자식 대에서는 혼혈의 유전자가 남아 있겠지만, 몇 세대가 지나면 그나마 외모만이 아니라 내면적으로도 차이는 전혀 없어진다. 이렇듯 소수의 이민족은 시대의 흐름에 따라 다수 민족의 문화 속으로 흡수 동화되는 성질이 있다.

여기에서의 민족이란 종교, 언어, 풍속습관, 의식(意識), 복식, 음식 등의 인자에 의해 결정되는 의미의 민족임을 밝혀둔다.

앞에서 언급했듯이, 중앙아시아와 신강의 주민들은 처음에는 아리아인 계통이었으나 후에 투르크계, 위구르, 몽골계통이 들어와 혼재됨을 알 수 있다. 이들 다민족은 서로 다른 종교를 갖고 수 세대 살아오다가 시기는 조금씩 다르지만, 결국 10세기 이후 점차 이슬람화 되어갔다. 13세기 몽골제국의 원정에 의해 몽골인이 지배층으로 군림했다고 하지만, 대부분의 피지배층은 자신들의 종교를 유지해 갔고 몽골귀족의 후손 또한 점차 이에 동화되어 갔다.

1235년, 몽골고원에서는 이제 각 건설된 도시인 오르혼(Orkhon) 강변의 하라호름(Qara Qorum)에서 대몽골제국의 왕공들이 모여 대집회(쿠릴타이)를 개최하여 세계정복의 계획을 결정하였다. 이 귀족회의에서의 결의가 이후 세계사를 다시 쓰게 되는 유럽, 인도, 감숙남부, 남송(南宋), 고려에 대한 원정군 파견이다.

천산위구르왕국은 정세 흐름에 약삭빠르게 처신하며 자진해서 몽골제국에 귀복하여 반독립적인 지위를 유지하였다. 이후 오아시스 도시의 높은 문화를 받아들였던 재주 많은 이 천산위구르인들은 몽골제국내에서 정치가, 문인, 군인 등으로 중용되어 몽골제국의 틀을 다지는데 큰 역할을 하였으며 몽골인은 이들로부터 문자와 종교를 배웠다. 이 위구르인들이 바로 元朝시대 색목인(色目人)의 중추이며 문화뿐이 아니라 몽골제국의 통치정책과 상업방면에서도 뛰어난 활약을 하였다. 그러나 반독립적 지위를 누리던 천산위구르왕국도 이후 차가타이 칸국에 의해 완전히 소멸되었다. 그러나 지배층이 바뀌었다고 해서 피지배층이 모두 이동하거나 없어진 것은 아니고 원주민과 이주민들이 서로 혼재하면서 혼인과 교류에 의해서 함께 섞이고 변해갔다. 정권은 소멸되었어도 천산위구르의 자손들은 서역 오아시스 주민의 주력으로 남아 면면이 이어져 오늘에까지 이르고 있다. 그렇다고 9세기에 몽골고원에 살던 이 위구르인들의 직접 자손이 그대로 현대의 위구르인들은 아니다. 또 지금의 명칭이 신강위구르자치구라 해서 그곳에는 위구르인들만 사는 것도 아니다. 위구르인이라고 불리는 사람들은 전 인구의 40%정도에 불과하고, 나머지는 한족을 비롯한 여러 소수민족이 섞여 살고 있다. 물론 이 위구르인들은 대부분이 혼혈이다. 이들은 서역 고래의 원주민이었던 이란계 아리아인종인 소그드인과 투르크계의 위구르인과의 혼혈종인 사르트(장사꾼이란 뜻)인이 대부분으로, 이들은 소그드인의 전통을 이어받아 장사에 재주가 뛰어났던 사람들이었다. 15세기, 티무르제국이 투르키스탄을 지배했을 때에도 동서교역의 중심이었던 캬라반도 이들이었다.

민족의 구분이라는 것은 어디까지나 현대를 기준으로 만들어진 용어로 초기부터의 순수 혈통의 위구르인이란 있을 수 없다.

마찬가지로 동북아시아의 유목민 중에서 태초부터의 순순 혈통의 투르크종, 혹은 순수혈통의 몽골인종은 존재할 수 없다.

혈통적으로 볼 때, 유목민은 전통적으로 족외혼(族外婚)을 행하여 같은 성(姓)의 사람과는 결혼하지 않은 관습 때문에 언어나 문화방면에 있어 여러 다른 기원을 갖는다. 일례로, 13세기 몽골제국 시대의 유목민에는 흉노의 먼 자손도, 선비의 자손도, 실위(室韋)의 자손도, 돌궐과 위구르, 거란의 자손도 혼재하고 있다. 이들은 여러 차례의 혼합을 거쳐 1206년 테무친이 전 몽골고원을 통합하여 칭기즈칸 위에 오른 몽골제국시대부터는 몽골인으로 재차 새로운 정체성이 생겨났다. 그때까지의 모든 북방초원의 유목 부족들은 대몽골제국의 한 가족으로서 부족명만 가질 뿐이었다.

미야와키의 견해에 따르면, 현재 위구르인이라 불리는 타림분지의 주민은 20세기 초까지 고유의 민족명이 없었다고 한다. 그들은 투르크계 이슬람교도로 분류되는데, 그들이 투르크화(즉 투르크계 언어를 쓰게 되는)한 것은 돌궐에서 위구르시대이며, 이슬람교도로 된 것은 서의 카슈가르에서는 10세기의 카라한朝 시대였다고 한다.

카라한조는 지금의 신강서부를 그의 지배하에 두었는데 그의 시조인 보구라 칸 때에 이슬람교로 개종하였다(960년). 이때부터 종래의 종교인 마니교와 불교를 믿어왔던 천산산맥 남쪽의 오아시스에는 이슬람교를 확장하려는 세력과의 종교전쟁이 격심하게 전개되었으며, 13세기 무렵에는 완전히 이슬람교로 개종되었다.

동(東)의 하미나 투루판에서는 15세기 말에서 16세기가 되어서였고, 천산북방 준가리아 주민이 이슬람교로 개종한 것은 이보다 늦은 16세기였다.

그 후 그들은 스스로를 이교도에 대해서는 무스림, 이방인에 대해서는 예르리크(토지의 사람)라 칭했다. 필자는 앞의 1부에서 칭기즈칸의 21대손으로 완전히 무슬림화한 마쟈르의 묘지기에 대해 언급한바 있다. 이렇듯 민족이라는 것은 주변의 여러 요인에 의해 변해간다.

1917년 러시아 혁명 후 소련에서는 「민족의 경계구분」 때문에 민족과 그 자치영토의 획정이 인위적으로 강행되었다. 1921년, 당시의 소련령 중앙아시아에 살던 신강출신의 민족운동가(그 대부분은 1881년에 이리계곡으로부터 이주한 사람들과 그 자손들)들이 회합하여 그들의 민족명을 고대로부터의 전통을 계승한다는 의미에서 위구르로 자칭할 것을 결의하였고, 이것이 현대 위구르라는 명칭의 기원이다.

그 후 이 호칭은 신강에도 알려지게 되었으며 1935년 신강성의 실권을 장악한 성세재(盛世才)장군은 이것을 모방하여 동은 하미로부터 서는 카슈가르에 이르는 신강성의 정주 투르크족을 이후 정식으로 위구르(維吾爾)로 부를 것을 선포하였다.

이 위구르인 중에는 오아시스의 지주층이 되거나 도시민화, 농민화된 자들도 많았으나 천산북록의 유목민들은 여전히 유목기마문화를 이어갔다.

3) 전두회(纏頭回)와 한회(漢回)

청대(淸代) 초, 서역의 오아시스는 오이라트몽골인 쥰가르부의 지배하에 있었으나, 청군이 이 쥰가르부를 멸망시키면서 신강남부를 주거지로 한 위구르족(回部)도 청조의 지배하에 들어갔다. 청조에서는 이들을 터번을 머리에 두른 이슬람교도라는 의미로 전두회(纏頭回)라고 불렀다. 이때 신강에는 중국 본토에서 한화된 이슬람교도인 회족(回族)(전두회와 구별하기 위해 한회라고 한다. 위구르인은 동간(東干)이라 불렀다)이 들어와 세력을 넓히기 시작하였다. 처음 이리(伊犁)지역의 둔전(屯田)은 건륭 25년에 소론(solon-어원크족)전사 5백 명과 회족 3백 명에 의해 개간되었다. 이후 호탄(和闐), 하미(哈密), 투루판(吐魯番)등에도 회족을 이주시켜 둔전을 개간시켰는데 가경(嘉慶)연간에는 그 수가 3만4천여 명에 달했다고 한다. 청조가 이들을 다스리기 위해 택한 통치수단은 과거 이민족 통치에 일반적으로 사용되었던 「분할통치」 방법이다. 분할통치란 신강 토착 주민인 위구르족, 카자흐족과 새로 이주해온 한족이나 회족과의 사이에 차별을 두어 각 민족간에 대립감정을 교묘하게 불러 일으켜 통치자에 대한 관심과 반감을 비껴가도록 하는 고도의 통치술이다.

청조는 또한 신강의 토착주민인 위구르족과 카자흐족 등의 이슬람교도에 대해서 이번원(理藩院)이라는 기관을 통해 행정, 사법, 경제 등의 면에서 통제하여 활동을 일정 부분 제한하였다. 위구르인의 생명인 상업 활동에 있어서도 한족상인은 보다 유리한 입장에 있었으며, 회족 둔전 농민도 청조로부터 우대되었다. 이러한 입장을 이용한 한족상업자본과 이들과 결탁한 청조의 관리와 군인의 폭정은 위구르인으로 하여금 한족, 회족에 대한 감정이 갈수록 악화되게끔 하였다. 위구르족의 봉건지배층 또한 위구르 농민계급의 지주에 대한 반항 에너지를 그들에게 돌리기 위하여 이 한족, 회존에 대한 위구르인의 반감을 부추겨 사태는 갈수록 심각하게 되었다.

4) 야굽 벡(Yakub Beg-阿古柏伯克)의 반란

19세기 말, 중국의 서북부인 섬서, 감숙, 신강에서는 청조의 분할통치로 인한 민족간의 분쟁이 발생했다. 즉 한족과 회족, 위구르족과의 차별이 원인이 되어 마침내는 반청(反淸)구호를 내세우며 이슬람교도에 대한 차별 철폐와 이슬람교도의 해방을 요구하는 회족과 위구르족의 대대적인 반란이 일어났다. 이 반란은 섬서, 감숙에서는 회족이 중심세력이 되고, 신강에서는 위구르족이 중심이 되었다. 신강의 반란은 한족과 회족과의 대립이 발단으로 된 섬서, 감숙의 반란보다도 더욱 사태가 복잡하였다. 위구르족은 한족에 대해서만이 아니라 회족과도 충돌하였다.

이것은 아편전쟁 후 청조의 세력이 쇠퇴하자 러시아와 영국 등 제국주의 열강이 동투르키스탄 진출 의도와도 관련되어 있다. 즉 러시아와 영국은 위구르족의 반한(反漢)감정을 이용하여 동투르키스탄을 자국의 세력권으로 끌어들이고자 위구르족의 민족주의자를 원조하였다.

마침내 1865년, 반란군 수중으로 들어간 신강(新疆)에 지금의 우즈베키스탄에 있던 코칸드로부터 야굽 벡이라는 영웅이 와서 신강남부를 지배하에 넣고 카슈가르 칸국을 세웠다. 당시 청(淸) 조정에서는 신강을 포기하려고 하는 의견이 있었지만, 태평천국(太平天國)의 난의 진압에 공적이 있던 좌종당(左宗棠)이라는 한인(漢人)장군이 "신강을 버리면 몽골을 통제할 수 없다. 몽골을 장악하지 못하면 청조는 끝장이다"라는 주장을 펴면서 자신의 사병을 이끌고 반란의 평정에 나섰다. 1877년, 마침내 그는 이슬람교도의 반란을 16년 만에 진압하고 카슈가르 회복에 성공하였다. 이와 같은 신강의 변화는 중앙아시아에 진출하려는 제국주의 영국과 러시아의 관심을 불러 일으켰다. 당시 영국은 러시아가 아프간, 이란으로 세력을 확장하려는 것에 대해 우려하였고, 인도의 안전을 위하여 이들 지역과 신강을 자신들의 세력범위로 설정하여 러시아의 남하정책을 저지하려 하였다. 그러므로 야굽 벡 정권이 성립하자 영국은 즉시 이를 지지하고, 1874년에 야굽 벡과 통상, 외교관의 상주 등을 내용으로 하는 조약을 체결하였다.

야굽 벡 정권의 세력 확장은 당연히 러시아에 있어서도 초미의 관심거리였다. 러시아도 1861년에 농노제를 폐지하고 산업의 발전을 가져오고 있을 때여서 중앙아시아의 시장 확보와 중국에로의 육로 무역을 확장하려고 하였다. 그런데 회민(回民)의 반란이 일어나고 신강의 사정이 변화를 가져오게 되자 불안해진 러시아는 1871년에 이리를 점령하였다. 그리고 청에게는 이 지역을 청정부를 대신하여 평정하였다고 통지한다. 이후 이 문제는 1881년 2월에 청·러 간에 이리조약을 체결하여 할 때까지 복잡다단하게 얽혀 이어지게 된다.

한편, 야굽 벡은 광서(光緖) 3년(1877년)에 좌종당(左宗棠)이 거느린 청군에 패하여 죽고, 청조는 좌종당의 의견을 채용하여 1884년, 여기에 신강성(新疆省)이라는 중국식 행정기관을 설치하고 한인(漢人)을 장관에 임명하였다. 이것은 한인이 청(淸)의 변경통치에 관여하게 되는 최초의 사건이다.

이 신강성의 설치는 청제국의 성격을 근본으로부터 변화시킨 사건이다. 이제까지 청조(淸朝)는 만주인과 몽골인이 연합해서 한인을 통치하고, 티베트와 이슬람교도를 보호하는 것이 표면적인 방침이었으나, 이 사건으로부터 만주인은 연합의 파트너를 한인으로 바꾸어 「만한일가(滿漢一家)」라는 말이 나오게 되는 것이다.

①코칸드(Kokand) 칸국─ 18세기 중엽, 훼르가나(Ferghana) 지방의 호족중의 한 사람인 에르데니 베크에 의해서 통일된 코칸드는 지금의 키르기즈, 우즈베키스탄, 타지크스탄에 걸친 지역에서 번영한 투르크계 우즈베크족을 주체로 한 국가이다. 처음에 훼르가나 지역은 부하라 칸국의 명목상의 영토였으나 다랄(Aral)해로부터 멀리 떨어져 있어 러시아와의 교역의 혜택을 받을 수가 없었다. 때문에 상인과 유력자들은 북방의 카자흐초원에서의 러시아와의 교역을 바라고 에르데니 칸국의 수립을 지지하였다. 그런 의중에 인접한 동투르키스탄(신강)이

청조에 정복되었기 때문에 코칸드는 청조에 조공국으로 되어 청조와의 교역을 독점할 수 있었고, 더욱이 타슈겐트 지방(카자흐족), 부하라 (Bukhara) 칸국, 파미르지방(키르기즈족)에로의 군사행동을 전개하여 영토의 발전과 통상권의 확대를 꾀하여 카자흐초원을 경유하는 러시아와의 교역도 장악하였다.

코칸드상인은 신강의 카슈가르, 야르칸드 지방에 와서 중국산 견직물, 차 도자기와 약초인 대황(大黃)을 사서 이것을 3칸국과 카자흐 유목민, 러시아에 팔고 소, 말, 모피, 보석, 칼 등을 매입하여 신강으로 가져와 되팖으로써 막대한 이익을 남겼다. 이로 인해 코칸드 칸국은 3 칸국 중에서 가장 늦게 생겼지만 부하라 칸국에 필적하는 강력한 국가로 번영할 수 있었다. 코칸드는 청조의 신강 정복 당시, 망명해온 카슈가르의 종교 귀족인 호자 일족을 보호하였으며 19세기에는 이들이 카슈가르에로의 복귀(故地회복운동)를 지원해서 카슈가르 지방에 침입하여 세력의 확대를 도모하였다. 그러나 19세기 중엽이 되면서 칸위를 둘러싸고 내분이 일어나고 부하라의 침공을 받으면서 점차로 약체화되다가, 결국에는 러시아에 정복되어 훼르가나주(州)로 되고 말았다(1876년). 신강에서 회교도의 반란이 일어나자 호자의 일족과 함께 카슈가르에 침공해서 이슬람정권을 세운 야굽 벡은 이 코칸드의 무장이었다.

②베크(伯克)- 베크(Beg)는 본래 투르크인들의 부락 추장에 대한 존칭으로 '수령', '통치자'란 의미이며, 위구르족 또한 이 명칭을 지방 관리와 우두머리의 칭호로 계속 사용하였다. 청조의 신강 통일 이전의 위구르족 지역에는 30여 종류의 각종 베크들이 있었으며 직위와 영지

는 모두 세습되었다. 그러나 청조는 신강을 통일 한 이후, 베크제도는 그대로 존속시켰으나 이들의 세습제는 폐지하였으며, 각급의 베크는 청조에서 임면권을 장악하였다. 종교를 분리시켜 베크는 아홍(阿訇-성직자)을 겸할 수 없었으며 아홍은 정무에 간섭할 수 없게 하였다. 그러나 생산의 발전과 사회의 진보에 따라 베크제는 갈수록 생산력 발전의 수용에 적응하지 못하다가 19세기 중엽, 각지의 농민반란 중에 심각한 타격을 받고 1884년 신강성(新疆省) 건립을 기화로 베크제는 정식으로 폐지되기에 이르렀다.

5) 4개월 만에 무너진 동투르키스탄공화국

청조가 망하고 중화민국(中華民國)이 수립되면서 신강성 주석에는 운남 출신의 양증신(楊增新), 감숙 출신의 김수인(金樹仁) 등의 한족 관료가 그 지위에 올랐다. 그들은 청대와 마찬가지로 분할통치책을 썼으나 이런 통치술은 민족간의 차별을 야기 시켰다. 이러한 차별은 결국 위구르족 등 원주민으로 하여금 위구르인의 민족정권인 동투르키스탄 공화국을 세우고자하는 반란의 빌미를 제공하였다. 1931년의 최초 반란에서 위구르 반란군은 신강성정부의 토벌군에 대항하기 위해 감숙의 회족 장군인 마중영(馬仲英)에게 원조를 요구하였으나 양자 사이에는 오히려 불화만 일어났다. 그러자 신강성의 새로운 주석으로 된 성세재(盛世才)는 러시아의 원조를 받아 위구르인을 도와서 마중영의 군대를 격파하였고, 승기를 잡은 위구르인은 영국의 세력이 강한 카슈가르 지방에서 영국의 원조를 받아 1933년에 동투르키스탄 공화국을 세워 후와자 냐즈를 총통으로 추대하였다.

그러나 카슈가르의 회족 거주지역에 있던 회족은 마중영군(軍)의 도

움을 받아 카슈가르의 위구르족 거주지를 점령하니 동투르키스탄 공화
국은 겨우 4개월 만에 붕괴된다. 이 정권은 투르크계 민족의 해방을
부르짖으면서 한족, 회족 세력의 일소를 꾀했을 뿐 민족간의 모순, 민
족 내의 계급 모순을 해결하려는 확고한 정책이 없었기 때문에 이와
같이 어이없는 결과로 끝나고 말았다.

   이 사건 후인 1934년부터 한족이 전두회라고 부르던 통칭은 폐지되
고 위구르에게 維吾爾라는 한자를 써서 그의 자칭을 정식으로 민족명
으로 사용하게 하였다. 그리고 얼마 안 있어 성세재의 성(省)정부군이
마중영군을 재차 깨트리고 후와자 냐즈는 성부주석으로 되어 위구르인
에 의한 자치의 실마리를 풀게 된다.

   이상의 내용들은 고대로부터 현대까지의 신강에 대해 기본적으로 알
아야할 신강 간사(簡史)를 나름대로 정리한 것들이다. 그러나 간단하
게 정리한다고는 했으나 기본적으로 알아야 이해될 수 있는 사건과 용
어들이 너무 많은 것을 느낀다. 예를 들어 바로 앞에서 언급하고 있는
동투르키스탄공화국 이라든가 베크(伯克), 코칸드 칸국처럼 하나를 알
면 그때까지 보이지 않았던 무엇이 또 꼬리를 물고 복수로 떠오른다.
그러한 궁금증 때문에 좀더 깊이 있게 공부를 해야 되겠지만 그러한
것들을 모두 서술하다 보면 내용이 너무 복잡하고 중심이 흐려질 우려
가 있다. 때문에 여기서는 일반 독자들이 신강(新疆)의 역사에 대해서
꼭 알아야 할 부분과 용어에 대해서만 좀더 설명하는 것으로 대신하고
자 한다.

①회족(回族)- 1990년 인구조사 통계에 따르면 중국 전역의 회족은

860여만 명으로 한족(漢族), 장족(壯族), 만족(滿族) 다음으로 4번째를 차지하며 영하회족자치구에 152만여 명으로 가장 많고 신강에는 68만여 명이 살고 있다. 우리는 일반적으로 회교 즉, 이슬람교를 믿는 사람들을 회교도라고 부른다. 그러나 여기서 말하는 중국의 한 소수민족으로서의 회족은 회교도와는 그 성격상 차이점이 있다. 즉 우리나라 사람도 회교도일 수는 있지만 회교를 믿는 우리나라 사람을 회족이라 부르지는 않는다. 중국에서 이슬람교를 신봉하는 회족의 유래는 그 역사적 유래가 자못 깊다. 한마디로 말해서 회족이란 '이슬람교를 믿는 중국화한 중동사람과 그 혈통을 이은 사람들'이다. 아라비아인 하면 우리는 보통 '사막에서 낙타를 타고 오아시스를 통과하는 대상인들'을 떠올린다. 과거 아라비아 사람들은 아이가 태어나면 입에는 꿀을, 손바닥에는 아교를 발라준다고 한다. 그만큼 장사하는데 있어 말을 잘하고 손에 돈이 붙으면 떨어지지 않아 돈을 많이 벌라는 뜻이라고 한다. 그만큼 오랜 옛날부터 이쪽 사람들은 장사하는데 있어 뛰어난 재주와 수완을 갖고 먼 고대로부터 중국에 와서 무역을 하였다. 당(唐) 송(宋) 시기 중국에 와서 장사하던 아라비아, 이란 사람들이나 당시 중국에 온 사신이나 학자들의 일부 중에는 여러 사정으로 인해 점차 그대로 중국의 내지에 눌러 살면서 한인(漢人)이나 기타 다른 민족과 가정을 이루며 살던 사람들이 있었는데, 그 후손들을 중국에서는 번객(蕃客)이라 불렀다. 이들이 바로 회족의 조상이며 원(元)왕조의 몽케칸 시기에는 이미 이들을 정식으로 "회회호(回回戶)"라 불렀다. 이들 또한 원대 색목인의 주요 민족 중의 하나로 정치적으로도 상당히 높은 위치에서 중요 역할을 담당하였다. 명(明)대 중기에는 이미 회회민족의 공동체가 형성되었고, 이후 부단히 발전을 거듭하여 청(淸)대 중기에 이르면 중국 각지의 회족은 이미 200여만 명에 이른다.

　신강 회족의 형성 또한 전국 회족의 형성 발전과 그 궤를 같이한다. 13세기 초, 수차례에 걸친 몽골군의 서진 전쟁의 승리는 많은 중앙아시아인과 이란인, 아라비아인들을 동방으로 데리고 왔으며, 몽골은 이들 회회청년들만으로 '탐마치군(探馬赤軍)'이라는 군대 조직을 편성하여 서정(西征) 등의 각종 작전에 활용하였다. 원조(元朝)가 건립된 후에 이들은 민호(民戶)로 편제하여 보통의 농민신분으로 만들어 둔전의 개간에 활용하였는데 이들은 주로 영하(寧夏)지구와 하서회랑, 신강등지에 회회영(回回營)과 회회촌을 이루며 목축과 농사를 지으며 살아갔다.

②둔전(屯田)—둔전이란 중국의 삼국(三國)시대부터 있었던 토지제도로, 간단히 말해서 어느 지역에 주둔한 군부대에 일정량의 토지를 주어 군인이나 그의 식솔들로 하여금 농사를 지어 군량을 자급자족하게 한 제도를 말한다.

　청조가 신강을 점령하고 이 지역의 안정된 지배를 위해서 가장 중요하게 여겼던 것 중의 하나가 바로 이 곳에 주둔한 군대의 식량 문제였다. 물론 중앙에서 식량의 공급을 통해서 통제할 수는 있겠으나, 내지에서 수만리 떨어진 신강에까지 주기적으로 군량을 운반한다는 것은 이만저만한 국력의 낭비가 아니다. 장기적인 전략으로 볼 때, 자체적으로 둔전을 개간케 하고 남는 것은 중앙으로 보내게 하는 방법이 보다 효율적이었다. 때문에 청조에서는 변방수비와 둔전개간을 위해 동북의 여러 소수민족을 비롯해서 남강의 농사짓는 위구르족(타란치) 들을 이리(伊犁)와 주변 지역으로 이주시켰다.

4. 쥰가르(准噶尔) 유목제국

쥰가르 하면 가장 먼저 생각나는 것이 '최후의 유목제국'이다. 필자는 2000년 여름에 미야와키 쥰쿄(宮脇淳子)의 저서인 『최후의 유목제국』을 번역한바 있다. 필자의 짧은 일본어 실력과 조급증으로 훌륭한 저작을 원작을 그대로 두는 것만도 못하게 한 기휘(忌諱)를 범한 책임을 통감하고, 기회가 되면 다시 한 번 개정역서를 낼 것을 다짐한다. 지면으로나마 다시 한 번 저자에게 사죄를 드린다. 어쨌든 이것이 인연이 되어 저자는 후에 당신의 저작인 『몽골의 역사』(刀水書房)와 그의 남편인 만 몽학자 오카다 히데히로(岡田英弘)의 『몽골제국의 흥망』(츠쿠마新書)을 보내 주었다. 차후 이 '보름간의 중국 신강기행'은 위 두 권의 책과 중국의 자료 그 외 한국, 일본, 몽골자료에서 참고 인용함을 밝혀둔다.

1) 최후의 유목제국의 영웅―갈단(噶爾丹)

필자를 이곳 신강에 오게끔 결심하게 한 것은 오이라트 쥰가르부의 영웅 갈단이었다. 17세기 『최후의 유목제국』의 주인공인 갈단(Galdan)의 체취를 좀더 가까운 곳에서 느끼고 싶었던 것은 필자의 오랜 바람이었다. 어린 나이에 티베트에서 판첸 라마와 다라이 라마 5세를 스승으로 모시고 정통 티베트 불교 교육을 받은 엘리트를 왜 그토록 험한 복수의 길과 원정의 길로 몰아갔는지? 또 그렇게 허무하게 몰락해 갔는지? 이번 2004년 여름방학기간 동안에 가장 알고 싶은 화두였다.

17세기 청조(淸朝)초기 몽골족은 막남몽골(즉 내몽골), 막북몽골(할

내몽골의 어느 식당에서
만난 칭기즈칸의 초상

하몽골, 즉 외몽골), 막서몽골(오이라트몽골)로 나뉘어 있었고, 그중에서 오이라트몽골(막서몽골)은 호슈트(和碩特:Khoshot), 토르구드(土爾扈特:Turghud), 두르부드(杜爾伯特:Durbod), 준가르(准噶爾:Jungar)부의 전신인 쵸로스:Choros) 등 4개부로 나뉘었다. 이들의 주요 유목지는 각각 이리(伊犁)하곡, 어르치스강(이리티쉬강. 상류는 현 신강경내)의 강변, 타르바가타이(Tarbaghatai:지금의 신강 다청) 및 우루무치(烏魯木齊) 지역으로 모두 신강 준가리아 지역이었다. 그 중에서 준가르부의 발전이 가장 빨랐다.

13세기 초기의 몽골고원의 지도를 놓고 보면 여러 수많은 부족들의 이름을 볼 수 있다. 케레이드(Kereyid), 메르키드(Merkid), 옹구드(Onggud), 홍기라드, 나이만(Naiman), 타타르, 캉구리, 위구르(Uyghur), 잘라이르, 카를룩, 키르기즈(Kirghiz), 몽골(Mongol) 등으로, 이들은 각기 부족간 연합과 분열을 거듭하면서 나름대로의 영역을 가지고 있었다[8]. 이러한 장성 이북 유목민집단의 분열을 모두 통합한 영웅

8) 이러한 나이만, 타타르, 케레이드, 메르키드, 홍기라드 같은 여러 알 수 없는 이름들은 고대 몽골고원에 존재했던 부족 또는 부족연맹의 이름들이다. 이 부족들의 연합은 언제든지 상황이 바뀌면 각 부족단위로 흩어질 수도 있고 조건이 더 좋은 강한 부족과 연합할 수도 있는 것이다. 또 그렇게 되면 새로운 부족연맹의 이름으로 바뀐다. 즉 유목집단은 고정된 것이 아니고 늘 변화한다. 예를 들어 한사람의 족장에 이끌린 어느 부족집단이 다음 대에는 족장의 자식들에 의해 분할 상속되거나, 혹은 그들의 처가 결혼 지참금으로 데리고 온 여러 부족 집단과 결합하기 때문에 집단의 구성원은 각대마다 변화할 수 있다.

이 바로 1206년 몽골의 칭기즈칸(테무친)이다.

이렇듯 당시 오이라트는 하나의 부족집단의 명칭이었으나 14세기 후반 원(元)왕조가 장성이북으로 물러난 북원(北元)시기에는 그 개념이 다소 확대된다.

즉 1388년 아릭부카(阿里不哥)가의 예스데르(Yesuder)가 후룬·부이르 초원 전투에서 명군(明軍)에 패해 달아나는 후빌라이(忽必烈)가의 토구스테무르 칸(汗)을 잡아 죽이고 북원의 칸위를 탈취한 사건을 즈음해서, 몽골고원에서는 후빌라이(Khubilai)가를 지지하는 유목민을 몽골인, 아릭부카(Arigh Buga)가를 지지한 유목민을 오이라트인이라고 부르게 되었다. 이 오이라트라고 하는 명칭은 그때까지의 오이라트부족만이 아니라 헨티산맥 서쪽의 케레이드부족, 알타이산맥 방면의

나이만부족, 바이칼호 근처의 바르구드(Barghud)부족이 가세하여 결성된 것으로 반후빌라이가의 부족연합이다. 이들은 4개 부족연합으로 「4 오이라트」라고 불렸다. 이에 대해서 헨티산맥의 동쪽, 고비사막 이남의 유목민은 「40

몽골국에 있는 칭기즈칸 기념비

때문에 부족의 명칭은 남아 있어도 규모나 내용은 변하여 전에 쓰였던 부족명은 새로운 집단 내에서 다른 집단과 구별하기 위하여 성(姓)과 씨족명으로서 취급되기도 하고, 새로운 집단명이 생겨나기도 한다. 여기에 나오는 호슈트나 준가르, 투메드, 토르구드 등의 이름은 당시 새롭게 형성된 부족연합명칭으로 생각하면 된다.

몽골」로 불렸으며 이 몽골과 오이라트의 항쟁이 이후 4백년간에 걸쳐 북아시아와 중앙아시아에서 전개되는 것이다. 이들은 주로 알타이산맥의 서쪽과 남쪽을 주 무대로 활동하였기 때문에 서부몽골이라고도 부른다.

그림 72 아바다이 칸의 초상

17세기 중엽, 준가르부의 장(長)은 바토르 홍타이지(Baatur Khong Tayiji) 였다. 이 바토르 홍타이지란 호칭은 1636년 겔룩파의 도움에 응해서 청해로 원정한 호슈트부에 동행했던, 준가르부장(호트고친)에게 호슈트부의 구시 칸 (Guushi Khan)이 준 칭호이다. 바토르(Baatur)란 영웅 혹은 '용감한'이란 뜻이고, 홍타이지는 원래 중국어의 황태자에서 온 말이다. 몽골을 재통일한 다얀 칸의 손자인 투메드(Tumed)부장인 알탄 칸이 자신의 부왕(副王)에게 홍타이지의 호칭을 하사한 이래 서방(西方)을 담당한 칸의 부왕(전권 대리)의 의미로 되었다.

17세기 초 몽골의 종주(宗主)인 챠하르부장 링단 칸은 겔룩파[9]와

9) 겔룩파와 티베트불교에 대해서는 몇 년 전부터 한국몽골학회에서 발간하기로 한 몽골학 총서 中의 한 부분으로 필자가 쓰기로 한 '에르덴 죠'의 일부를 인용해서 설명한다.
"과거 몽골 최대의 종교는 라마교였다. 라마교는 불교의 한 파로 8세기 경, 인도에서 토번(吐蕃)왕국이라고 하는 티베트로 전해진 대승불교가 티베트 고유의 '본'교와 혼합되어 생겨난 불교이다. 토번시대에는 인도의 계율이 엄격한 불교만이 정통으로 여겨졌으나 9세기에, 토번왕국이 분열된 후 재가(在家)신자들 사이에는 성유가(性瑜伽: 요가)를 실습하는 탄트라불교가 퍼져 나아갔다. 이것은 머지않아 불교교단에까지 들어가게 되는데 이 탄트라불교를 간단히 이야기하자면, 남녀간 성행위의 황홀감이 주관·객관의 대립을 넘어 부처의 니르바나의 세계를 체험할 수 있다는 것이다. 충족이 되면 본래부터 존재하지 않던 외부의 현상세계에서 유래하는 집착을 극복할 수 있다는 것으로, 그것에 의해서 「불성(佛性)」이 활성화된다는 사상이다. 그 후 10세기가 되면 불교계에서는 다시 계율 부흥의 움직임이 일어나 티베트 각지에서는 새로운 교단이 결성되었다. 그러니

까 이 탄트라 불교는 9세기 한 때 티베트에서 유행했던 것으로 생각된다. 그러나 에르덴 죠를 비롯해서 지금 남아있는 몽골의 여러 사원이나 불화에는 아직도 이 환희불(남자는 좌부좌한 상태로 여자와 배꼽을 맞대고 있는 형상의 불상)이 많이 남아있는 것을 볼 수 있는데, 필자의 생각에 이 탄트라 불교는 그 후에도 궁중과 민간에서 어떤 형태로든 그 맥이 이어졌던 것으로 여겨지며 특히 몽골족이 중원으로 들어와 세운 원(元) 황실에서 태자들의 성교육 실습교보재로 환관들에 의해 이 환희불이 많이 애용되었던 것으로 여겨진다.

어쨌든 10세기 티베트의 불교 교단에는 많은 사람들이 모여들었으며, 이들에 의해 상업발달이 촉진되고 교단은 지역 경제의 중심으로 되었다. 불교 교단의 시주(施主)가 된 티베트 각지의 호족은 적극적으로 교단 경영에 관여하였으며 우수한 학승을 모으고 설비에도 지원을 아끼지 않았다. 그들은 가계(家系)를 이을 사자(嗣子- 주로 장남) 이외의 자식은 모두 교단으로 들여보내 교단이 낳는 이권을 독점하고자 했다. 17세기에 겔룩파가 티베트불교의 대표로 되기까지, 각 종파(죠낭파, 사갸파, 칼마파-홍모파, 겔룩파-황모파)가 장기간 항쟁을 거듭 반복한 것은 교의(教義)가 다르기 때문이라기보다는 이렇듯 각각의 시주인 지방왕권에 의한 이권의 대립을 반영한 것이다.

한편, 티베트와 몽골의 관계는 몽골제국 제 2대 어거데이 칸의 시대로 거슬러 올라간다. 1239년 어거데이의 차남 고딩은 티베트를 공격함에 있어 카무 지방으로부터 공격해서 중앙티베트로 들어가 명찰(名刹)인 게라라간을 불태우는 등 맹위를 떨쳤다. 명승으로 평판이 높았던 사갸파의 궁가·겡쩬(사갸· 판디타)은 몽골과 교섭하기 위해 티베트 측의 대표로서 감숙의 양주(涼州)로 향했는데, 이에 동행한 그의 조카인 팍파는 후빌라기에 초대되어 그의 신임을 얻게 되었다. 원조(元朝)의 창시자 후빌라이 칸은 팍파에게 국사(國師)의 칭호를 주어「蒙古新字(몽고신자)」를 만들게 하였다. 이것이 유명한 팍파문자로 티베트문자를 종서(縱書)하고 모음을 독립시켜 자음의 아래에 쓴 것이다. 일본의 만몽학자인 오카다 히데히로 선생은 우리 한글이 창제될 때 이 글자에서 영향을 받은 것이라고 하기도 한다. 그러나 元朝가 중국 땅을 잃고 몽골고원으로 후퇴하자 이 팍파문자는 사용되지 않게 되고, 몽골어를 쓰는 것으로는 그 이전부터 사용한 위구르문자만 남게 되었으며, 마찬가지로 원조의 궁정에 널리 퍼졌던 티베트 불교도 맥이 끊겨 버렸다. 이것은 후빌라이家의 元朝와 새로운 몽골민족 사이에 오이라트제국의 지배라고 하는 단절의 시대가 있었기 때문이다.

16세기 후반 몽골과 티베트와의 관계가 부활된 때, 티베트 측에서는 원조(元朝)시대의 기억이 강하게 남아 있었다. 그 중에서 몽골과의 관계를 가장 잘 이용한 것은 겔룩(黃帽)파였다. 겔룩파는 알탄 칸과 다라이라마 3세의 관계를 후빌라이 칸과 팍파의 관계의 재현으로 보았다. 이것은 시주와 귀의처와의 관계이지만 티베트불교가 생각하기에는 성속(聖俗) 2통(교권과 정권)이 보합(補合) 대등의 관계였다"

라이벌 관계에 있던 칼마파(Karmapa)의 지지자로, 겔룩파를 지지한 후허하오터(呼和浩特)의 투메드부와 오르도스(Ordos)부를 공격하여 압도하였다. 이어서 티베트로 원정하던 도중 초원에서 병사(病死)하였지만, 그에 호응해서 티베트 원정에 나선 막북 할하부 좌익의 아바다이(Abadai) 칸의 조카 촉트 홍타이지가 1632년 청해(青海)에 이르러 그곳에 있던 투메드(Tumed), 융시에부(Yongshiyebu), 오르도스(Ordos)세력을 멸하고 청해를 차지하였다. 이에 그곳의 겔룩파는 새롭게 시주로 된 인근의 오이라트 제부(諸部)10)에 요청하여 청해의 촉트 홍타이지를 공격해 줄 것을 요구하였다. 호슈트부장 구시(토로 바이후 구시)는 겔룩파의 요구에 응해서 1636년 청해 원정을 감행하였다. 결빙기를 이용한 1만의 오이라트군은 다음 해인 1637년 청해 서쪽 우란 호슈란 곳에서 3만의 촉트 홍타이지군을 격파하였다. 그 해 겨울, 구시는 다라이 라마 5세로부터 「지교법왕(持教法王)」, 몽골어로는 구시 노밍 칸이라는 칭호를 받았다. 이 '칸' 칭호의 수여는 칭기즈칸의 남계자손만이 '칸'을 칭할 수 있다는 「칭기즈 통원리(統原理: Chinggisid Principle)」의 불문율에 대한 티베트불교의 도전이었다. 다라이라마 5세는 뛰어난 정치력이 있는 인물로 새롭게 시주로 된 오이라트 유목민을, 자신을 정점으로 한 불교세계의 질서 속으로 끌어들이고자 의도한 것이다.

앞에서 말한 구시 칸의 청해 원정에 동행한 준가르부장 바토르 홍타이지는 9명의 부인을 얻어 그 사이에서 12명의 아들과 2명의 딸을 두었다. 그 부인 중의 하나가 호슈트부 구시 칸의 딸로 그녀가 낳은 두

---

10) 오이라트제부족은 1606년 이래 할하 쟈삭트 칸에 신종하여, 1615년, 그의 명령을 받들어 겔룩파로 개종하여 열렬한 신도로 되었다.

명의 아들이 셍게(僧格:Senge)와 갈단(噶爾丹:Galdan) 형제이다. 이들 형제에게는 많은 이복형들이 있었다. 1653년 바토르 홍타이지가 죽을 당시, 셍게(Senge)가 그의 아버지 속민의 절반을 상속받으면서 후계자로 되자 이복형들은 이에 불만을 갖고 상속투쟁을 일으켜 1670 년, 결국 셍게(Senge)는 2명의 이복형들에 의해 암살되었다.

셍게의 친동생 갈단은 1644년 태어나자 곧 전년도에 죽은 티베트 고승(웬사 투루크)의 전생11)(轉生)으로 인정되어, 13살에 티베트로 가서 판첸 라마 1세와 다라이 라마 5세에게서 가르침을 받았다. 10년 의 티베트 유학에서 고향으로 돌아온 갈단은 형의 죽음에 충격을 받고 환속을 결심하였으며, 호슈트부의 오치르트 세첸 칸의 도움을 받아 형 셍게의 원수를 토벌하고, 형의 미망인인 호슈트부장 오치르트 칸의 손 녀인 아누 하톤과 결혼하여 쥰가르부장으로 되었다. 다라이 라마 5세 는 쥰가르부를 장악한 갈단에게 1671년 그의 부친과 같은 홍타이지의 칭호를 주었다. 몽골에서 전해질 때에는 부왕(副王)의 의미였던 이 홍 타이지의 칭호는 이렇게 하여 쥰가르부장을 의미하는 칭호로 되었다.

쥰가르부장으로 된 갈단은 1675년, 자신의 후원자였던 호슈트부장 오치르트 칸과 결국은 충돌하여 1676년 겨울, 마침내 이리강변에서

---

11) 전생이라는 것은, 위대한 승려가 다시 태어난 것으로 화신(化身)이라고도, 활불(活佛)이라고도 한다. 티베트 사람들은, 고승(大라마)은 불(佛)이 사람들을 구제하기 위해 이 세상에 보내진 보살의 화신이기 때문에, 몇 번이고 태어나 중 생을 구제한다고 생각한다. 이 전생 활불제도를 시작한 것은 14세기 중엽, 티베 트불교의 한 종파인 칼마파(Karma-pa)였다. 그 후, 다른 종파도 이 방법을 취 하게 되어, 칼마파의 라이벌인 겔룩파(Dge-lugs-pa)에서는 16세기 이 후 다라 이라마가 대대로 전생하여 현재 14世에 이르고 있다.

고승이 죽게 되면 예언과 점을 이용해서 사후 49일 이내에 수태해서 태어난 자식으로부터 전생을 찾아낸다. 그렇게 해서 고승의 제자들이 그 아이를 교육하 여 교단과 재산 일체를 계승시킨다. 승려의 결혼을 엄격히 금하는 티베트 불교 사회에서는 교단을 유지하기 위해 전생 활불제도는 특별히 유효하게 기능했다.

이들을 격파하고 오치르트 칸을 포로로 하였다. 이때까지 오이라트부족연합의 맹주는 호슈트부장이었으나 실력으로 이것을 제압한 준가르부장 갈단에게 1678년 다라이 라마 5세는 「지교수명왕(持敎受命王)」이란 칭호를 수여했다. 「지교(持敎)」는 오이라트 최초의 칸인 호슈트부의 구시 칸의 칭호와 같은 것이다. 다라이 라마 5세는 갈단을 구시 칸과 마찬가지로 겔룩파의 옹호자(최대의 시주)로서 전오이라트 칸으로 인정하였다. 이것이 준가르왕국의 시작이다.

준가르부 출신의 최초, 최후의 칸으로 된 갈단 보쇽트 칸(Galdan Boshoghtu Khan, 하늘로부터 축복받은 군주)은 1679년 하미와 투루판을 정복하고, 이듬해인 1680년에는 카슈가르, 야르칸드, 호탄 등의 도시를 정복하여 챠가타이 칸가의 일족과 흑산당(黑山党)의 호자(和卓)를 이리에 유폐하였다.

이곳은 동챠가타이 칸가(모구리스탄 칸가)의 땅이었지만, 이 무렵 오아시스 도시에 사는 이슬람교도의 지도권을 장악한 것은 마호메트 자손이라고 자칭한 호자가의 일족으로, 이들은 백산당(白山党: 아쿠타크리크)과 흑산당(하라타크리크)으로 나뉘어 서로 격렬하게 싸움을 되풀이하고 있었다. 갈단은 이 분쟁에 개입, 흑산당을 지지한 동챠가타이의 이스마일 칸을 체포하여 가두고 흑산당의 라이벌인 백산당의 아바크 호자를 야르칸트에 세워 매년 막대한 공납을 징수하였다. 이리하여 타림분지의 투르크계 이슬람교도는 결국 이교도인 준가르부의 속민으로 되었다. 준가르부는 이후 1755년에 망할 때까지 천산산맥 북방의 본거지로부터 남의 타림분지의 오아시스 제도시를 계속해서 지배하였다.

전오이라트군을 이끈 준가르부장 갈단은 1681년 이래 매년 서방원정에 나서 카자흐인과 키르기즈인을 공격하였으며, 1684년에는 타슈

켄트와 새리무를 점령하였다. 이렇듯 순식간에 중앙아시아에 대유목제
국을 건설한 갈단은 이후 1688년 막북의 할하부의 공략에 나선다.(이
하는 『몽골의 역사』,宮脇淳子, 刀水書房, 2002년刊 pp 196~212
을 중심으로 인용)

2) 갈단의 할하 침입

갈단의 할하 침공 원인은 크게 2가지로 생각할 수 있다. 하나는 갈단
동생의 죽음이다. 할하몽골(막북몽골— 지금의 몽골국)의 좌·우익 내
분이 일어났을 때, 청(淸)의 강희제(康熙帝)는 이번원 상서를 보내 중
재시키고 회맹의 약속을 맺었다. 그러나 좌익인 투시에트(Tushiyetu)
칸이 약속을 지키지 않자 우익인 쟈삭트(Jasaghtu) 칸은 갈단에게 원
조를 구하고자 준가르로 향하였다. 이를 감시하고 있던 좌익에서는 이
를 추격하여 쟈삭트 칸을 죽이고 준가르군과도 교전하여 쟈삭트 칸을
지원한 갈단의 동생도 죽였다. 이것이 하나의 원인이다.

또 하나의 원인으로는 갈단이 강희제에게 보낸 편지에서 할하 진군
의 이유를 밝힌 것을 보면, 젭춘담바[12] 호독토 1세의 무례함을 들고
있다. 1686년 강희제(康熙帝)가 파견한 이번원 상서가 주재한 강화
회의에서, 할하 좌익의 투시에트 칸의 동생인 젭춘담바 호독토(1세)는
마치 자신이 다라이 라마처럼 간딩 대승원 좌주로 상석을 차지하고,

---

12) 할하에는 촉트 홍타이지가 죽기 전인 1635년, 곰보 투시에트 칸에서 낳은 남
자아이를 칼마파와 동맹관계에 있던 죠낭파의 고승인 타라나타의 전생으로 인정
하여 1639년 5살 때, 할하 좌익의 투시게트 칸가와 체첸 칸가에서는 이 아이를
공통의 원수(元首)로 추대하였는데, 이가 젭춘담바 1세이다. 1649년, 젭춘담바 1
세는 15살 나이에 티베트를 처음 방문하고 1651년에 북몽골로 돌아왔다. 1652년,
할하인들은 젭춘담바를 재차 그들의 元首로 추대하였으며, 이로부터 1924년까지
젭춘담바는 북몽골의 정신적 수장으로서 8대에 걸쳐 이어져 내려왔다.

일체의 모든 것을 다라이 라마처럼 행동하였다고 한다. 이것은 갈단이 볼 때 다라이 라마와 겔룩파에 대한 모독이었다.

이 같은 명분을 얻은 갈단은 1688년, 3만의 군사를 이끌고 항가이 산맥을 넘어 타미르강변에서 기다리고 있던 투시에트 칸군을 격파했다. 갈단은 병력을 둘로 나누어 하나는 불교사원인 에르덴 죠(Erdeni Juu)를 공격하여 불태우고, 다른 한 부대는 헤를렌 강으로 나아가 좌익의 영주 체첸 칸의 유목지를 약탈하였다.

그해 가을, 헤를렌강으로부터 톨강으로 군사를 돌리는 갈단군을 맞이해서 차궁도르지는 전군을 투입해서 결전을 벌였지만, 이 최후의 대결전마저도 패한 할하군은 궤멸되어 흩어지고 할하인들은 도망했다. 수십만의 사람들이 막남(고비사막 이남)으로 도망하여 청(淸)의 보호를 구했다.

에르덴 죠(하라호름) 가는 도중의 초원

3) 청(淸) 강희제의 몽골 친정(親征)

준가르의 갈단은 처음부터 청조(淸朝)를 적으로 할 생각은 없었다. 단지 자신의 동생을 죽인 투시에트 칸과 겔룩파의 적인 젭춘담바 호독토의 인도를 요구하며 여러 차례 청조에 사자를 파견하였다. 그러나 청

에르덴 죠 사원의 탑 전경

의 강희제 입장에서는 자신의 보호를 구하여 온 몽골인 영주와 티베트불교의 고승을 그들의 적에게 호락호락 넘겨줄 수는 없었다. 그렇게 되면 청조의 지배하에 들어온 모든 할하인과 몽골인에게 신용을 잃게 될 것은 불 보듯 뻔한 것이다. 강희제는 갈단을 달래어 조정하려고 하였으나 상승 기세에 있던 갈단에게 있어서는 의미가 없었다.

마침내 1690년, 러시아의 지원을 받은 갈단은 철포(鐵砲)와 대포(大砲)의 중화기로 중무장한 2만의 기마 병력을 이끌고 할하군 추격의 명분으로 헤를렌 강으로부터 남하하여 막남몽골의 북쪽 경계로 들어갔다. 우루구이강에서 아라니가 이끈 청군(淸軍)의 몽골인 부대와 싸워 이것을 격파하고, 더욱 남하하여 북경 북방 3백km 지점인 우란부퉁(붉은 숲이란 뜻: 지금의 적봉(赤峯)시 부근)에서 유친왕(裕親王) 복전(福全)이 지휘한 청군(淸軍)과 충돌하였다. 갈단군은 습지를 앞에 둔 숲 속에 포진하여 1만여 마리의 낙타 다리를 묶어 땅에 꿇어 앉혀(관절을 굽혀 끈으로 묶은 것으로 생각 됨) 울타리를 만들고(이것을 駝陣 또는 駝城이라 부른다), 그 등에는 상자를 놓고 그 위에 물에 적신 펠트를 걸쳐서 적의 탄환을 막는 엄폐물로 삼았다. 그 뒤에서 소총의 총구를 늘어놓고 청군과 격렬하게 총격전을 벌여 청군에게 막대한 손상을 입혔다. '타진(駝陣)'에 의해 막대한 피해를 입은 청군의 보고를 받은 강희제는 즉각 포병장군 휘양구(費揚古)에게 명령하여, 삼번의 난 평정에 사용했던 홍의대포 수백문과 새로 제조된 연주총(連珠銃), 충천포(沖天炮) 등의 화기로 무장한 포부대를 출전시켰다. 낮부터 저녁까지 천지를 진동시키는 포격은 받은 갈단군의 '타진'은 결국 무너져 갔다. 갈단은 시간을 벌기 위하여 70여명의 라마를 청군 진영에 파견하여 또 다시 투시에트 칸과 젭춘담바의 인도를 요구했다. 청(淸)측이 이것을 거부하자 재차 조건을 완화하여 젭춘담바만 라싸로 보낼 것을 제의하였으나 청조측은 이 역시 거절하였다. 그러는 사이 갈단은 야음을 틈타 산정상의 요처로 피했다가 이틀날 북으로 철군하였다.

이리하여 청조에 의해서 목숨을 부지하게 된 투시에트 칸과 젭춘담바는 1691년 5월 30일, 원조(元朝)의 피서 도시인 상도(上都: 도론 놀)에 모여 청의 강희제에게 신종(臣從)할 것을 맹서한다. 이 때 젭춘담바와 3명의 칸(투시에트, 쟈삭트, 체첸), 할하 좌우익의 영주들도 모두 열석(列席)하였는데, 이로부터 오이라트 연합을 제외한 협의의 몽골민족 모두는 비로소 청조의 지배하에 들어가게 되었다.

청조의 영토에 침입하여 청군(淸軍)에 막대한 손해를 끼친 갈단은 이제 청조의 적이었다. 새로이 신민으로 된 할하몽골족을 위해 그들의 유목지를 갈단으로부터 탈환해야한다는 명분을 얻은 강희제는 이제 몽골고원에로의 친정(親征)을 결의했다.

1696년, 강희제는 3개 군단을 편성하여 자신은 3만7천의 중로군을 지휘하여 4월1일(음력 2월 30일)에 북경을 출발했다. 12일 독석구(獨石口)에서 장성을 넘어 상도(上都)강변의 보로 호트로부터 서북으로 향하여 쿠루챠강놀 호수를 지나 5월 13일, 다리강가 지방에서 북몽골로 들어가 고비사막을 횡단하여 헤를렌강 상류에 있던 갈단의 본영을 목표로 진군해 갔다.

무원대장군(撫遠大將軍) 휘양그가 이끈 서로군(西路軍)은 내몽골 서부로부터 음산산맥을 넘어 옹긴하로부터 톨강으로 향했다. 흑룡강장군 사푸스가 이끈 동로군은 심양(瀋陽)에서 출발하여 우회하여 헤를렌강으로 향할 예정이었으나, 출발이 지연되어 현지에서의 합류가 어렵게 되었기 때문에 결국 할하강에서 대기하기로 하였다. 서로군도 악천후로 인해 행군이 예정보다 크게 늦어졌기 때문에 강희제가 이끈 중로군이 먼저 갈단에 접근하였다. 서로군을 기다리기 위해 진군 속도를 늦춰 6월 7일 중로군이 갈단의 숙영지에 다다랐으나 이를 간파한 갈단은 이미 철군한 뒤였다.

강희제는 실망했다. 중로군은 추격했지만 식량이 바닥나 결국 11일, 토노 오라산으로부터 귀로에 올랐다.

그러나 북으로 진군 중이던 서르군은 톨강변 조 모드(울란바타르시 동쪽 30Km 테렐지 입구의 다리 근처)에서 서쪽으로 향한 갈단의 5천 오이라트군을 포착하였다. 6월 12일, 마침내 청군과 갈단군 간에 벌어진 이 격전(조 모드전투: 조 모드란 1백 그루의 나무란 뜻)에서 전투를 독려하던 갈단의 비(妃)인 여걸 아누 하톤마저 전사하고 갈단군의 주력은 괴멸되어 대패하였다. 갈단 자신은 소수의 부하들과 겨우 탈출에 성공하였지만 이후 두 번 다시 이 타격에서 회복하지 못하였다.

갈단이 이렇듯 동방의 몽골고원을 제압하고 청조와의 교섭을 하고 있는 사이에 갈단의 망형(亡兄) 셍게의 아들 쩨왕랍탄(Tsevangrabtan)은 갈단에게 반기(反旗)를 들었다.

이야기를 잠깐 앞으로 돌려보면, 갈단의 형 셍게가 살해될 때 그의

갈단이 패배한 조 모드(테렐지 입구)

장남 쩨왕랍탄은 겨우 7살이었다. 그러나 그가 성장해 가면서 숙부인 갈단과의 사이가 점차 미묘해져 1689년, 갈단은 급기야 자객을 시켜 쩨왕랍탄의 막사를 습격하게 했으나 공교롭게도 그는 부재(不在)중이 었고, 살해된 것은 그의 동생 소놈랍탄이었다. 쩨왕랍탄은 이것을 알 고 곧바로 아버지(셍게) 심복인 7명의 신하와 함께 갈단의 본영을 탈 출해서 이리지역에 잠복하였다가, 그 후 아버지의 옛 영지인 버르타라 로 피신, 이후 1691년까지 갈단의 부재를 틈타 국내와 동투르키스탄 의 대부분을 제압하였다. 이렇듯 쩨왕랍탄은 이미 쥰가르의 본거지인 이리지방과 타림분지를 지배하고 청의 강희제와도 연락을 취하고 있었 기 때문에, 본거지로 돌아갈 수 없게 된 갈단은 항가이산맥과 알타이

산맥 사이를 방황하다가 끝내 1697년 4월 4일, 아챠 아무타이란 곳에서 병사(病死)한다(최근 중국어서 발행된 地方志와 일설에는 갈단이 자살한 것으로 기록된 것이 있으나 라마교 신자였던 그가 자살했다고 보기에는 의문이 든다). 할하인들은 북몽골로 돌아가고 이로부터 1911년까지 북몽골은 청조(淸朝)의 식민 영토로 되었다.

4) 준가르와 청조의 관계

준가르와 청조의 관계는 갈단이 죽은 이후 줄곧 평화관계를 유지했으나 1715년에 있었던 하미의 귀속문제로 인해 전쟁이 재개되었다. 1717년, 쩨왕랍탄 홍타이지의 사촌동생인 쩨린동돕(Tseringdondub)이 지휘한 준가르군은 챵탕고원을 강형 돌파하여 티베트로 들어가 라싸를 점령하고 라싼 칸을 죽였다. 이리하여 티베트는 준가르의 수중에 들어갔다. 이듬해인 1718년, 청해로부터 구원하러 온 청군과 호슈트병(兵)은 준가르군에 패해 전멸했다. 그러나 1720년, 청군은 재차 청해와 사천(四川)으로부터 티베트로 진공하였고 쩨린동돕(Tseringdondub)은 동투르키스탄으로 도주하였다. 강희제는 마침내 알타이산과 바루쿨(巴里坤)로부터 준가르로 청군을 진공시키려고 하였으나 그 직전인 1722년에 죽고, 제위는 옹정제(雍正帝: 世宗)로 이어졌다. 청해 호슈트부 구시 칸의 손자 롭산단진(Lozangdanjin)은 1723년, 청조로부터 독립하고자 반기를 들고 다라이 홍타이지라고 자칭했지만, 이듬해 청군에 평정되었고 롭산단진(Lozangdanjin)은 준가르로 망명하였다. 이것을 기회로 청해는 완전히 청조의 영토로 되어 청해의 오이라트인은 모두 옹정제의 신민으로 되었다. 옹정제는 준가르에 대해서 평화의 방침을 세워 1723년 티베트로부터, 1724년 알타이산으로부터, 1725년에는 바루쿨로부터 철군하여 쩨왕랍탄(Tsevangrabtan)과 휴전하였다. 같은 해인 1725년, 옹정은 북변방위책으로서 강희제의 제10황녀(十皇女)와 결혼한 할하의 도로이(多羅)군왕(群王) 쩨린에게 사인 노얀(Noyan)의 칭호를 주어 그의 부족과 함께 투시에트 칸가(家)로부터 독립시켜, 부장군(副將軍)으로 임명하여 알타이산 방면 청군(淸軍)의 사령관으로 임명하였다. 이것이 사인 노얀부(部)의 기원으로 이로부터 북몽골 할하에는 3칸과 사인 노얀의 4부(部)가 있게 되었다.

쥰가르에서는 1727년에 쩨왕랍탄 홍타이지가 죽고 그의 아들 갈단쩨린이 홍타이지로 되었다. 잠시 평화가 있었지만 1731년에 이르러 쩨린동돕(Tseringdondub)의 군(軍)이 알타이산을 넘어 홉드에 주둔하고 있는 청(淸)의 정변대장군(靖邊大將軍) 훌단의 군(軍)을 호톤 놀 호반에서 깨뜨려 거의 전멸시켰다. 이 소식을 접한 할하의 사인 노얀은 동진하여 이것을 격파하였기 때문에 옹정제는 그 공적의 포상으로 쩨린의 작위를 호쇼이(和碩)친왕(親王)으로 승진시켰다.

1735년, 청조와 쥰가르 사이에는 국경획정의 교섭이 진행되었으나 협정에 이르지 못한 채 옹정은 죽고 건륭제(乾隆帝: 高宗)가 제위를 이었다. 협정은 1739년에 이르러 체결되어 쥰가르의 목지는 알타이산 이서(以西), 할하의 목지는 항가이산의 부얀트강 이동(以東)으로 결정하였다.

5) 청(淸) 건륭제(乾隆帝)의 이리 정벌

17세기 40년대부터 쥰가르부는 오이라트제부의 리더가 된 이래 100여 년간 줄곧 청조의 서북지구에서 자못 강력한 세력을 갖고 있던 할거정권이었다. 그러나 18세기 중엽 이후, 쥰가르정권은 장기적인 내란으로 인해 급속하게 쇠퇴해갔다. 1727년 쥰가르부장 쩨왕랍탄(Tsevangrabtan)이

독살되고 그의 후계자 갈단쩨린이 1745년 죽은 뒤, 준가르부가 이끈 오이라트부족연합은 곧바로 분열되었다. 갈단쩨린이 죽고 그의 아들 쩨왕도르지남쟐(Tsevangdorji Namjal)이 홍타이지가 되었지만 1750년, 서출인 이모형(異母兄) 라마 다루쟈가 반기를 들어 홍타이지를 잡아 두 눈을 도려내어 동투르키스탄에 유폐시키고 스스로 홍타이지가 되었다. 라마 다루쟈는 준가르의 왕족을 박해하였다.

1753년, 쩨왕랍탄의 외손으로 호이트(호이트는 본래 두르부드부의 속부였으나 토르구드부의 서천 o˙후에 비로소 오이라트4부의 하나로 되었다)부장인 아무르사나(阿睦爾撒納)는 쩨왕랍탄 종형제의 손자인 다와치(達瓦齊-쩨린동돕의 손자)를 도와 이리에서 라마 다루쟈를 습격하여 죽이고 그를 홍타이지 자리에 앉혔다. 그러나 다와치 즉위 후 오래지 않아 아무르사나(Amurusanaa)와 충돌이 일어나 아무르사나는 청에 투항하여 이리(伊犁)에로의 출병을 요구하였다. 이렇듯 내분은 계속되어 1754년, 두르부드부 3 쩨린으로 불린 수령들도 준가르로부터 이탈하여 청(淸)에 투항하였으며, 이후에도 청(淸)에로의 투항자가 계속 이어졌다. 건륭제(乾隆帝)는 이 기회를 이용해서 일거에 준가르문제를 해결코자 계획하여 1755년, 각각 2만5천의 몽골군과 만주군을 동원하여 2길로 나누어 북로군은 올리야스태(Uliyasutai)로부터, 서로군은 바루쿨로부터 발진시켰다. 아무르사나는 청(淸)의 북로군 부장군에 임명되었다. 청군은 거의 저항을 받지 않고 이리(伊犁)에 이르러 다와치를 붙잡아 북경으로 보냈다. 겨우 100일 작전으로 최후의 유목제국 준가르는 멸망하였다.

청조(淸朝)는 4오이라트의 각 명칭에 연계해서, 귀속한 오이라트 사람들을 4부(部: 두르부드, 호슈트, 호이트, 준가르)로 나누고 각 부에 칸(汗)을 세워 분할 통치하려고 하였다. 그러나 대권을 꿈꾸던 아무르사나는 호이트(Khoyit)부의 칸 위(位)만으로는 만족할 수 없어, 스스로 전(全)오이라트의 맹주인 홍타이지를 칭하고 청에 반기를 들어 독립을 선언하였다. 청군은 당시 소수의 병력만 남겨두고 주력이 철수한 상태였기 때문에 준가르왕국의 고지(故地)는 쉽게 아무르사나의 수중에 떨어졌다.

그러나 1756년, 청군은 무장을 갖추고 재차 이리로 들어갔다. 아무르사나는 청군의 추격을 받고 카자흐의 중(中)오르다로 도망했으나 여기서도 추격당해 러시아의 보호를 구하여 시베리아로 도망해 들어갔다. 그러나 1757년, 아무르사나는 세미파라친스크 요새 근처인 야미슈호(湖)에 도착했을 때 천연두에 걸려 결국 토볼스크(Tobolsk)까지 가서 그곳에서 35세로 생을 마감하고 말았다.

아무르사나의 반역에 호응해서, 당시 투와의 우량하이人을 관할하던 할하 쟈싹트 칸부 호트고이트의 도로이(多羅)군왕(郡王)인 칭궁잡은 아무르사나와 내통하여 봉기했으나 계획성 결여로 인해 단기간 내에 진압되었다. 아무르사나의 반역과 칭궁잡의 봉기 뒤에 각지의 준가르부 잔여세력들은 각지에서 청군을 습격하는 사건이 지속적으로 일어났다. 청군은 이들 잔당 토벌을 계속하면서 거듭되는 반항에 대한 보복으로 대학살이라는 수단을 택했으며, 청의 토벌군과 함께 들어온 천연두의 대유행으로 오이라트의 인구는 크게 격감했다. 그 중에서도 준가르인들은 거의 전멸하여 이리계곡은 대부분 무인지대로 되어갔다.

한편, 이리 지역이 무인지대라는 정보를 접수한 볼가강변의 토르구드 부장 우바시는 1771년 초, 휘하 3만3천 가족을 이끌고 볼가를 출발하였다. 러시아 휘하의 코사크와 볼가 중류의 이슬람교도로 일찍이 카잔 타타르의 지배하에 있던 바시키르인과, 카자흐인과 키르기즈인들의 추적과 공격을 받으며, 발하시호(湖) 사막을 도는 7개월간에 길고 지난한 여정의 도피행으로 10만 명을 잃은 끝에 토르구드인은 가까스로 이리(伊犁) 고지(故地)에 이르러 청(淸) 건륭제의 보호를 구하였다. 그 해 겨울은 따듯하여 볼가강이 얼지 않아 볼가 우안(右岸: 서방)의 칼묵〔Kalmyk:토르구드부와 두르부드부와 호슈트부 등〕1만 수천 가족들은 이에 합류하지 못하고 따로 뒤에 남았다. 그 자손이 지금의 러시아내의 칼묵공화국 사람들이며, 이 당시 이리로 귀환한 7만여 명의 토르구드족 자손이 지금 신강 북부에 사는 토르구드 몽골족이다. 건륭제는 이후 그곳에 만주인, 시보인, 소론(어원크)인, 다고르인을 이주시켜 변방방어와 함께 둔전(屯田)을 짓게 하고, 1757년에는 천산의 남, 동투르키스탄도 청조에 정복되어 청 제국의 영토는 역사 이래 최대의 판도로 되었다.

6) 청조(淸朝)의 신강(新疆)통치

청조(淸朝)는 천산산맥의 남북을 통일하고 나서 이곳을 "새롭게 연 땅"이란 의미로 「신강(新疆)」이라고 불렀다. 청조의 신강 통치는 1884년을 전후해서 둘로 나뉘는데 1884년 이전에는 현지 민족의 전통적 지배제도를 그대로 답습하여 신강을 크게 셋으로 나누어 우루무치, 바루쿨 등의 동쪽은 동로(東路)로 해서 한족(漢族)의 거주를 인정하고, 중국 내지와 마찬가지로 주(州)·현(縣)을 두어 중앙에서 행정관을 파견하여 직접 통치하였고, 천산산먹의 남부 투르크계 무슬림(위구르족)이 생활하는 타림분지(회부)는 남로(南路)라 하여 그들의 유력자인 '베크'를 관리로 임명해서 그의 자치를 인정하였다. 또 천산 북측의 초원부를 북로(北路)라 하여 유목민의 생활을 인정하였으며 그들의 족장을 '쟈사크'라는 군사집단의 장에 임명해서 군무를 책임지게 하였다. 그리하여 청조는 쥰가르의 본거지인 이리(伊犁)에 군정장관(軍政長官—이리장군)을 두고 남북 각 도시에 군대를 주둔시켜 그들을 감시케 하였다.

한편, 일찍부터 청조에 공순했던 하미, 투루판의 무슬림 지배자에게는 친왕(親王)이나 군왕(郡王)이라는 작위를 주어서 그들의 지배권을 인정함과 동시에 유목민과 마찬가지로 '쟈사크'로서 군무(軍務)의 의무도 부과하였다. 투루판에 있는 에민탑(일명 소공탑)은 투루판 군왕인 에민 호자의 무덤이다. 이렇듯 신강을 셋으로 분할하여 통치했던 체제는 19세기 후반에 일어난 무슬림의 반란으로 신강에서 청조의 지배권은 일시적으로 무너졌다. 그러나 1877년, 좌종당(左宗棠)은 한족군대를 이끌고 재차 신강을 정복하였으며 청조는 이에 새로운 통치술을 쓰게 되는데, 즉 1884년에 「신강성(新疆省)」을 설치하여 그때까지 한족이 대부분이던 동로(東路)에서 실시했던 주현제(州縣制)를 신강 전역으로 확대하여, 위구르족도 한족과 마찬가지로 중앙에서 파견된 행정관(대분분이 한족)에 의한 직접통치하에 두었다. 그와 함께 신강 전역에의 한족 이주도 인정하였는데 통계에 따르면 1887년 신강성의 한족 인구는 10만여 명이었다고 한다.

7) 쥰가르의 문화

쥰가르 경제의 기반은 고래(古來)의 유목제국과 마찬가지로 내륙무역의 거점을 확보하여 원거리 교역으로부터 이익을 얻는 것과, 주변의 이민족을 습격해서 가축과 주민을 약탈함과 동시에 그들로부터 공납을 징수하는 것이었다. 쥰가르군(軍)은 유목민 특유의 기마군단의 우수한 기동력은 물론, 화기(火器)에서도 당시 최고의 군사 장비를 도입하고 있었다. 이미 1650년 무렵, 바토르 홍타이지는 러시아 정부에 대장장이 2명, 철포단야(鐵砲鍛冶)인 2명, 갑옷투구 1구(具), 대포 1문, 납, 금박, 톱 등을 제공할 것을 요구했다. 갈단 시대에는 유황을 정제해서 화약을 제조하고, 구리, 납, 철광산을 갖고 있어 정밀하고 견고한 무기류를 제작할 수 있었다. 갑옷은 작은 고리를 이어서 만들었는데 옷처럼 가벼웠다고 한다. 전투에는 철포와 대포, 활과 화살, 창을 이용했고 대포는 낙타에 실어 이동했다.

쥰가르군의 주력은 물론 기마병으로 그 중심은 궁수(弓手), 화승총수(火繩銃手)와 창기병(槍騎兵-총포로 무장한 기병)이었다. 화승총수는 포수라 불렸는데 주로 키르기즈인과 부하라인으로 구성되었다. 쥰가르의 지배하에 들어간 중앙아시아의 투르크계 이슬람교도는 모두 부하라인으로 총칭되고, 포수(砲手)로 되어 군사적인 일을 맡거나 강제로 이리지방으로 이주되어져 농경에 종사하였다. 일부는 상인으로서 동서 중계무역에서도 활약하였다. 1690년대에 오이라트에는 농지가 없었지만 1720년대에는 부하라인 포로만이 아니라 오이라트인들도 농경에 종사하여 밀, 보리, 기장, 쌀, 호박, 수박, 포도, 살구, 사과 등이 재배되었다.

쥰가르가 타림분지로부터 징수한 공납(貢納-현물징수)으로는 곡물, 면화, 홍화(샤프란) 등이 있고, 무역 상인으로부터는 상세를, 일반상인으로부터 금, 구리세를, 농원으로부터는 과일세 등을 징수하였다. 북방의 산지 타이가나 초원에서 사는 투르크계 제민족에게도 쥰가르로부터 무거운 공납이 징수되어졌는데, 그들은 곡물, 철제품, 가축, 흑초피(黑貂皮), 가축류 등으로 지불하였다.

쥰가르의 교묘한 이민족 통치정책의 하나는 인질제도였다. 칸의 어린자식이나 귀족들, 고관들은 막대한 공납의 징수를 보증하기 위하여, 또 쥰가르에의 예속을 보증하기 위하여 이리에 구류(拘留)되었다. 쥰가르의 지배자는 이 인질들을 이용해서 정복지의 내정 간섭을 한다든가 정치상의 정보를 얻어내는데 활용하였다. 인질들은 일정 기간이 지나면 다른 인질과 교대되어 고향으로 돌아갔다.

러시아와 청조(淸朝)사이의 무역에서는 대황(大黃)무역이 성하였다. 부하라인이 중계한 물자 중의 하나로 유명한 것이 바로 이 대황(大黃: 장군풀)의 뿌리이다. 감숙에서 청해에 걸친 지방을 원산지로 하는 대황은 옛날부터 지사제, 건위제(健胃劑)로 유명하여 10세기 이래 서아시아와 유럽으로 공급되었다. 러시아인은 이 대황을 귀하게 여겨 토볼스크와 캬흐타무역에서도 오로지 대황만을 사들였다고 한다. 쩨왕랍탄 시대로부터 부하라 상인이 북경과 감숙에 와서 무역하는 것이 금지되었기 때문에, 청조 서북변경의 서녕(西寧)과 그 부근의 토바(多巴)가 쥰가르제국시대의 중앙아시아무역의 중심의 하나로 되었다. 부하라인은 서녕에서 대황을 사서 시베리아와 중앙아시아 각지에 판매하는 독점적 중계무역 외에 중국의 차, 견직물, 면포, 남경(南京)의 목면, 유자, 도자기 등도 17세기 중기 이래 부하라인의 손에 의해 시베리아로 수출되었다.

이상의 내용들을 보면 17, 18세기 신강의 주인공은 확실히 오이라트부의 쥰가르몽골이었다. 상당한 국력과 군사력을 갖춘 이들은 한때 청(淸)과도 맞먹는 세력을 형성하여 건륭 초기에는 서로 간에 국경도 획정했던 것을 알 수 있다. 그러나 18세기 중엽 내분과 청의 침입에 의한 쥰가르의 붕괴 이후 몇몇 영웅들에 의한 회복운동도 있었지만 결국은 성공치 못하였다. 이후 두 번 다시 쥰가르의 영광은 재현되지 못했으며 신강에서 쥰가르의 흔적은 거의 사라져 버렸다. 흥망성쇠의 역사란 늘 그런 것이다.

5. 답사 준비

어제(6월22일, 화) 신강답사의 세부 일정표를 받았다. 받고 보니 다소 마음이 초조하다. 비용도 마련해야 되겠지만 만나는 여러 소수민족들에 대한 조사와 질문지와 목록을 좀더 구체적으로 만들어야겠다는 생각이 든다.

필자는 '93년 여름 실크로드 답사팀에 참여한 이래 매년 몽골과 중국 북부지방을 한국몽골학회 회원들과 답사하였다. 10여년의 세월이 흐르다보니 이제는 이력이 생겨 어떻게 답사 준비를 하고, 어떻게 다녀야 하는지 조금은 알 것 같다.

학술답사여행 때 가장 중요한 것은 가는 곳에 대한 철저한 준비이다. 유홍준 박사의 『나의 문화유산답사기』 서문에 '아는 것만큼 보인다'는 것처럼 준비 없는 여행은 그저 먹고 마시고 노는 소풍 같은 것이다. 시간과 자금의 여유가 있어 즐기기 위한 여행이라면 모를까 준비 없는 여행은 지루하고 따분하다. 미리 조사를 하면서 머릿속으로 밑그림을 그리며 상상하는 것은 꼭 필요하고 중요한 절차이다. 요즈음 공부는 발로 한다고 한다. 이념대립이 첨예화 되었던 과거 냉전시대에는 갈 수 없었던 사회주의 국가도 이제는 거의 모두 개방되어 얼마든지 갈 수 있게 되었다. 가려고 하는 장소가 결정되면 책을 통해서 상상을 해보고 그렇게 그려본 그림을 현지에서 확인하여 생각한 것과 무엇이 어떻게 다른지 확인하는 것이 공부이다. 또 현장에 가면 과거의 사건에 대한 배경과 결과에 대한 과정을 보다 명확하게 이해할 수 있으며 또 머릿속으로만 그렸던 상상을 깰 수 있다는 장점이 있다.

기후, 풍토는 물론 지명의 유래나 그 지방의 간단한 개략적인 간사(簡史), 특징적인 음식, 어떤 사람을 만나며 무슨 대화를 나눌 것인지를 미리 준비해야 한다.

신강 지역의 지형만 놓고 보더라도 만년설의 천산산맥을 중심으로 아래 지방은 타클라마칸사막의 타림분지로 오아시스 도시들이 늘어서 있는 서고동저(西高東底)지형이고, 산맥의 윗 지방은 동고서저형의 고르반사막과 초원으로 이루어진 쥰가르분지이다. 이곳은 동양의 중국문화와 중앙아시아의 이슬람문화가 접목하는 지역으로 옛부터 동서 문화의 연결지이면서 교차지역으로 다양한 문화와 여러 민족들이 혼재하면서 살고 있는 인종전시장과 같은 곳이다.

그 다음 현지 언어를 어느 정도는 구사할 줄 알아야 한다. 필자는 '95년 여름 처음으로 몽골에 갔었다. 그저 한국몽골학회 박원길 선생의 이야기만 듣고 막연한 상상을 갖고 갔다. 지금 생각해보니 참으로 무모한 여행이었다는 생각이 든다. 역사를 가르친다는 선생이 몽골역사나 몽골어에 대해선 전혀 모르는 채 그저 남이 해주는 설명만 듣고, 주는 밥이나 먹으면서 흘러흘러 따라다닌 것이 지금 생각해 보면 부끄럽다. 그러한 충격이 있었기에 이런 글을 쓰려고 생각했다는 위안도 하지만, 여하튼 현지 말을 전혀 모르면 여행은 시종 짜증나고 답답하다.

필자는 당시 귀국하자마자 단국대 몽골어과 이성규 교수의 소개로 단국대 경제학과 박사과정에 있던 에르덴바야르라는 몽골국립대 교수에게서 1년간 몽골어를 배울 기회를 가졌다. 이듬 해 필자는 올란바타르에

홍안령 산림 속에서 생활하는 오룬춘족

가서 배운 몽골어를 구사해 보았다. 이제는 몽골에 가서도 밥은 굶지 않고 집에는 찾아올 수 있다. 영어권 나라에 가려면 영어를, 일본에 가려면 일본어를, 중국어권 지역에 가려면 기본적인 중국어를 구사할 줄 알아야 한다. 그래야 여행의 즐거움을 배가시킬 수 있으며 좀더 의미 있고 여유로운 여행을 즐길 수 있다.

짐은 될 수 있는 대로 적은 것이 좋다. '93년 처음 실크로드에 갔을 때, 신강 전문가이신 민 박사의 소개에 약간 겁을 먹고 여행기간 내내 한 번도 입지 않은 쓸데없이 옷을 가져갔던 기억이 있다. 이후 몽골과 홍안령, 흑룡강, 내몽골 일대를 돌아다니면서 내린 결론은 여름의 기후는 고위도 지방이나 우리나 별 차이가 없다는 것이다. 물론 겨울에는 다르다. 고위도 지방의 겨울은 몹시 춥다. 그러나 여행은 대개 여름에 주로 다닐 기회가 많은데 짐이 많으면 귀찮기도 하지만 주위 사람들에게도 민폐를 끼치게 된다. 여름에 야외에서 야영하지 않을 경우에는 두꺼운 옷은 그리 필요치 않다. 경우에 따라 필요할 때는 현지인들의 옷을 사 입는 것도 좋은 방법이다. 현지 사정은 현지인들이 가장 잘 안다. 필자는 홍안령 지역을 여행할 때 오룬춘족들이 겨울에 사슴의 머리 가죽으로 모자를 만들어 쓰고, 발 가죽으로 신발을, 몸통 가죽으로 외투

오룬춘족의 겨울 복장

를 만들어 입는 것을 보고 매우 신기하면서도 그럴 듯 하다고 생각한 적이 있다. 흑룡강 하류의 허저(赫哲) 족들은 물고기를 많이 잡기 때문에 물고기 가죽으로 옷을 해 입는데 그것도 물고기 가죽의 특성을 이용하여 여름옷과 겨울 옷, 비 오는 날 입는 옷 등이 각기 구분되어 있다.

끝없는 지평선만 이어져 지형지물이 없는 초원을 여행할 경우 여자들에게는 우산이 필요하다. 용변을 보기 위해서 남자들은 그저 돌아서 보면 되지만 여자들은 몸을 가리기 위한 큰 우산 하나 정도는 필요하다. 초원의 유목 여인들은 한여름 밤에도 기온이 내려가 서늘해지고, 또 말을 타기 위해서 여름에도 두루마기 같은 긴 코트를 입는데 필요하면 이러한 현지인의 긴 코트를 마련하는 것도 괜찮다.

인물 사진은 될 수 있는 대로 찍지 마라. 학생 때의 수학여행이야 추억을 만들기 위해 사진 찍는 맛에 간다고도 할 수 있겠지만, 학술답사 때는 필요한 특징적인 사진만 찍는 것이 좋다. 나중에 어딘가에 소개하기 위해서는 인물이 들어간 사진은 필요 없다. 또 사진촬영 기술도 어느 정도 익히는 것이 좋다. 사물의 구도나 밝기, 거리 등, 전문가 수준은 아니더라도 기초적인 기능은 알아두는 것이 좋다. 요즈음에는 디지털 카메라라는 편리한 사진기가 있어 필름을 따로 살 필요도 없고, 얼마든지 찍고 지울 수 있으며 선명도도 매우 뛰어나 꼭 하나 장만하는 것도 좋다.

3부
신강(新疆)의 소수민족과 명물

1. 신강의 소수민족
2. 신강 소수민족의 문화

3부   신강의 소수민족과 명물

1. 신강의 소수민족

  지대물박(地大物博)한 땅 중늑의 서북에 위치한 신강(新疆)에 가면 세상에서 가장 맛있는 과일 중의 하나인 하미과와 포도 외에, 유구한 역사와 찬란한 문명을 꽃피웠던 다양한 민족들을 만날 수 있다. 이 국적인 외모와 복장을 한 위구르족을 비롯하여 카자흐족, 타타르족, 키르기즈, 우즈베크족, 회족은 물론, 우리와 비슷하게 생긴 시보족과 다고르족, 몽골족, 한족 등을 만나는데, 그야말로 '민족전시장'을 실감케 한다. 그들은 모두 다양한 나름대로의 역사와 풍속과 문화를 갖고 있으면서 전통의 맥을 이어가고 있다. 아마 세계 어디에도 이처럼 한 곳에 다양한 문화가 집중되어 있으면서 조화롭게 살아가는 지역도 없을 것이다.

  그들은 오랜 세월 동안 함께 지혜를 짜내고 이 신비한 땅을 개간하기 위해 서로 피땀을 흘려가며 물을 끌어 들이면서 땅을 일구어 냈다. 물론 분란의 시기도 있었다. 장구한 세월의 역사 속에서 민족의 분화와 융합을 거듭하면서 일부는 아즈 소멸된 민족이 없는 것도 아니다. 하지만 중화인민공화국 수립 전후해서 주요 13개 민족을 중심으로 정비된 이들 민족은 서로 합심하고 통합된 제도 아래에서 이제 새로운 신천지를 건설해 가고 있다.

  여기 3부에서는 신강에 살고 있는 주요 각 소수민족의 연혁 및 간사(簡史)와 신강사람들의 생활문화에 대해서 소개한다.

1) 오아시스의 백성 위구르(Uyghur)족-(기원과 유목민의 대중국 관계)

옛날에는 초원의 목축민- 민족박물관이라고 하는 신강의 대표적인 민족이라면 위구르족을 들 수 있다. 민족 구성비나 문화면에서 주도 역할을 하는 것은 당연 위구르족이다.

혜원성 종고루 앞에서 만난
관광용 말과 염소수레와 위구르 노인

위구르(維吾爾: Uyghur)족도 퉁구스인이나 몽골인과 마찬가지로 옛날에는 아시아 동북부의 삼림과 초원에서 샤머니즘(무속신앙)을 믿으며 수렵과 목축생활을 했던 민족이다. 때문에 그들의 언어 또한 알타이어족에 속한다. 그들의 조상은 몽골의 흥기(13세기 초)에 앞서 몽골고원과 알타이지방에 있었던 투르크계 유목국가인 돌궐에 속하는 한 부족이었다. 이 부족은 한족(漢族)문헌에는 정령(丁零)으로 기록되어 있으며 흉노에 압박받아 시베리아의 바이칼호의 남부, 발하시호의 서부 등 동서로 나뉘어 유목하던 집단이 그들의 먼 조상이다. 남북조시대의 한족(漢族)은 이 부족을 철륵(鐵勒) 또는 칙륵(勅勒)(이것은 투르크어의 한자 음역), 혹은 고차(高車: 그들이 사용하던 수레바퀴가 매우 커서 그렇게 불렀다. 지금도 흥안령 지역의 다고르족들은 늑륵차(勒勒車)라 하여 사용하고

있다)라고 불렀다. 이 고차는 6부족으로 나뉘었는데 그 중의 한 부족
이 원흘(袁紇)이었다. 이 원흘은 수(隋), 당(唐)대에는 위흘(韋紇),
오흘(烏紇), 회흘(回紇)등으로 쓰여 위구르라는 말의 한자 음역으로
보인다.

　당(唐)대에 철륵 제부족은 돌궐(突厥)의 지배하에 있었지만 돌궐의
내분을 틈타 각자 독립의 움직임을 보이고, 그 중에서 위구르부족이
투르크 제부족의 중심이 되어 몽골고원의 세렝게강 상류에 있는 위트
겐으로부터 오르혼강 사이를 본거지로 하여 744년에 유목 위구르국
(회흘한국 혹은 고대 투르크제국이라 부름)을 세웠다. 다음은 미야와
키 준코(宮脇淳子)의 『몽골의 역사』에 나오는 「위구르 제국」, 「천산
위구르 왕국」의 한 부분이다.

　　"위구르부족은 돌궐제국시대(돌궐제국은 552년 돌궐부족장 부민
　　카간이 유연(柔然)으로부터 독립하여 몽골고원에 세웠던 제국으
　　로 후에 당(唐) 고조 이연(李淵)을 도와 당의 중국 통일을 돕는
　　다. 그러나 후에 당 태종(이연의 아들)은 즉위 후 얼마 지나지 않
　　아 630년, 10만 대군을 이끌고 상국으로 떠받들던 돌궐제국을 멸
　　망시킨다. 멸망 후 음산산맥과 황하 사이에서 유목하던 동돌궐은
　　682년 재차 단결하여 당으로부터 독립하여 제2돌궐제국을 세워
　　오르혼강 상류, 지금의 하라호름 부근에 오르도 바리크(궁전의 거
　　리)라는 도시를 세워 번성하였으나 745년, 서북방의 위구르에게
　　망하여 주력은 서남쪽으로 이동했다. 1923년 터어키(투르크)공화
　　국을 건설한 케말 파샤는 자신들의 민족통합의 구심점을 이 부민
　　카간이 몽골고원의 지배자로 된 552년의 「돌궐(突厥)」까지 끌어
　　올렸다) 토구스 오구스(Toguz Oghuz: 9姓 鐵勒)라는 철륵(칠륵)
　　의 1부족이었다. 744년 위구르의 쿠툴룩 보이라 라는 영웅이 9성

철륵의 카간으로 되면서 9성 철륵은 「9성 회골(回鶻)」 (위구르)라고 불리게 되었다. 다음 해인 745년, 9성 위구르를 장악한 쿠툴룩 보이라 카간은 돌궐 제2제국의 카간을 공격하여 살해하고 위구르 제국을 건설하였는데 위구르제국은 돌궐 제1, 제2제국과 마찬가지로 지금의 몽골서부의 항가이 산맥을 본거지로 삼고, 동쪽은 대흥 안령산맥으로부터 서쪽의 알타이산맥에 이르는 몽골고원 전체를 지배하에 두었다.

몽골고원에 위구르제국이 건국된 후 10년이 지난 755년, 중국의 당에서는 안 사[13]의 난이 일어났다. 이 난은 당시 세계 최고의 국세를 떨치던 당을 뿌리채 흔드는 대 변란이었으나 위구르와 토번(티벳)이 당을 도와 9년여 만에 그런대로 종식시킬 수 있었다. 그 결과 당과 위구르의 교류가 활성화 되어 당의 공주를 위구르에 시집보내는가 하면, 해마다 수백 명의 위구르 사절단이 당(唐)에 이르러 초원의 말과 수만 필의 중국비단을 바꾸어 갔으며[14], 당시 당의 수도 장안(長安)에는 위구르인 1천명 이상이 거주하는 거류지가 생기기도 하였다고 한다"

당과 위구르의 이러한 「絹(비단)·馬교역」은 그대로 목축세계의 생산물과 농경세계의 생산물과의 교환을 단편적으로 보여주는 좋은 예이다. 유목민과 장성(長城) 이남의 농경민 사이에 이러한 교역이 순조롭게 잘 이루어지면 평화관계가 지속되는 것이지만 교역이 정상적으로 이루어지지 않을 때에는 양자 사이에 전쟁이 벌어지곤 했다. 실제로 북방초원은 우리가 생각하는 것만큼 그리 풍요로운 땅이 아니다. 막북

---

13) 安史- 안록산은 돌궐인 여자 샤만(무당)의 아들로 태어나 소그드인 장군의 양자로 자라나 출세하였고, 그와 근처에 살았던 사사명(史思明)은 아버지는 돌궐인, 어머니는 소그드인의 혼혈이었다.

14) 기록에 의하면 당시 위구르의 말 1필은 비단 40필에 상당했다고 한다

겨울 내내 눈으로 덮여 있는 몽골. 오보 앞에서
친구(유지상 氏—삼성포리마 건설대표)와 함께

의 몽골고원의 연평균 강수량은 200mm정도이고, 겨울에는 영하 30~40℃까지 내려간다. 필자는 몇 년 전 겨울의 몽골풍경을 보기 위해 친구(유지상氏—삼성포리마건설대표)와 둘이서 북경에서 올란바타르까지 비행기를 타고 간 적이 있다. 당시 필자는 장성을 넘어 올란바타르에 도착할 때까지 비행기에서 본 것이라고는 눈(雪)뿐이었다고 기억된다. 겨울의 장성 이북의 몽골고원은 말 그대로 동토의 땅이다. 초원의 여름은 아름답다. 끝없이 펼쳐진 몽골초원의 파란 풀밭은 마치 천국 같다. 그러나 그것도 멀리서 보니까 그렇지 실제로 내려서 땅을 밟아보면 풀도 그리 조밀하거나 풍부하지 않다. 그런 조건에서 정말 한곳에 머물러 사는 것은 불가능하다. 농사는 지을 수 없고, 목축은 가능하나 그것도 많은 가축을 키우다 보니 먹어치우는 양이 많아서 물과 풀을 찾아서 이동해야 하는 유목(遊牧)만이 가능하다. 그러다 보니 집은 자연히 짓고 해체하기 편리한 이동식 집을 지어야 하고, 지붕과 벽은 주변에서 쉽게 구할 수 있는 가축의 털로 만든 펠트로 둘러친다. 먹고 입는 것도 모두 가축에게 의지한다. 풀이 나기 시작하는 생산의 계절인 봄부터 가을까지는 가축의 젖으로 가공한 유제품을 주식(主食)으로 하고, 겨울이 되면 우리네 김장하듯이 여러 마리의 가축을 도살하여 저장했다가 겨울을 난다. 옷은 도살한 가축의 모피를 이용했다. 모든 것을 그렇게 할 수밖에 없는 조건이다.

유목민은 이렇듯 자급자족의 생활을 했다. 그러나 말을 타면 종을 부리고 싶어진다고 곡류의 유용함과 맛을 본 유목민들은 충족을 채우기 위해서 보다 많은 곡물을 원했고, 비단의 촉감을 맛본 사람은 비단을 갖고 싶어 했다. 때문에 이들은 유제품과 가축을 곡물 및 비단과 교환하기 위해 남하했다. 교역이 순조롭게 진행되면 별 문제가 없겠지만 교환이 만족스럽게 이루어지지 않으면 언제든지 약탈자로 돌변한다. 이것이 흉노 이래 중국인들이 북방유목민을 그토록 두려워했던 이유였다.

우리는 '천고마비(天高馬肥)'의 계절이 되면 몽골초원에서 불어오는 시원한 계절풍에 취하면서 풍요로운 가을걷이와 독서의 계절이라고 가을을 예찬하지만, 중국인들은 장성 너머의 기마유목민이 침입할 때가 다가왔다는 두려움과 공포의 계절로 생각하였다. 역사적으로 보면 흉노 이래 17세기 명(明)왕조까지 북방유목민들은 끊임없이 장성 이남의 내륙에 침입하여 사람과 가축과 재물을 약탈해 갔다.

일례로 1542년(嘉靖 21) 여름, 알탄(Altan) 칸이 이끈 몽골군이 산서(山西)북부로부터 안문(鴈門)을 넘어 태원(太原)을 통해 남하하여 하남성에 이르기까지 장장 600여㎞에 이르는 지역에 있는 10개의 위(衛)와 38개의 주현(州縣)을 약탈하여, 남녀 20여만을 죽이고 소와 말, 양, 돼지 등 200만두를 약탈해 간적이 있다. 이에 놀란 명(明)의 세종(世宗)은 이후「이적(夷狄)」이란 글자만 봐도 놀라고 격노했기 때문에 조칙이나 상주문에서 이 글자만은 훨씬 작게 썼다고 한다. 앞에서 언급했듯이 빈곤한 유목경제에서는 중국과의 무역이 불가결하였다. 그들은 언제나 마시(馬市)의 실현을 열망하였고 그것이 제대로 되지 않으면 약탈행위로 나서게 되는 것은 그들 입장에서는 어쩔 수 없는 선택이다. 그러나 도전받는 명(明)측 또한 정경(政經)일치를 기본원칙으로 하여 주변국에 대한 조공정책 외에 무역의 자유화는 일체 허락지 않았으며, 그 조공무역조차 그것의 실현 전제는 부족 전체를 통일시킨 통치자(元首, 대칸)를 통해서만 가능하게 허락해 줌으로써, 주변에 대한 기미정책을 통제의 수단으로 활용하였다. 15세기 후반, 다얀(Dayan, 大元)칸의 몽골통일 성공의 이면에도 그 혈통의 정통성 외에 그와 같은 부족 일반의 경제적 욕구가 작용한 것을 간과해서는 안 된다. 다시 말해서 중국은 전통적으로 북방유목민들의 통제 수단으로 유목부족의 지배자에게만 무역허가증을 쿼터지식으로 배당해 주었으며, 이러한 중국의 정책은 결과적으로 장성 이북의 유목민들이 어쩔 수 없이 통합할 수밖에 없게끔 도왔다고도 볼 수 있는 것이다.

우리는 역사에서 강대국이 약소국을 길들이기 위해 사용했던 봉쇄정책이니, 통제정책 등을 볼 수 있다. 민중들이 필요로 하는 물건을 규제받아 제때에 공급 받지 못하면 어지간한 경제력이 아니고서는 버틸 수 없다. 예를 들어 우리가 산유국으로부터 일정 기간 기름 공급을 받을 수 없다고 가정해보자. 과연 우리 경제가 얼마나 정상적으로 유지되겠는가? 마찬가지로 역대 중국의 대북방유목민에 대한 정책은 마시(馬市)를 통한 통제경제정책으로, 역대 중원 왕조들은 교역량을 통제하여 강건한 북방 유목민을 길들이려고 하였다. 유목민 입장에서는 중국의 비단이나 차, 곡물, 철 등의 가격이 예년을 기준으로 적정선에서 타협이 되면 무난히 거래가 이루어지지만, 한쪽에서 일방적으로 터무니없이 비싸게 부르거나 말(馬)값을 너무 싸게 후려치면 이들은 목숨을 담보로 한 약탈자로 돌변하여 전쟁을 할 수 밖에 없다. 역대 중국 왕조와 북방 유목민간의 잦은 전쟁은 대부분 이러한 무역불화 문제에서 야기되었다.

2) 중앙아시아에서 온 투르크족- 타타르족(塔塔爾族)

여기서 말하는 타타르족은 명대(明代) 타타르라고 불렀던 몽골족이 아니다. 몽골제국의 구육(1246-48)칸의 즉위 때 하라호름에 도착한 프라노 카르피니(Plano Carpini)와, 몽케 칸(1251-1259)의 치세 때 하라호름에 왔던 루부루크(William of Rubruck)의 기록에 의하면, 당시 유럽 사람들은 몽골인들을 포함한 유목민의 총칭으로서 고대 돌궐어인 「타타르」라는 용어를 사용했다. 이것은 몽골 제국의 유목 기마민을 가리키는 명칭으로서 「몽골」이라는 단어보다 먼저 유럽에 전해졌으며, 「지옥(타르탈로스)으로부터 온 자 라는 의미로 탈타르」라는 이름으로 불렀다고 한다. 그러나 이곳 신강에 있는 타타르족은 알타이어족 투르크어군(語群)중의 서북투르크 방언인 타타르어를 쓰는 투르크계민족으로, 이슬람교도이며 주로 이리 카자흐자치구의 이녕시(伊寧市)와 다청(塔城)현에 거주(4천여 명)한다.

이 투르크계민족을 타타르라고 부른 것은 13세기에 유럽 러시아에 침입해온 몽골제국의 군인을 러시아인이 타타르라고 부른 것에서 유래한다. 당시 유럽원정군 총사령관은 칭기즈칸의 손자인 바투(Batu)장군으로 그가 러시아초원에 세운 것이 킵차크 칸국(金帳汗國:Qipchaq)이다. 15세기, 이 킵차크 칸국이 점차 쇠락해지자 볼가강 중류와 카마하(河) 일대에서는 카잔(喀山) 칸국이 출현하였는데, 이 카잔 칸국의 통치자는 자신의 무공을 자랑하기 위하여 자신들을 자칭 몽골인의 후예 타타르(Tatar)인이라 하였다. 그 후 '타타르'는 점차 카잔 칸국과 그 주변 부락 사람들의 명칭으로 되어갔다.

19세기 이후, 제정러시아의 농노제 위기가 날로 심해지면서 농노주들의 토지 약탈은 더욱 심해졌다. 볼가강과 카마하 일대 타타르인들의

토지 또한 대량으로 침탈되자 견딜 수 없었던 이들은 각지로 유랑하게
되었는데, 그중 일부는 서시베리아와 카자흐스탄을 거쳐 신강 북부에
이르렀고, 또 다른 일부는 남하하여 중앙아시아를 거쳐 파미르를 통과
하여 신강 남부로 진입하였다. 이들이 신강타타르족이다.

현재 타타르공화국에 거주하고 있는 타타르는 13세기에 볼가강변에
세운 킵차크 칸국인의 자손으로, 투르크인과 불가리아인과의 혼혈인 카잔
타타르이다.

3) 투르크화한 아리아인 키르기즈족(柯爾克孜 : Kirghiz族)

바자르에서 노래하고
있는 키르기즈 가수

키르기즈(Kirghiz)족은 과거 역사를 내륙아
시아에 새겼던 민족이다. 키르기즈의 뜻은 여
러 설이 있는데, '柯爾克孜'는 40의 복수로 40
개의 부락이라는 설과, '柯爾克'는 40, '克孜'
는 꾸냥(姑孃), 즉 아가씨로 '柯爾克孜'는 40명
의 여인이라는 설, 또 하나는 '초원인(草原人)'
이라는 설이 있다. 그의 선조로 생각되는 유목
민은 기원전부터 시베리아의 예니세이강 상류
에서 살았다고 한다. 한대(漢代)에는 堅昆(견
곤), 당대(唐代)에는 黠戛斯(힐알사─키르기즈) 등으로 기록되어 있고, 8
세기의 돌궐 오르혼 비문에도 Qyrgyz로 기록되어 있다. 이 당대(唐代)에
알려진 키르기즈인의 조상이라는 사람들은 백색의 피부에 녹색의 눈동
자였다고 기록되어 있어, 투르크인종은 아니고 아리아인종 이었던 것
으로 여겨진다. 그러나 오랜 세월동안 투르크계의 흉노와 돌궐의 지배
하에 있었기 때문에 언어도 투루크어를 쓰는 등 뚜렷하게 투르크화 되

어버렸다. 그리하여 다른 투르크계 제민족과 마찬가지로 시베리아 삼림으로부터 내륙아시아의 초원으로 남하하는 동안 이슬람교도로 개종되는 길을 걸었다. 어쨌든 앞서 위구르족 소개에서 말한 것처럼 이들은 9세기에 유목 위구르국의 도시인 오르도바리크에 침입하여 이를 붕괴시킨 부족이다. 13세기 몽골제국시대에는 제 부족들에게 밀려 더욱 서쪽으로 이주하기 시작하고, 16세기에는 카자흐족의 지배하에 들어갔으며 17세기에는 또다시 이주하여 천산산맥의 서부에 정착하였다.

청조(淸朝)는 키르기즈의 일부를 지배하에 두고, 오이라트몽골이 키르기즈에 대해서 부르는 명칭을 따라서 布魯特(부루트: Burut)라고 불렀다. 이것이 지금 중국의 가장 서쪽에 있는 신강위구르자치구 克孜勒蘇柯爾克孜(쿠즈루스 키르기즈)자치주(1954년 7월 성립)에 살고 있는 키르기즈인 5만의 조상이다.

한편, 대부분의 키르기즈족은 우즈베크족 코칸드 칸국의 지배하에 있었지만, 19세기에 제정러시아에 복속되어 소연방으로 있다가 지금은 키르기즈공화국의 주요민족으로 되었다. 근 5백 년 동안 카자흐, 우즈베크 등 다른 유력민족의 지배하에 있던 키르기즈인의 생활은 가난하여 하라 키르기즈(검은 키르기즈. 가난한, 천한 키르기즈) 등으로 불리고 있다. 신강 쿠즈루스의 키르기즈인도 중화인민공화국 성립 이전에는 가축도 토지도 없는 목부(牧夫)로 낡은 막사, 솥 1개, 몇 마리의 양과 모피가 재산의 전부로 쌀이나 밀가루는 먹어보지도 못했다고 한다.

'쿠즈루스'는 천산 남록을 가로질러 이 자치주를 흐르는 쿠즈루스(kuzulsu)강의 이름이다. '쿠즈루'는 붉은, '스'는 물, 즉 붉은 강이라는 의미의 키르기즈어이다. 쿠즈루스의 키르기즈 유목집단은 2집단으로 나뉘는데, 오른쪽 집단(ong)은 쿠즈루스강 남부에 있어 위구르족,

타지크족의 문화를 받아들였으며 이치쿠리크(城안에 사는 사람들)라 불린다. 이것은 3, 4백 년 전에 중앙아시아로부터 이주해온 집단이다. 왼쪽 집단(sol)은 쿠즈루스강 북브의 산중에 살고 있으며, 사이루쿠리크(성밖에 사는 사람들)로 불린다. 이들은 근 수 십년 동안 중앙아시아로부터 이주해온 새로운 집단이다.

4) 오손국의 후손 카자흐족(哈薩克:Kazakh族)

카자흐(哈薩克), 발음이 비슷한 러시아에 있는 코사크족과는 다르다. 한대(漢代)에 천산산맥의 툭쪽에 오손(烏孫)이라는 유목민족이 있었다. 한(漢)왕조 때 서역경영의 길을 연 장건(張騫)은 흉노에 대항하기 위하여 이 오손과의 동맹을 무제(武帝)에게 건의했으며, 무제는 조카딸인 세군(細君)을 오손왕에게 시집보내어 한(漢)과 오손은 깊은 우호 관계가 맺어졌다. 이 오손공주가 몽골족이 생활하는 겔과 같은 반구형 막사에서의 생활을 표현한 노래는 지금도 유명하다. 지금도 천산산맥 이북의 카자흐족들은 이 공주가 노래했던 모든 목축생활을 그대로 영위하고 있으며, 중국에서는 이 오손을 위주로 한 천산북방의 각 유목부족이 오랜 역사의 발전과정에서 융합하여 형성된 것이 카자흐족으로 여기고 있다.

그러나 카자흐라는 이름이 처음으로 등장하는 것은 15세기 중엽부터이다. 우즈베크족 소개에서 말한 것처럼 14세기 무렵 중앙아시아에서 몽골, 투르크, 이란계 유목민이 혼혈되어 우즈베크라는 이름의 부족집단이 탄생하였다. 이 우즈베크 집단 중의 일부가 15세기 중엽에 독립해서 발하시(Balkhash)호로부터 아랄(Aral)해 사이의 대초원인 키르기즈 초원에 카자흐 칸국이라는 유목국가를 세웠다. 투르크어에서 카자흐라는 것은

「부족을 이탈한 자유인」이란 뜻으로, 결국 초원에서 자유를 찾아 유랑 생활하는 자, 이반자라는 의미로 이 유목민 집단을 카자흐라고 하였다.

여기서 한 가지 주의해야 할 것은, 제정러시아시대에 러시아인은 카자흐족을 보통 키르기즈인으로 불렀다는 점이다. 그래서 카자흐인이 유목하던 초원을 지금까지 키르기즈초원이라고 부르고 있는데, 키르기즈족과 구별하기 위해서 제정러시아인은 카자흐족을 키르기즈 카자흐 혹은 카이사쿠라 부르고, 키르기즈족은 카라 키르기즈라고 불렀다. 또한 러시아 코사크 기병의 코사크와 카자흐와는 어원이 같은 말이지만 코사크는 러시아인과 투르크계 및 몽골계 유목민과의 혼혈로 카자흐와는 그 혈통이 다르다. 카자흐족은 인종적으로 볼 때 몽골인과 투르크인과의 혼혈일 가능성이 농후한데, 체형적으로는 순수 몽골인 체형에 가까우며, 언어는 알타이어족 투르크어군의 카자흐어를 쓴다.

한편 15세기 중엽에 우즈베크로부터 독립한 카자흐 칸국은 16세기 초에 3개의 오르다(유목부족집단)로 나뉘었다. 동부의 오르다(Orda)는 발하시(Balkhash)[15]호 일대, 중부 오르다(Orda)는 시루 다리아(Syr Darya)강 중류 이북의 초원, 서부 오르다는 아랄(Aral) 해[16] 일대에 위치하였다. 각 오르다는 세습의 최고 통치자인 칸을 받들고, 그 아래에 씨족장이 있어 각 유목가족군을 지배하는 씨족사회를 형성하고 있었다. 이들 각 씨족은 자신들의 가축임을 표시하는 낙인을 각 씨족의 인장으로 사용하였다. 이들은 철저한 계급사회로 귀족계급

---

15) 카자흐스탄 남동부에 있는 호수, 길이 605km, 폭 74km, 표고 340m, 서부는 얕은 담수이며 동부는 염수이다. 평균 수심은 6m, 11월에 결빙되어 4월에 해빙된다.

16) 중앙아시아에 있는 세계4위의 대염호. 아무 다리아(Amuu Daryaa)와 시루 다리아(Syr Darya)가 흘러들어가나 배수구가 없는 호수.

은 아쿠 수예크(하얀 뼈), 평민을 카라 수예크(검은 뼈)라 불러 구분했는데 이들 사이에는 통혼이 허락되지 않았다. 이 신분을 구별하는 말은 후에 빈부의 계급 차이로 변화되어 카라 수예크는 가난한 사람, 즉 무산계급을 의미하는 말로 변하였다.

16세기부터 19세기까지, 동부 오르다('대 오르다'라고도 부른다)에 속한 카자흐족은 겨울이 되면 신강북부의 쥰가리아초원으로 남하하고, 여름에는 지금의 카자흐스탄의 발하시(Balkhash)호 방면으로 북상하는 유목생활을 하였다. 그러나 동치(同治) 3년(1864년)에 청조와 러시아정부에 의해 이 지역 국경이 획정되어(타르바가타이조약) 카자흐족은 예전처럼 발하시호(Balkhash)와 쥰가리아 사이를 자유로이 오갈 수 없게 되었다. 그리하여 신강주변에서 유목하던 카자흐 제부족은 신강 쥰가리아의 풍요로운 목지에서 살고자 남하하여 신강 카자흐로 되었다. 그때까지 쥰가리아의 패자였던 오이타트 몽골의 쥰가르부는, 이미 18세기에 청조에 멸망되어 산산이 흩어진 상태였으며, 그 뒤 쥰가리아로 들어온 이 카자흐족이 19세기부터 현재에 이르기까지 이 지역의 주요 목축민의 지위를 차지하게 된다. 신강어 들어온 카자흐족은 동부의 오르다와 중부 오르다에 속하는 부족이었다. 그 중에서도 중부 오르다의 키루이 부족과 나이만 부족에 속하는 카자흐족이 가장 많은 수를 차지한다.

현재, 신강위구르자치구 이리카자흐자치주(伊犁哈薩克自治州: 1954년 11월 성립. 주정부는 伊寧市 소재)에 사는 카자흐족 중, 자치주의 동북부인 알타이(阿勒泰)지구와 다청(塔城)지구(타르바가타이 지구)에 사는 자의 대부분은 키루이 부족에 속하는 사람들이며, 자치주의 서북부, 이리강 유역(쿠루쟈 지구, 이른바 이리 지방에 있는 이녕시는 일찍이 쿠루쟈라고 불린 곳으로, 쥰가리아와 서투르키스탄을 잇는 천산북로의 상업 도시로서 번창했던 곳이다. 청조는 러시아에 對한 요충지로서 이곳에 영원성(寧遠城)을 구축하였다)에 거주하는 자의 대부분은 나이만 부족에 속하는 사람들로 그 일부는 다청 지구에도 거주한다. 이리 카자흐 자치주의 행정도시인 이녕시에 사는 대부분은 위구르인이며, 목축을 주 산업으로 하는 카자흐족의 대부분은 알타이, 타르바가타이, 이리의 3지구의 목초지에 살고 있다. 이 3지역 중에서도 알타이의 카자흐는 오로지 목축만으로 살아간 유목민이었다. 이리(伊犁)와 타르바가타이의 카자흐 중에는 한족(漢族)과 회족 등과 잡거하며 정주생활로 들어가 농업에 종사하는 자들도 생겨났다. 또한 카자흐족은 1944년, 국민당 관리의 압제에 반대하여 위구르족과 함께 알타이, 타르바가타이, 이리의 3지구에서 이른바 「3區革命」을 일으켜 소수민족해방 전투에도 참가하였다.

한편, 알타이에서 유목생활을 하던 카자흐족의 일부는, 청말(淸末)부터 쥰가르분지의 동남쪽으로 이동하여 우루무치 서쪽의 무레이(木壘)와 하미 북쪽의 바르쿨(巴里坤)호 근처에서 유목생활을 시작하였다. 지금도 이 2지역에는 카자흐족이 집중되어 있으며 신강위구르자치구 창지(昌吉)회족자치주 무레이(木壘)카자흐자치현(自治縣)과 하미전구(哈密專區) 바르쿨카자흐자치현이라는 2개의 자치현에 속해 있다. 그러나 이 2자치현의 카자흐족은 민국시대의 신강성 주석인 성세재(盛世才)의 압정을 피해서 1933년부터 39년에 걸쳐서 더욱 남쪽으로 이주를 시작하여, 약 3만의 카자흐족이 10만두의 가축을 데리고 신강, 청해(靑海), 감숙(甘肅)의 접경지역으로 들어갔다. 그러나 이 지역은 악명 높은 회족장군 마보방(馬步芳)의 세력권으로 그의 도발을 받았으며 주변의 타민족과의 분쟁을 일으켜 끊임없는 유랑을 계속하였다. 중화인민

어르치스강 주변의 카자흐족 유르트

공화국 성립 후에도 이 지역의 카자흐족은 영수인 우스만의 지휘하에 있으면서 정착할 것을 권유하는 인민해방군의 설득도 받아들이지 않고 오랫동안 유랑생활을 지속했다. 그 생활은 몹시 혹독한 것으로 인구는 2천명, 가축도 7천두로 격감하였다. 그러나 1952년 여름. 그들 속으로 들어간 인민정부의 설득이 성공하여 그들은 마침내 정거목축 생활로의 결단을 내린다. 53년 3월에 난주에서 감숙, 청해, 신강 변경의 카자흐족 영수들이 모여 합의하여, 다음 해인 54년 4월에 그때까지 카자흐족이 유랑하고 있던 곳인 감숙성 주천(酒泉)專區 아커사이(阿克塞)카자흐족자치현이 성립되었고, 살아남은 2천 명 중에 희망자는 정부의 도움으로 신강으로 돌아갔다.

하나스 호수 입구에서 만난 카자흐 목민 일가

① 사회와 문화·카자흐 목축민은 비교적 잘 짜여진 씨족조직을 갖고 있다. 카자흐족 목민은 결혼하면 독립하여 1가족을 만드는데 몽골족의 겔과 거의 같은 형태인 펠트를 둘

러친 막사(氈房, 유르트)에서 산다. 여름에는 유목용 집인 이러한 유르트에서 지내지만, 추운 겨울에는 대부분 흙으로 덮은 방한 목조 집에서 지내는 경우가 많다. 이러한 가족 10~20호 정도가 모인 것을 '아울(阿吾勒,Awul)'이라고 하는데 이 유목 가족군이 유목의 기본 단위이며, 아울 중에서 가축을 가장 많이 가지고 있는 부자가 아울의 우두머리가 된다. 그러나 이 '아울'이란 것은 몇몇 유목 유르트가 모여서 된 단순한 '유목 촌락'은 아니고, 모두가 혈연관계로 맺어진 친인척 관계의 소집단이다. 때문에 '아울'은 실질적인 카자흐족의 가장 작은 사회조직인 셈이다.

카자흐 유목 가족군(아울)

이러한 '아울'이 여러 개 모여 하나의 '아이막(씨족)'을 형성하고, 이 아이막이 여러 개 모인 것이 '오르다(부족)'이며, 이 오르다가 여럿 모인 부족연맹을 '일(이리(伊犁))'라고 부른다. 이러한 유목민의 구조는 수천 년 전인 흉노 시대부터 있어 왔던 유목사회의 전통적인 사회구조이다.

1206년, 몽골고원에서 자신들의 영민(우루스)을 가진 유목부족장들의 추대로 최고 군주가 된 칭기즈칸은 이러한 몽골고원의 전 오르다를 통합하여 몽골제국을 세운 것으로 보면 된다. 그러나 아무리 막강한 권력을 가진 칭기즈칸이라 하더라도 자신의 소유 하에 있는 영민 이외의 다른 영주의 영민에 직접 지배권을 행사할 수 있는 것은 아니었다. 그

는 몽골제국내의 모든 오르다를 해체해서 새롭게 천인대, 백인대로 재
편성한 것이 아니라 원래 있었던 유목집단의 수장으로 천인장, 백인장
등의 등급을 메겨준 것뿐이다. 칭기즈칸이 임명한 이러한 만인장, 천인
장, 백인장 등의 신분은 궁정의 석차였다고 생각해도 좋을 것이다. 여
진족이 건국한 금(金)왕조에 있었던 맹안·모극제라는 것도 맹안은 천
인장(만주어로 1,000은 mingan), 모극은 백인장이다. 대략 천인장이
이끄는 천인대라는 단위는 전시에 천명의 병력을 공출할 수 있는 집단
이다. 유목민들은 정복전쟁을 나가기 전에 반드시 대집회를 열어 각 단
위마다 징발하는 병사의 수를 결정하며 승리 시에는 그 숫자의 크기만
큼 전리품을 분배받을 권리를 갖는다. 이 같은 등급은 마치 주식 같은
것으로 패전했을 경우에는 그 만큼 손실도 큰 것이다.

초원과 구름과 양 떼

② 양과 말—이들은 3000년 동안
'말위에서의 철새' 생활을 영위해 왔다
고 하는 유목민으로 목축 재능이 매우
뛰어나다. 양의 품종도 여러 번 개량
하였는데, 신강 세모양(細毛羊)은 코
카사스종을 父系로 하고 카자흐종,
몽골종을 母系로 해서 1934년 무렵
부터 카자흐족 목민이 거듭 개량해서
만든 종자로, 1954년에 품종이 고정된 이래 육질과 모질이 뛰어난 羊
으로서 중국 전역에서 사육되고 있다.

카자흐족이 기르는 말도 이리마라고 불리는 名馬이다. 남녀 모두 기
마술이 뛰어난데 특히 말 탄 처녀가 채찍을 휘두르며 말 탄 총각을 쫓

는 놀이인 「고르고스(漢人은 '姑孃追'라 부른다)」와 조양(ㅋ羊)이라고
해서 포박한 양을 말 탄 젊은이들이 서로 빼앗는 놀이 등을 하면서 기
마술을 연마한다고 한다.

　카자흐 목민의 봄, 여름의 주식은 여느 유목민과 마찬가지로 유제품과
양고기이지만 가을, 겨울은 말의 창자에 여러 조미료를 섞은 말고기를
채워서 훈제한 소시지(漢族은 이것을 '馬腸'이라 부른다)를 먹는다. 음
료로는 몽골초원에서처럼 마유주(馬乳酒)가 유명하다. 이것은 말 젖을
통이나 가죽 부대에 넣고(약간의 유산균 첨가), 여러 날 계속해서 찧고
저어서 발효시키면 일종의 막걸리 같은 술이 되는 것이다. 술이라고는
하지만 알코올 성분은 희박하고, 유당(乳糖)을 알코올로 전환시킨 음료
이기 때문에 유당분해효소가 부족한 어른에게는 소화흡수에 좋은 영양

음료이다. 우리나라에서 파는 유산균발
효유 같은 것인데 맛이 담백하고 약간
시큼한 맛이 나는 것이 특징이다. 또 위
구르족과 마찬가지로 낭이라는 빵과 '피
라우'라는 볶음밥도 즐겨 먹는다.

③ 종교―이슬람교를 믿어왔지만 유목으
로 지내온 민족이기 때문에 사원은 가지
지 않는다. 위구르족의 '아훙'에 해당하
는 이슬람교 담당자는 '무아라'(muala-
독서인의 뜻)라 부른다. 이 '무아라'와
'비아라'라 불리는 법관과 씨족부족조직
의 長의 3者가 카자흐 사회의 지배계

전통복장을 하고 한껏 멋을 낸
아름다운 카자흐 여인

급을 형성한다. 그러나 무아라는 위구르의 아훙과 같은 높은 지위는 아니다. 법에 있어서도 본래의 이슬람법인 「샤리아」를 따르지 않고 각 민족 저마다의 역사와 습관에 근거한 관습법인 '아다트'에 근거하고 있다. 게다가 카자흐족의 조상 대대로 믿어왔던 샤머니즘의 유습도 뿌리 깊게 남아 있어 환자가 발생하면 '바쿠사'라는 무의(巫医)에게 보이는 것이 보통이다. 또한, 이슬람교도이기 때문에 결혼한 여성은 하얀 두 건으로 머리를 감싸는 습관이 있다.

5) 투르크·이슬람전사의 후손 우즈베크족(烏孜別克族:Uzbek)

우즈베크(Uzbek)족은 본래 중앙아시아의 시루 다리아(Syr Darya) 유역, 훼르가나(Ferghna), 부하라(Bukhara), 히바(Khiva) 지방에 주로 살던 투르크계 민족으로, 언어는 투르크어에 속하는 우즈베크(Uzbek)어를 사용하며 종교는 이슬람교(수니파)를 믿는다. 총인구의 9할이 우즈베크공화국에 살며 나머지는 카자흐, 키르기즈공화국과 신강에 소수가 살고 있다.

15세기 중엽, 킵차크(Qipchaq) 칸국의 붕괴를 전후해서 그 일족이었던 샤이바니(Shaibaanii) 왕조가 아랄(Aral)해 북방 초원에서 일어났다. 이 왕조의 실제 건설자는 아불 하이르 칸(Abuual-Khair Khan: 1413~69)으로 그의 후손인 무하가드 샤이바니(재위:1505~10) 때에 티무르(Timur)朝에 지배된 서투르키스탄에 침입하여 1500년, 부하라(Bukhara) 및 사마르칸드(Samarqand)를 함락시키고 우즈베크 국가인 샤이바니(Shaibaanii)朝를 건설하였다. 이 왕조에 속하여 투르크화된 몽골족 또한 우즈베크로 칭해지는데, 실제 이 시기의 우즈베크족은 이미 몽골제국시대인 14세기 무렵부터 이 지역을 지배했던 킵차크몽골인과 기존의 투르크인, 이란인의 혼혈이었다. 유목민 전사 집단의 혼혈로 형성된 이 우즈베크족은 그 어느 민족보다도 골격이 건장하고 상무정신이 강한 민족적 기질을 갖고 있다.

우즈베크라는 명칭은 14세기 중엽, 중앙아시아를 지배한 킵차크칸국의 전성시대의 지배자인 우즈베크 칸(元史에는 '月卽別', '月祖伯'으로 표기)의 이름에서 유래하였다.

샤이바니(Shaibaanii)朝가 멸망하자 주권은 쟌(Jaan)家, 즉 아스트라한(Astrakhan-카스피해 북서쪽 볼가(Volga)강 삼각주 위의 도시)朝로 넘어갔으며 이들은 1599~1785년에 걸쳐 부하라(Bukhara)를 수도로 하는 부하라 칸국을 건설하였다. 부하라 칸국의 주권은 1785년부터는 동족인 망기트(Mangit)家로 넘어가고, 1866년에는 러시아 제국의 보호 하에 들어갔다가 1920년 러시아 혁명에 의해 멸망하였다. 이 부하라 칸국 외에 우즈베크족은 또 아무 다리아(Amuu Daryaa) 유역에 히바(Khiva: 1512~1920)칸국을, 훼르가나(Ferghna) 지방에 코칸드 칸국을 건설하였는데 이들이 우즈베크족의 3칸국이다.

우즈베크족은 16세기 중엽부터 중앙아시아의 역사를 움직이는 주역으로 두각을 나타내기 시작하여 코칸드 칸국, 부하라 칸국(부하라, 사마르칸드를 지배), 히바 칸국이라는 중앙아시아의 3주요국의 지배민족으로 되었다. 이 우즈베크 3국이 곧바로 지금의 우즈베크공화국 땅으로 우즈베크인의 대부분은 여기에 살고 있다.

러시아혁명 이후에는 모두 우즈베크족이라 불렀으나 이들의 내부를 살펴보면 크게 2부류로 나눌 수 있다. 하나는 목축과 농경에 종사하는 반유목의 우즈베크인으로 여기에는 망기트(Mangit), 키타이(Kitai), 궁구라트, 킵차크 등의 부족이며, 다른 하나는 타슈겐트, 훼르가나(Ferghna)

등의 도시에 살면서 농경과 수공업과 상업에 종사한 이란계 정주 투르크 계통의 우즈베크인(이들을 사르트(Sart)라 부른다)이다. 여기에서 말한 후자의 사르트 우즈베크인들은 장사하러 신강에까지 왔으며 그 중의 일부 후손들이 신강(新疆)에 살고 있다(1만 3천여 명). 주요 거주지는 신강위구르자치구 서북부의 이리 카자흐자치주 이녕시와 카슈가르 (Kashgar) 지역이다. 이들은 주로 16세기부터 17세기에 걸쳐 부하라, 사마르칸드 등지로부터 '실크로드'를 통해서 신강에 온 우즈베크 대상인들로 신강의 야르칸드(葉爾羌, Yarkand-동투르키스탄의 오아시스 도시)을 중심지로 하여 비단, 찻잎, 자기(瓷器), 가죽, 대황과 각종 토산품들을 아이템으로 중계무역을 통해 막대한 이익을 남겼던 사람들이다. 일부는 '악수(阿克蘇, Aksu)', 투루판을 거쳐 감숙(酒泉)에까지 이르렀다. 이 때 왔던 우즈베크상인들 중 일부는 신강의 몇몇 도시에 머물러 살기 시작하였으며 해마다 점차 그 숫자가 늘어났다. 더욱이 18세기 중엽 준가르가 평정된 후에는 카슈가르, 야르칸드, 악수 외의 남강의 다른 도시와 북강의 도시에까지 정주 우즈베크인들이 확대되어 갔다.

19세기 중엽 이전까지 우즈베크인의 다수는 이렇듯 상업에 종사하였다: 일부는 대상인단을 조직하여 수백 마리의 낙타와 노새와 말에 물건을 싣고 중앙아시아와 신강을 오가며 비단, 차, 자기 외에 가축이나 농, 축산품을 판매하였다.

여기서 우리가 생각해 보아야 할 문제 중의 하나가 바로 이 중국의 특산물인 비단, 찻잎과 도자기에 대해서이다. 우리는 별 큰 의미 없이 이 우즈베크인이나 위구르인들이 이러한 중국의 산물을 비단길을 통해 중계무역을 했다고 하나, 사실 알고 보면 이러한 중국의 비단이나 우롱차(烏龍茶), 도자기 등의 특산물들이 동양의 역사를 바꿔 놓은 원인(遠因)이다.

여기 소개하는 글은 "중국포럼"이란 학회모임에서 김문 선생이 보내준 '강대국 중국의 조건'이란 제목의 글(중국전문가가 써 잡지에 발표한 글)로 중국 청 왕조의 멸망을 차와 도자기에 빗대어 쓴 글의 일부 인용이다. 필자는 개인적으로 최근 KBS에서 방영했던 Documentary《도자기》의 구성과 내용에 매료되어 깊이 공감한바 있다. 그런 맥락에서 '강대국 중국의 조건'의 기사를 '도자기'에 비유하여 그 일부를 간추려 소개한다.

"청 시대 중국은 세계시장을 석권하던 세계 일류 상품이 두 가지가 있었다. 바로 도자기와 차(茶)이다. 공교롭게 청조의 몰락은 세계시장에서 최고의 위치를 차지하던 도자기와 차 상품의 퇴조와 같은 시기에 이루어진다. 강대국 청조의 흥망의 사이클과 세계 시장 일류상품의 흥망의 싸이클이 범상치 않은 닮은꼴을 보인다.

중국이 강대국이었던 시절 세계시장을 석권하였던 일류상품으로 비단, 도자기, 차가 있었다. 그 중 비교적 가까운 과거까지 세계시장에서 독보적인 정상의 위치를 고수하던 상품이 도자기와 차이다. 이들 상품이 세계시장에서 누리던 영화와 쇠락에 대해 살펴보면 강대국에서 졸지에 후진국으로 추락한 중국의 흥망이 필연적이었다는 느낌을 지울 수가 없다.

세계시장에서 중국 도자기가 명성을 얻은 것은 무척 오랜 이야기다. 육로 실크로드로 운송된 중국산 비단으로 로마의 일반시민까지 옷을 입었던 시절이 있었다. 그때도 중국산 도자기는 유명했다. 그러나 도자기란 상품이 육로로 운송하기에는 너무 무겁고 깨지기 쉬운 물건이었기 때문에 그 수출량이 그리 많지 않았다.

이후 복건성 천주(泉州)에서 중동으로 가는 해로 + 중동 육로 + 지중해 해로 또는 유럽 육로의 복합 운송으로 중국산 도자기는 조금

더 많이 유럽으로 수출이 되었다. 14세기 중국산 도자기의 가격은 동일 중량의 금값과 비슷했다고 한다. 그러나 중국산 도자기가 본격적으로 세계시장을 주름잡던 것은 16세기 대항해 시대가 도래 하여 해상 실크로드가 본격적으로 열린 뒤이다. 이 덕분에 중국 도자기는 매년 20만점이 넘는 대량 물량이 유럽으로 수출을 할 수 있게 되었다. 하지만 간과해서는 안 될 점이 이런 대형수출시장의 탄생이 중국의 노력으로 이루어지지 않았다는 점이다.

도자기를 연구하는 학자 분들은 도자기 교역에 대해 생산자 중심 시각의 역사 서술을 한다. 그들의 혜석을 동의하다보면 고급기술로 고급 생산품을 만들 수 있으면 당연히 시장에서 성공을 하고 큰돈을 벌 것 같다. 그러나 비즈니스를 하는 분들의 시각이라면 이런 고가제품이 엄청난 규모의 시장을 만들었던 사실에 대해 그렇게 일방적인 접근을 할 수 없다. 이러한 황금 시장이 형성된 데에는 고급기호품을 생산한 첨단기술도 있어야 했지만 이런 고가품을 왕성하게 소비할 수 있는 부유 소비층이 든든해야 한다. 그리고 이 둘을 연결할 수 있는 수완 좋은 유통이 있어야 한다. 중국 도자기가 아무리 뛰어났어도 이 비싼 상품을 왕성하게 소비해 줄 유럽의 왕족, 귀족, 신흥 중산층이 없었다면 이런 대형 고수익 시장은 형성되지 못했을 것이다. 또한 험난한 해로를 개척했던 진취적인 유통업자들이 없었다면 이 시장은 그렇게 대형화되지 못했을 것이다.

서유럽에서 중동을 더 이상 거치지 않고 아프리카 희망봉을 돌아 중국으로 연결되는 대항해 시대를 연 것은 포르투갈과 스페인이었다. 중동을 거치는 운송 루트에서는 유럽 서쪽 끝에 있던 포르투갈과 스페인이 유럽의 종착지(끝자락)가 되지만, 대항해 시대를 개척하고 난 후로 포르투갈과 스페인이 유럽의 입구가 되었고 유럽의 무역을 주도하였다.

그런데 유럽 북쪽 해안에 있는 네덜란드가 다시 이 유럽 무역의 주도권을 암스테르담으로 가져온다. 네덜란드의 이런 위치는 저절로 굴러 떨어진 것은 아니다. 포르투갈과 스페인이 항로를 비밀로 하였기에 네덜란드는 1595년 4월 네 척의 선단으로 또다시 되풀이되는 모험을 해야 했다. 이 선단은 1596년 6월 자바 섬의 반탐에 도착하였다. 편도 14개월의 항해였다. 1597년 8월 네덜란드로 귀환했을 때 240명의 선원 중 무사 귀환한 선원은 87명 뿐 이었다. 또한 이 항로에서의 주도권 경쟁에서 스페인 선단과 포르투갈 선단과의 무력 충돌도 자주 있었다. 이런 간난신고 끝에 네덜란드는 유럽 도자기 시장에서 가장 경쟁력 있는 공급자가 되었다.

그에 비해 중국은 가장 경쟁력 있는 생산자였을 뿐이었다. 그들은 세계시장에서 언젠가 그들을 추월할 경쟁자가 나타나 그들이 이류의 자리로 밀려날 것을 염두에 두지 않았다. 15세기 명조가 대외무역을 금지한 때가 있었다. 비즈니스 면에서 볼 때 전혀 자격을 갖춘 공급자가 아니다. 중국은 그저 무책임한 생산자였다. 아라비아 상인들은 이때 공급을 포기하지 않고 베트남 청화백자를 대체 상품으로 개발해 시장에 공급을 했다. 당시 고급 도자기를 생산할 수 있는 나라는 중국 외에 조선과 베트남뿐이었다. 17세기 명조가 청조로 바뀌던 혼란기 중국산 도자기는 다시 공급이 중단되었다. 이때는 네덜란드 동인도 회사가 다시 대체 상품으로 일본산 도자기를 유럽에 공급했다.

일본은 조선과의 전쟁에서 조선의 도자기 기술을 약탈해 갔기 때문에 이 절호의 기회를 살려 세계 일류 도자기 생산국이 되었다. 우리로서는 원통한 일이지만 조선의 도자기 기술이 계속 한반도에 남아 있었다고 하더라도 우리 도자기가 그 기회를 통해 세계 일류 제품으로 성공했었을까?
하는 질문에는 100% Yes라고 할 수 없다. 그것은 조선 정부의 反 개방
성향과 조선 도자기가 조선 시장에서 그저 그런 대접을 받았기 때문이다.

일본은 이미 고정적인 대유럽 교역을 시작한 상태이고 일본에서 도자
기는 유럽에서와 마찬가지로 거의 보석에 가까운 귀중한 상품으로 대접
받았기 때문이다. 요즘 표현으로 소위 내수시장이 뒷받침을 해주고 있었
다. 또한 당시 유럽 시장에서 요구하던 도자기는 OEM 상품에 가까웠
다. 유럽의 각 영주들이 자신들의 문장을 도자기에 새겨 넣어 줄 것을
요구하였다. 당연히 디자인에 대한 특별한 주문사항도 많았다. 조선이
유럽 왕족, 귀족의 주문에 맞추어 그들 취향의 도자기를 생산해서 적극
적인 교역을 할 수 있었을까? 확실히 자신 있는 대답을 할 수가 없다.

중국이 도자기 세계 최고 기술을 자신하며 안이함에 안주해 있을 때
공급자와 소비시장에는 치열한 전쟁이 일어난다. 아시아-유럽 해운 경
쟁에 유럽의 각 국들이 속속 가담한다. 그들은 운송기간을 단축시키기
위해 초고속 범선 개발에 혼신의 힘을 쏟았다. 그들 각 국 초고속 상선
들은 항해 도중 서로 만나면 무력 충돌이 일어나곤 했기 때문에 무장에
도 힘을 쏟았다. 그런 배경을 통하여 초고속 전함이 탄생을 하게 되었
고 이 초고속 전함들은 청조 중국을 멸망시킨 가공할 파괴력이 되었다.

중국이 안이한 생산자의 위치에서 벗어나 좀더 세계시장을 리드하려
는 진정한 시장지배자의 위치로 성장하려는 의욕이 있었다면 청조 중
국은 그렇게 허무하게 무너지지 않았을 것이다. 역사의 결과는 너무 비
참하다. 건륭제가 죽은 1799년 이후 고작 40년 뒤에 아편전쟁이 발생
했고, 유럽 각 국은 새로운 화력의 전투에서 중국이 종이호랑이라는 것
을 알아채고 중국을 어떻게 요리해 먹을까 궁리를 하기 시작했다. 건륭

제가 죽은 뒤 60년 후에는 서태후가 실권을 잡는다. 서태후는 경덕진의 중국산 도자기가 의미하는 진정한 가치를 몰랐다. 그녀는 프랑스가 제조한 로코코 풍의 세브르 도자기를 좋아해 수입을 하였다. 서태후는 전함을 만들기 위한 해군 예산을 전용해 이화원을 증축했다. 현재 중국 인민공화국 정부는 이 이화원의 별궁들을 외국인 사업자들에게 임대를 주고 임대수익을 받고 있다고 한다.

이후 세계 도자기 시장은 영국산 본차이나가 석권을 한다. Bone china는 송아지 뼛가루를 고령토에 섞어 좀더 질기고 얇고 가벼운 도자기를 만들어낸 개량품이다. 영국이 이 본차이나를 신흥중산층의 기호에 맞게 만들어 세계 시장을 석권했다. 유럽에서 China는 중국이란 국가를 뜻하지만 china는 도자기의 다른 이름이다. china는 도자기＝중국이라는 명칭이 된 것이다. 그런데 그 china란 이름은 이제 영국 도자기의 영광을 상징하는 상표의 일부가 되었다. 이제 중국에서 만든 본차이나는 이류제품으로 취급받고 있다. 그리고 아직 중국 도자기가 일류상품으로 재도약할 가능성은 찾을 수 없다.

중국이 안이한 생산자의 위치에 만족치 않고 시장지배자의 꿈을 꾸며 공급자의 경쟁 대열에 합류했더라면 중국도 고속 전함을 보유할 수 있었을 것이고 그렇게 무참히 유럽의 초고속 전함에 유린당하지 않았을 것이다. 중국이 소비자와 직접 접촉하려고 노력했으면 독일의 마이센에서 프랑스, 영국, 네덜란드 등등 유럽 각 지역에서 필사적으로 고급도자기를 생산하려고 노력했던 사실을 알고 스스로 상품 경쟁력을 높이기 위해 더 많은 노력을 했을 것이며 그렇게 허무하게 이류상품으로 몰락하지 않았을 것이다. 세계시장을 지배하는 일류상품의 성쇠는 무엇이 그 핵심일까? 그 핵심이 강대국의 조건에 많은 시사를 준다.

도자기 경쟁 뿐 아니라 국가 경쟁도 마찬가지이다. 지구상의 모든 국가가 서로 경쟁 관계에 있다는 사실을 외면하고, 홀로 내 방식대로 살겠다는 폐쇄적인 태도는 어느 날 주위 국가들의 국력이 자신을 추월했을 때 즉시 몰락으로 추락한다.

청조 중국의 어리석음은 그들이 도자기를 팔아 쉬운 돈벌이에 취해 있을 때 돈을 싸들고 찾아와 도자기를 팔아달라고 통사정을 하던 유럽의 단골 바이어들이 곧 정복자로 성장한다는 것을 모르고 오히려 그들의 성장을 부채질했다는 점이다. 유럽 열강들은 전쟁과 같은 치열한 경쟁 속에서 초고속 범선을 탄생시켰고, 결국 고속 전함을 만들어 자신들의 심장에 창을 꽂을 때까지 청조 중국은 많은 초고속 범선의 출현을 더 많은 돈벌이로만 판단하고 흐뭇해하고 있었다. 결국 청조 중국의 몰락은 상당 몫은 그들 스스로 자초한 것이었다."

어릴 적 너무 흔하여 아무데나 굴러다니며 개밥그릇이나 요강으로 쓰이던 사기그릇이 한 국가의 운명을 바꿔놓을 만큼의 주요인으로 작용했다니, 생각해보면 할수록 섬뜩하면서도 흥미있는 시사점을 던져주고 있다는 생각이 든다.

다시 이야기를 앞으로 돌려, 19세기 말에 카슈가르 칸국을 세운 야굽 벡도 코칸드(Kokand)칸국의 장군이었다. 근대 중앙아시아에서는 우즈베크인이 군인을 총괄하는 무인으로서 큰 영향력을 행사했는데, 야굽 벡은 타슈켄트에서 러시아군과 싸운 경험이 있어 후에 영국과 손을 잡을 수 있었다. 1차 세계대전의 원인이었던 제국주의 열강들의 식민지 개척의 손길이 여기까지 뻗쳤던 것으로, 러시아의 남하를 저지키 위한 영국과 코칸드 칸국의 야굽 벡과의 이해관계가 맞아 떨어졌던 것이다.

6) 신강으로 온 만주족─시보족(錫伯:Sibo族)

시보족은 만주족의 한 갈래로 원래는 지금의 내몽골의 눈강 하류와 길림성 지역(송화강 중류)에서 생활하였다. 그러나 이들이 본래 만주족이었는지에는 의문이 있다. 『청사간편(淸史簡編)』의 내용을 보면 누루하치가 한창 세력을 주변으로 뻗어나갈 때인 만력(万力) 21년 (1593), 고랄산(古埒山)에서 벌어진 몽골세력 9부연합군과의 전투에서 시보족은 연합군측(후룬 4부)에 가담하고 있다. 이 전투에서 후금군이 승리하여 이후 하다(哈達-Hada), 우라(烏拉-Ula), 호이화(輝發-Hoifa), 커르친, 시보 등의 제 부족들이 후금에 굴복하는 장면을 볼 수 있는데, 아마도 시보족은 본래 몽골계에 가까웠던 것으로 판단되나 전투에서 패해 복속되면서 이후 만주족화 된 것이 아닌가 생각된다.

이곳 시보족의 대부분은 18세기 청의 건륭(乾隆). 가경(嘉慶) 연간에 신강 수비군단의 일원으로 이리지방으로 왔다가 그대로 그곳을 제2의 고향으로 삼고 눌러앉게 된 주둔군과 그 식솔들의 자손이다. 때문에 지금도 자신 고유의 시보어 즉, 만주어의 한 방언을 사용하며 표기도 만주문자를 쓰고 만주문자로 시보어의 신문도 찍어내고 있다. 그러나 인구가 적고(중국 전체 172,847, 그 중 신강에 약 3만 3천, 그 중 伊犁에 2만9천 거주─1990년) 주위에는 다수의 한족과 위구르족이 있기 때문에 한어와 위구르어를 사용하는 경우가 많다. 대부분은 주로 신강위구르자치구 이리카자흐자치주챠부찰(察布查爾) 시보족자치현(1954년 3월 25일 성립)에 살고 있다.

18세기 중엽, 청조는 준가르와 대, 소 호자(和卓)의 난을 평정하고 이 서북 변경의 방어를 공고히 하기위하여 동북의 제 소수민족들을 신강으로 이주시켰다(시보족의 이주사에 대해서는 앞의 1부에서 소개).

중국 현대사에서 국민당군의 추격을 피해 정강산을 출발하여 1년여에 걸쳐 2만5천리를 장정한 홍군(紅軍)처럼, 이들 또한 1년여에 걸쳐 산 넘고 물 건너 비바람 맞아 가면서 몽골 사막과 초원을 횡단하여 천신만고 끝에 이곳 서북변경에 이르렀다. 청조의 통치계급은 시보족을 비롯한 모든 동북의 소수민족들을 므두 몽고팔기와 만주팔기에 편입시켰는데, 그 목적은 이들을 팔기에 편입시켜 각지로 분산시킴으로써 청조에 대한 저항 역량과 내부의 단결을 막고자 함이었다. 그로 인해 시보족은 고향인 동북에 거주하지 못ㅎ고 저 멀리 운남이나 이곳 신강에까지 오게 되었다. 이곳 챠부찰의 시보족은 8백~1천호 정도의 집단을 솜(佐)이라 부르고 각 솜에는 1명의 장(長), 즉 좌령(佐領)을 두어 청조의 군사, 행정조직 형태를 그대로 보존하고 있다. 결국 이 곳의 시보족은 청군(淸軍)의 일원으로(변방방어와 둔전개간의 목적) 이곳으로 오게 되었으며, 청조로부터 챠부찰의 양호한 농지를 지급받아 이곳에 정착하여 기인(旗人)으로서의 지위를 갖고 독자의 문화를 유지하면서 농업에 종사하였다.

7) 초원의 영웅의 자손- 몽골(Mongol)족

　신강 내의 몽골족은 모두 151,976명(1994년)으로 주요 분포지는 바인궈렁(巴音郭楞)몽고자치주(4만3천), 버르타라(博爾塔拉)몽고자치주(2만6천), 허부커샐(和布克賽爾)몽고자치기현(1만6천) 등 3지역이다. 이들은 거의 오이라트몽골족의 후예들이다.

　'蒙古'(한자음은 '몽고'이나 자신들은 '몽골'이라 한다. 史書에는 '蒙瓦', '萌古'로도 기록)는 몽골족 자칭(自稱)이다. 본래는 몽골 제(諸)부락 중 한 부락명(名)이었으나 역사의 발전에 따라 공동 명칭으로 되었다. 문헌의 기록에 따르면, 몽골족은 동호(東胡)계통으로 실위(室韋)부락의 한 지류가 발전한 것이라 한다. 대략 서기 7세기 이전에 이미 에르구네(額爾古納)강 일대에 살았으며, 후에는 서쪽으로 이주하여 오논(鄂嫩)강 상류 헨티산과 헤를렌(克魯倫)강 일대로 옮겨갔다. 12세기에는 더욱 확대되어 오논강, 헤를렌강, 톨강 상류와 헨티산 이동(以東)일대의 여러 부락으로 분산되

그림 같은 몽골 초원의 겔

었으며, 이때 이미 타타르, 메르키드, 나이만, 케레이드, 옹구드 등의 제 부족과 각축을 벌인다. 결국 이들 제 부족은 1206년 몽골족 출신인 테무친(칭기스칸)에 의해 '몽골족'으로 흡수통일 되었다.

아름다운 초원의 겔 앞에서 마두금을 연주하는 악사와 노래하는 몽골족 여인

우리가 신강의 준가르에 대해 보다 잘 이해하기 위해서는 12세기부터 18세기 청군(淸軍)에 의해서 준가르몽골이 망할 때까지의 '몽골사'와 신강의 제반사항에 대한 기본적인 지식을 갖고 있어야 한다. 일례로 1199년 케레이드(Kereyid)의 옹

칸과 테무친이 연합하여 지금의 신강위구르자치구의 북부에 있던 나이만의 부이룩 칸을 토벌한 사건이라든가, 대 칸위(位)에 오른 후인 1209년 봄, 칭기즈칸(Chinggis Khan)이 군대를 끌고가 서하(西夏)를 항복시키자, 그때까지 서하에 복속되었던 천산위구르왕국도 서하의 총독을 죽이고 몽골 측에 복속한 사건. 이후 몽골군의 중앙아시아 원정과 유럽원정, 차가타이(Chaghatai) 칸 국과 준가르의 동투르키스탄 지배 등등, 몽골과 준가르지역의 관계는 역사적으로 매우 깊은 관련을 맺고 있다. 그러나 짧은 시간 내에 이 복잡하고 지루한 몽골사와 유목에 대한 개념이나 용어를 이해하기란 쉽지 않다. 때문에 여기서는 우선 개략적인 몽골사와 유목의 구조, 몽골군단, 몽골말에 대한 기본 지식에 대해 간략하게 설명한다.

① 몽골帝國의 성립

테무친, 후의 칭기즈칸은 1162년(一說에는 1155년)에 몽골초원의 동북부에 있는 헨티(Kentei) 산맥중의 오논강, 헤를렌(Kerulen)강, 톨(Tuula)강의 원류지역에서 몽골部族의 부족장 집안에서 태어났다. 당

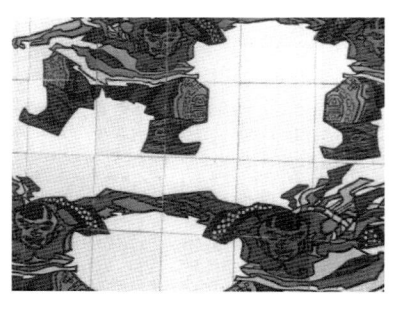

시 몽골고원에는 東에서 西로 타타르, 케레이드(Kereyid), 나이만(Naiman)의 유력한 부족이 있었는데 몽골부족은 케레이드족과 동맹관계에 있었다. 케레이트드 北, 세렝게강 유역에는 또 하나의 대집단인 메르키드(Merkid)가 있었다. 이중에

몽골의 씨름(버흐) 선수들

서 케레이드와 나이만은 네스토리우스파 크리스트교를 신앙하고 있던 것으로 알려지고 있다. 타타르의 동쪽에는 요(遼)를 무너뜨리고 동북아시아의 패자가 된 퉁구스계의 금(金)이 있고, 그 남쪽에는 漢민족의 송(宋)이 있었다. 케레이드 남쪽에는 티베트계로 여겨지는 탕구드(西夏:Tanggud)가 있고 그 南에는 티베트가 있었다. 나이만의 남쪽에는 위구르가 있고 西에는 요의 왕족이 세운 카라키타이(西遼:Khara Kitai)가 있고, 좀더 그 서쪽에는 이슬람교도 투르크인이 지배하는 호라즘 제국이 있었다. 테무진은 처음에는 케레이드의 옹 칸(翁罕)에 협력하면서 두각을 나타내다가 후에는 그와 대립하여 무너뜨리고, 이어서

메르키드, 타타르, 나이만도 멸망시켜 몽골고원의 제 부족을 통일한 1206년, 오논강 상류에서 소집한 쿠릴타이(부족대표자회의)에서 칭기즈칸으로서 즉위했다. 이때, 즉위식 자리에서 선포한 칭기즈칸의 기개가 돋보이는 명문의 취임사가 있다.

마두금과 가수

"영원한 하늘의 명령이다. 하늘에는 영원한 유일의 천신(天神)이 있고, 땅에는 유일한 군주인 칭기즈칸이 있다. 이것은 너희들에게 전하는 말이다. 나의 명령을 지상의 모든 곳, 모든 사람에게, 말발굽이 이르고 배가 닿고 사자(使者)와 편지가 이를 수 있는 곳의 모든 사람들에게 들어 알게 하라. 나의 명령을 들어 알고 따르지 않는 자는 눈이 있어도 보지 못할 것이요, 손이 있어도 만지지 못할 것이며, 발이 있어도 걷지 못할 것이니라. 이것은 영원한 하늘의 명령이다"

실로 대륙의 패자다운 일갈이다. 이 천명(天命)에 의해서 세계정복에 나선 몽골군은, 무조건 항복하지 않는 자는 하늘의 명령에 거역하는 극악한 자이며 극악한 자를 죽이는 것은 하늘에 대한 신성한 의무를 행하는 것으로 여겼다.

칭기즈칸은 즉위 후, 우선 남방의 서하(西夏)를 공격하여 복종시키고 이어서 1211년 金으로의 공격을 시작하였다. 금이 북경(中都)을 버리고 남경으로 옮기자 이곳을 점령했다(1215년). 그 후 서방에의 정복전쟁으로 옮겨 1218년 카라키타이(서요)를 멸망시켰다. 이어서 투르크계 이슬람교도국인 호라즘(지금의 우즈베키스탄과 이란 일대)과의 전쟁이 1219년부터 1225년까지 계속되었는데, 이때의 중앙아시아원정에서 서투르키스탄의 諸 도시는 남김없이 파괴되었다. 호라즘 제국을 멸망시킨 후 칭기즈칸은 몽골로 돌아와, 이번에는 서하로의 공격을 재개하여 1227년 서하를 완전히 멸망시켰다. 몽골諸族을 통일하고 주변의 諸國을 정복한 칭기즈칸은 그해, 그 돌두하던 싸움에서 생애를 마감한다.

② 몽골 기마군단의 우수성

활 쏘는 몽골 노인

그러면 칭기즈칸이 지도한 군단이 그토록 강했던 것은 어디에서 연유한 것인가? 이에 대해 후세 군사전문가와 기업 경영인들은 역대 최고의 국제 경쟁력을 가졌던 칭기즈칸의 기마군단 전법

초원을 질주하는 몽골 말

을 많이 연구한다고 한다. 필자 또한 이에 대해 호기심을 갖고 있으며, 당시 몽골기마군단이 연전연승할 수 있었던 비결에 대해 불가사의하다는 생각을 아직 지우지 못하고 있는 것이 사실이다.

당시 영웅의 면모를 갖춘 자가 어찌 테무친뿐이었고, 또 같은 기마전술을 썼던 수많은 북방 유목민족 中에서 어떻게 테무친만이 그토록 大성공을 거둘 수 있었는가? 이에 대해 학자에 따라서는 여러 가지 견해를 이야기하고 있어 아직 논란의 여지가 남아있다.

본고에서는 통설로 되어있는 칭기즈칸의 리더십과 몽골기마군단의 전술의 우수성에 대해 김종래 씨의 저작 『밀레니엄 맨』에서의 인용과 필자의 견해를 일부 곁들여서 소개하고자 한다.

"인간 칭기즈칸을 생전에 목격한 사람들의 증언에 따르면 그는 키가 크고 몸집이 탄탄하게 생겼으며, 눈은 고양이 눈이고 노년에도 흰머리가 없었으며 성욕이 대단했다고 한다. 몽골 기마 군단의 말발굽에 짓밟힌 정주 문명권의 사람들에게는 악마 같은 칭기즈칸이지만 부하들을 골육지정으로 사랑한 사람이었다. 그의 부하들은 이렇게 평했다. '그는 자신의 옷으로 부하들을 입히고 자신의 말에 부하들을 태운다'. 또 그는 아주 검소한 생활을 한 사람이었다. 장춘진인이라는 도인에게 보낸 편지에는 다음과 같은 구절이 나온다. '나는 북방의 야만인입니다. 나는 소와 말을 치는 사람과 같은 옷을 입고 같은 음식을 먹습니다. 우리는 똑같이 희생하고 똑같이 노획물을 나눕니다. 나는 우리나라를 마치 갓난아기처럼 보살피고 나의 병사들을 형제처럼 대합니다'. 적에게는 무자비하고 부하들에게는 너그럽다. 이 단순 명쾌한 피아 구분이 칭기즈칸 리더십의 핵심이고 전장과 시장에서 통용되는 불멸의 원칙 제 1조인 것이다.

다음은 친위대의 활용이다. 칭기즈칸은 몽골을 통일한 뒤 수많은 부족들의 집단적 이기주의를 누르고 중앙으로 집중된 권력을 만들기 위한 주체세력으로 친위대를 조직하였다. 케식텐이라 불린 이 친위대는 약 1만 명의 장병들로 구성되었다. 친위대원은 모든 귀족을 망라하였고 특히 부족장이나 귀족의 아들들 중에서 선발했다. 부족의 이해관계에 종속되지 않고 오로지 칭기즈칸과 국가를 위해서만 충성하는 정예부대가 만들어진 것이다. 이들은 부족장들이 반란을 획책하지 못하도록 하는 일종의 인질적인 성격도 있지만 통일 신라의 화랑도와 같은 조직으로 통일과 정복 시대의 지도세력을 배출해낸 집단이었다. 일종의 몽골판 '하나회'인 것이다. 민주 국가에서는 군대 내의 사조직이 역

기능을 하지만 힘이 곧 정의이던 시절의 하나회는 정권을 안정시키고 권력을 지도자로 모이게 하여 전쟁 지휘를 일사불란하게 만드는 중심 세력이 되었던 것이다".

또 전투에서 중요한 것 중의 하나는 보급선의 유지 문제이다. 15세기 명(明) 왕조와의 전투에서 명의 성조 영락제는 5출3려(五出三犁: 5번 출전하여 3번 적의 본거지를 갈아엎음)라 하여 대군을 이끌고 고비(사막)를 5번 넘어 3번 몽골군을 격파하였다고 자랑하고 있지만, 실제 내용면에서 볼 때에는 명(明)군이 말하는 것처럼 그렇게 자신 있게 승리했다고 할 수 있는 전투는 아니었다. 몽골군은 전통적으로 전쟁에 출전할 때 버르츠(육포: 소를 잡아 고기를 얇게 발라서 말린 뒤 소 오줌보에 넣은 비상식량)라는 전투식량과 움직이는 식량인 말과 양을 함께 몰고 다니면서 전투를 한데 비해서, 당시 명(明)의 영락제군(軍)은 한번 병력을 움직일 때마다 식량 2, 30만석, 운반차 3만대 이상의 보급선을 유지해야 했다. 1410년 명(明)의 장군 구복(丘福)이 10만을 이끌고 후룬 부이르 지역의 몽골을 기습 공격했으나 실패하자 격노한 영락제는 이듬해 스스로 50만 대군을 이끌고 몽골을 공격하였다. 그러나 과연 실제 이 50만군 중에 전투병은 얼마나 되었을까? 필자의 생각으로는 구복의 군(軍)이나 영락제의 50만군 중의 아마도 7, 80%는 전투병을 지원해주기 위한 보급이나 공병(工兵) 등의 전투지원병과였을 것으로 짐작된다. 그러나 13세기 유럽원정시의 몽골기병 15만이라면 이 15만이 모두 전투병이었다. 기나긴 보급선을 유지해야 하는 치명적인 약점을 갖고 있는 명(明)군과 스스로 움직이는 식량과 전투식량을 휴대한 몽골군과의 전투는 이미 시작 전부터 어느 정도 결정되어진 것이다. 이후 1449년 토목보에서 오이라트 철기군에 명의 황제(영종)가 사로잡히고, 명(明)군이 전멸당하는 것도 모두 이러한 긴 보급선의 단절에서 기인하는 것이다.

필자는 사병시절 포부대 병기과에서 근무한 적이 있다. 지금 생각해 보니 포탄 및 각종 무기류를 전포대에 지원 및 관리하는 분과로 기억되는데, 처음 부대에 들어가서 본 표어 중에서 '잘 먹이고 잘 입히고 잘 재우자'라는 문구가 기억난다. 군에서 전투력을 유지하기 위해서 가장 중요한 것은 무엇보다도 잘 먹이고 잘 입히는 것일 것이다. 전투 중에 보급이 차단되어 몇 끼 굶는다면 어느 누가 감히 싸울 수 있겠는가? 몽골기마군의 우수성은 바로 이 보급선을 간략하게 유지했다는 점이다.

다음으로 언급하고자 하는 것은 몽골군의 엄정한 군율과 전술이다. 어느 나라 군대치고 군율이 엄하지 않은 군대가 있겠냐마는 몽골군의 군율의 특징 중의 하나는 강력한 연대 책임제이다. 10명을 최소단위로 하여 그 중 1명이 나머지 9명을 지휘한다. 또 1명의 십인장은 백인장을 겸하여 그는 다른 9명의 십인장을 지휘한다. 마찬가지로 9명의 백인장은 자신이 속한 천인장의 지휘를 따르며, 9명의 천인장은 만인장의 지휘를 받는다. 다른 부대에 속한 병사는 1명일지라도 자신의 부대로 끌어올 수 없으며 자신이 속한 십인대로부터 이탈한 자는 사형에 처해졌다. 상관의 명령에는 절대 복종해야 하며 허가 없이 약탈한 자도 사형에 처해졌다. 전투 중에 도망한 자가 있으면 그가 속한 십인대의 나머지 전원을 죽였으며, 십인대 전원이 탈주한 경우에는 그 십인대가 속한 백인대의 나머지를 전원 사형시켰다. 전투 전에는 반드시 부대의 병기와 장비를 검열하였다.

유목민의 전술은 사냥술에서 기인하였다. 칭기즈칸은 겨울이 시작되는 사냥철이 되면 대규모로 수렵을 한다. 이것은 칸의 어전에서 시행한 하나의 군사 연습으로 칸은 먼저 사람을 파견하여 동물들이 어디에 많이 있는지 관찰시키고, 그 보고를 받은 후에 군사를 징발하여 군대를 편성한다. 군은 우익, 좌익, 중군으로 나누고 각각 장군을 선두에 세운다. 병사들은 처음에는 광활한 영역을 둥글게 포진했다가 점차로 좁혀나가 나중에는 병사들의 어깨가 맞닿을 정도로 좁히면서 정해진 지점의 엽장(獵場)으로 포위망을 좁혀 나간다. 병사들은 동물들이 도망치지 못하도록 진영을 갖춰 경계해야 하는데 조금이라도 태만하는 경우에는 장형(杖刑)의 벌을 받는다. 이렇듯 진영이 갖춰지면 제일 먼저 칸이 후비들과 함께 진영의 가운데로 들어가 각종 동물들을 쏘면서 사냥의 즐거움을 만끽한다. 칸의 일행이 피로하여 물러나면 다음으로 황족과 장군들이 수렵을 즐기며 그 다음으로는 일반 장교들이, 최후에는 병사들이 사냥을 한다. 여러 날에 걸쳐 행해진 이 사냥에서 포살을 면한 동물들은 풀어주며 잡은 동물들의 분배가 끝나면 군대는 해산된다. 칭기즈칸은 이것을 전사학교라 부르며 제황자들에게 수렵의 훈련을 적극 권장했다. 몽골족의 인간에 대한 전쟁 또한 이 사냥의 전술에서 나온 것으로 방식 또한 같다.

이러한 사냥전술 외에 몽골군대의 우수성으로 들 수 있는 것은 이들의 정신세계를 지배했던 샤머니즘 사상이다. 이들은 광활하고 거친 자연환경 속에서 기마술과 사냥과 육식의 식생활로 단련된 몸에 정신적으로는 샤머니즘적 세계관으로 의식화되어 있었다.

기독교 신도들이 이 세상을 악의 구렁텅이로부터 구원하라는 사명을 받았다고 믿는 것처럼, 그들은 神으로부터 세계를 정복하라는 임무를 부여받았다고 확신했다. 따라서 몽골에 저항하는 세력은 악이며 이들을 학살하는 것은 선이 된다는 것이다. 칭기즈칸이 반포한 법령(쟈삭크)에는 칭기즈칸의 지배적 위치를 인정하지 않는 나라는 모두 역적으로 규정했다.

필자는 일전에 만주학회 제11차 학술발표회에서 홍익대 김구진(金九鎭) 교수께서 '만주의 역사에서 샤머니즘을 알지 못하면 그 정신세계를 이해할 수 없다'란 말에 절대 공감하며, 여기 중세 몽골군의 정신에 대해서도 '샤머니즘'에 대한 강연 내용을 소개하는 것으로 대신하고자 한다.

"샤머니즘은 만주족의 정신세계만이 아니라 그들의 정치, 경제, 군사, 사회 등 여러 가지 방면을 지배했고, 역사적으로 만주족과 몽골족이 전쟁에서 그토록 용맹하였던 까닭도 이러한 샤머니즘의 사생관이 절대적 영향을 미쳤다고 볼 수 있다. 고구려와 발해도 이러한 샤머니즘의 절대적 영향을 받았으리라 생각된다. 고구려가 수(隋)·당(唐)의 대군과 싸워 이겨낼 수 있었던 것, 몽골의 칭기즈칸이 유라시아 대륙을 제패한 것이나 만주의 누루하치가 중국을 석권한 것도 모두 샤머니즘을 믿는 북방 기마민족의 죽음을 초월하는 용맹성에서 그 원인을 찾아야 할 것"이란 견해이다.

과연 이생과 죽음을 동일선상에서 연결시키는 샤머니즘으로 무장된 전사의 정신력이야말로 전쟁에서의 전투시 가장 요구되는 조건일 것이다. 이렇듯 치밀하게 짜여진 군사조직과 초원에서 단련된 몸에 정신적으로는 샤머니즘적 사생관(死生觀)을 겸비한 몽골기병은 당대 최강의 전투력을 갖춘 완벽한 군대였다.

기동성(Speed)에 대해서는 몽골말에 대해서 언급할 필요가 있다. 다음은 박원길著『몽골의 문화와 자연지리』에 나오는 몽골말 조련법에 관한 언급이다.

　　"몽골말은 어깨를 기준으로 할 경우 높이가 대개 122-129㎝ 사이이며 몸무게는 320-330㎏ 정도로 비교적 왜소한 편이다. 그러나 체격에 비해 말머리는 비교적 큰 편에 속한다. 몽골말은 체격상으로 볼 때 알타이말과 아주 흡사하며 우리나라 제주도 조랑말과 같다. 몽골말은 지구력이 좋고 추위를 견디는 능력이 아주 강하다. 몽골인에게 있어 말은 소중한 친구이자 충실한 조수이다. 일반적으로 1-2마리의 승용마(거세마: 말은 불알을 거세해야만 먼 거리를 갈 수 있고, 거추장스럽지 않아 잘 달릴 수 있다. 현재 몽골의 나담 축제 때 가장 장거리 경주에 참가하는 말들은 모두가 거세한 수말이다—필자 주)밖에 없는 貧戶를 제외한 몽골의 목민은 빈번하다고 느껴질 만큼 승용마를 교체하는 경향이 있다. 즉 말을 단기간 사역한 후 곧바로 마군 속에 풀어 놓아 충분한 휴식을 취하게 한다. 말의 혹사를 피하려는 이 같은 방법은 몽골말의 특성과 밀접한 관계를 가지고 있다. 몽골말들은 체력을 유지하기 위하여 다량의 목초를 섭취해야만 하는데 다량의 목초 섭취는 말들에게 소위 草腹(풀배)을 불러일으킨다. 초복현상으로 말미암아 몽골말들은 체구에 비해 배가 비대하게 커짐은 물론 뱃가죽도 연해지게 된다. 이 때 말을 난폭하게 탄다면 곧장 폐물로 전락할 위험이 크다. 따라서 목민들은 마군에서 자기가 탈 말을 고른 뒤 승용에 앞서 며칠간 말을 조련시킨다.

　　조련법은 먼저 말을 매일 12-15㎞ 정도 걷게 한다. 말에 땀이 나기 시작하면 발에다 처더르(말가죽으로 만든 끈)를 묶어 행동에 제약을 가한 다음 물을 마시거나 풀을 뜯어 먹지 못하게 입에다 재갈을 물린다. 구보 후 처더르와 재갈을 물리는 시간은 아침부터 저녁까지 혹은 저녁부터 아침까

한가로이 풀 뜯는 말과 마유주 통

지 적당한 시기를 택해서 행한다. 일정 시간 이러한 제약을 가한 뒤 아침 혹은 저녁에 마군으로 돌려보낸다. 이러한 조련을 짧게는 3일 길게는 8-9일 동안 지속하면 말의 지방질이 척추에 응축하여 배는 작고 견고하게 되며 어깨는 크고 실하게 된다. 이 상태에서는 힘을 주어 질주시켜도 말이 콧김을 뱉어내지 않을 뿐만이 아니라 물과 목초가 부족한 곳이라도 7~8일 동안은 능히 견뎌낼 수 있는 체력을 가지게 된다."

필자가 몽골인에 대해서 관심을 갖게 된 동기는 그들이 유목 기마민족이기 때문이다. 몽골인의 역사어 대해서 잘 이해하기 위해서는 몽골인이 등장하기 이전의 유목기마민의 역사에 대해서 아는 것이 좋다. 유목기마민의 역사라는 것은 말할 것도 없이, 사람이 말을 가축화해서 이것을 승용화 하는 것을 발견하기까지 거슬러 올라가야 한다.

말의 선조는 6천만 년 전에서 5천만 년 전의 에오디프스라는 동물이지만 이것은 30센티밖에 되지 않았다. 현재 말의 직접 조상(학명 에쿠우스)이 출현한 것은 약 1백만 년 전으로 이때부터 시마우마(말)와 로

이동하는 초원의 지프

빠(당나귀)가 분리된다. 에쿠우스는 지금의 말보다는 작았다.

사람들은 처음에 이 작은 야생말을 잡아 식용으로 하였지만 기원전 4천년 전 무렵, 지금의 우크라이나 초원에서 살아남은 말을 처음으로 가축화하였다. 이 유적에서 입에 물리는 말 재갈을 고정시키는 양쪽 핀이 출토되었으며, 같은 장소에 매장된 말의 두개골의 어금니에서 재갈을 물린 흔적이 발견된 바 있다. 재갈이라는 것은 말을 제어하기 위해 고삐를 말의 입에 거는 도구이다. 말의 이에는 본래 틈이 있어 여기에 가로로 재갈을 끼우고 양측에 핀으로 고정시키는데, 이 재갈과 핀을 말 머리에 끈으로 고정시키고, 재갈의 양쪽으로 고삐를 내어서 이것으로 말을 통제하는 것이 가능하게 하였다. 이 재갈의 발견(발명)으로부터 인류의 역사에 기마(騎馬)라는 획기적이 사건이 등장하는 것이며, 유목민의 역사는 이 말과 함께 시작되었다. 초원에서는 러시아 지프차보다도 말을 탄 유목민의 속도가 더 빠르다.

몽골말은 작은 편이나 지구력이 좋고 갈기가 길며 색깔은 여러 가지이다. 몽골 사람들은 말을 몸의 일부로 생각한다. 말은 결혼할 때 가져가기도 하며, 출산을 축하할 때에도 선물로 주는 등 생활과 가장 밀접한 관계에 있다. 보통의 유목민 가정에는 10-20마리 정도의 말을 개인 가축으로 소유하고 있으며, 아이에서 노인까지 자신의 승용마를 갖고 있다. 초원을 걸어 다니는 사람은 거의 없으며 집에서 나갈 때에는 언제나 말을 타고 나간다. 기숙사 생활을 하지 않는 어린이들의 통학 때나, 심지어 여자들이 시장 갈 때나 물건을 사러갈 때 등, 거리의 원근에 관계없이 시간을 단축하기 위해서는 늘 말을 타고 다닌다.

필자는 지금까지 몽골에서 말을 타다가 2번이나 떨어진 적이 있다. 한번은 학회 회원들과 여행 중에 낙오하여 길을 헤매다가 박원길 박사와 둘이 테렐지에서 산 넘어 술을 사러 갔다가 돌아오던 중에 산 아래에서 달리려는 순간, 말이 풀쩍 뛰어 떨어지는 바람에 오른쪽 갈비뼈가 부러진 적이 있고, 또 한 번은 내몽골 우젬칭이란 곳에서 말을 달리다 제어가 안 되어 떨어져 우측 골반 뼈를 다친 적이 있다. 극히 위험한 짓 이였다고 생각이 든다. 그 때는 그래도 젊어서 겁이 없어 탔지만 이제는 두려움이 앞서 타기가 겁이 난다. 기마민족이라고 하지만 우리가 말을 타고 달린다는 것은 극히 힘든 일이다. 척추 꼬리뼈에 물집이 생기고, 양쪽 허벅지가 아파서 걷기 힘들 정도가 되어야 겨우 약간의 속력을 낼 수가 있게 된다. 하지만 초원에서 말을 달리며 모자가 벗겨질 정도로 속도를 내는 것은 정말 권하고 싶은 상쾌한 일이다.

몽골 사람들은 암말에서 짜는 젖으로 술을 만들어 먹는다. 특히 내몽골에는 '나이주(奶酒)'라 하여 젖으로 만든 술을 증류한 독한 증류주가 많이 있으며, 몽골국에는 우리나라 막걸리 같은 마유주를 초원에서 만들어 마신다. 한 여름, 풀이 좋은 몽골 초원을 가다 보면 길 주변에 여러 개의 겔이 모여 있는 쟘치(驛) 같은 겔 촌에서 마유주17)를 마실

---

17) 아이락 (쿠미스)― 몽골 부족 중어 카프카즈계 군단의 후신 또는 킵차크군단의 후신이라고 하는 하라친 부족이 있다. 『원사(元史)』에 의하면 킵차크인은 마유주(馬乳酒, 아일락 혹은 쿠미스)의 양조를 담당했는데, 마유를 찧을 때 위에 생기는 것을 흑(하라) 쿠미스라 하는 것으로부터 그 일족을 하라치라고 불렀다 한다. 하라친(Kharachin)은 이 말의 복수형이다. 몽골 유목민들의 집인 겔에 들어가면 문 바로 왼쪽에 샌드백 같은 자루가 있다. 대개 풀이 좋고 말을

수 있다.

이처럼 몽골의 준마는 하루에 천리 이상을 달리고 장거리 원정시에는 4-5마리의 예비 말을 휴대한다. 이러한 기동성에 버르츠(육포)라는 비상식량과, 지금은 먹기 위해 도살하지는 않는 것으로 알고 있으나 말이 다치거나 효용가치가 없을 시에는 말고기도 먹었다. 말고기의 우수성에 대해서는 과학적으로 증명되고 있다. 신의 사자라는 단순화된 정신력으로 무장된 몽골기병은 13세기 가장 우수한 전사 집단이었다.

칭기즈칸의 사후, 第3子인 어거데이(Ogedei)가 칸에 뽑혔다(재위:1229-1241년). 어거데이(Ogedei) 시대 남송과의 공동작전으로 금(金)을 멸망시켰으며(1234년) 새로 건설된 도시 하라호름(Qara Qorum)에서 서방원정이 결정되어 칭기즈칸의 長子 쥬치(Jochi)의 아들 바투가 총사령관에 임명되었다. 바투(Batu)가 이끈 군단은 남러시아를 정복하고 헝가리를 거쳐 폴란드까지 이르렀으나 어거데이(Ogedei)칸의 죽음으로 서방원정군은 철군을 개시했다. 새로운 칸에는 어거데이의 長子 구육이 뽑혔으나 단명으로 그치고(재위:1246-1248년), 제 4대 칸에는 칭기즈칸의 막내 툴루이(Tolui)의 長子 몽케(Mongke,재위:1251-1259년)가 선발 되었다. 몽케칸의 시대에 동생인 후빌라이(Khubilai)의 軍은 운남(雲南)의 대리(大理)왕국을 멸하고 베트남으

많이 키우는 지역의 몽골인들은 전통적으로 이 마유주를 만들어 어린애고 어른이고 누구나 즐겨 마신다. 색깔은 쌀 막걸리 같은 흰색이며, 술이라서 알코올 도수도 약간 있지만 몸에 좋은 여러 성분이 내포되어 있어 성인병 예방에 좋다는 이야기를 들은 바 있다. 마유주 통 옆에는 야구배트 같은 몽둥이가 있어 말젖을 짜다가 계속 보충하면서 시시때때로 위 아래로 찧어 준다. 1만여 번 찧으면 기존에 있는 효소가 발효 되어 마유주라는 향긋한 내음이 나는 발효주가 되는 것이다. 통을 가지고 많이 살려면 약간의 돈을 지불해야 되겠지만 대개는 인심 좋은 유목민들이 그냥 먹어보라고 대접에 따라 준다.

로 침입했다. 또 한 사람의 동생인 훌레구(Hulegu)는 이란의 압바스조를 무너뜨렸으며(1258년) 동방에서는 한반도의 고려가 몽골의 지배하에 들어갔다.

몽케(Mongke)가 對 남송전의 진중에서 병사한 후, 두 동생인 후빌라이(Khubilai)와 아릭부카(Arigh Buga)가 칸 위를 둘러싸고 싸워 각각 開平(元의 上都)과 하라호름(Qara Qorum)에서 쿠릴타이를 열어 칸에 뽑혔다(1260년). 두 칸은 각자 중국과 동골 본토를 기반으로 서로 다투었는데 몽골제국이 분열되는 것은 사실 이때부터이다. 당시 아릭부카(Arigh Buga)의 진영에 가담했던 세력으로는 故 몽케 칸의 황후의 자식들과 쥬치가(家)의 종주 바투의 후계자로 된 그의 동생 베르케와 차가타이가(家)의 황족들이었다. 일찍이 칭기즈칸의 2째 아들 차가타이에게 분봉된 영토는 발하시(Balkhash)호로 흘러 들어가는 이리강 유역으로부터 아무 강변에 걸친 지역으로 대략 카라키타이(西遼)의 고지(故地)인 곳으로, 본거지는 천산의 이리계곡이었다. 차가타이 자신은 이리 계곡의 알마리크에 장전(帳殿)을 두고 쥰가르 초원을 가로질러 몽골고원에도 자주 왕래하였다고 한다. 이들 2 칸의 전투는 1264년 아릭부카의 투항 때까지 계속되었다. 후빌라이는 수도를 대도(大都-지금의 북경)으로 옮기고 1271년 국호도 증국풍의 원(元)으로 바꾸었다. 1279년에는 남송을 최종적으로 멸망시켜 전 중국의 지배자가 되었고, 그 후 원(元) 왕조의 황제에는 모두가 후빌라이의 직계인자가 선발되었다. 후빌라이에 적대 세력으로서는 아릭부카에 이어, 어거데이 칸의 자손인 카이두가 등장하여 30년 이상 元朝를 위협하였다. 후빌라이 시대에는 일본정복을 위한 원정(1274, 1281년)도 있었으나 실패했다. 元의 지배는 기본적으로 몽골인 지상주의로 몽골인이 중요한 관직을 독점하고 색목인(色目人)이라 불리는 위구르인, 페르시아인 등이 그 다음 지위를 차지했다. 교초(交鈔)의 유통으로 대표되는 것처럼 江南의 경제적 번영으로 뒷받침된 후빌라이 시대는 경제정책이 있을 정도로 성공했던 시대였다. 문화적으로는 티베트로부터 불교가 도입되어 元 제국 내의 주요한 언어를 표기하기 위한 문자(팍파문자)가 티베트문자를 개량하여 만들어지는 등 티베트문화에 많은 영향을 받았다. 후빌라이 시대 몽골제국의 판도는 최대에 달했다. 종가인 元朝외에 차가타이 칸 국, 킵차크 칸 국, 일 칸 국이 성립하여 중앙아시아, 러시아, 이란을 지배하였다. 차가타이 칸 국은 칭기즈칸의 次子 차가타이(Chaghatai)에게 주어진 영지(이리강, 천산산맥의 계곡)를 중심으로 하는 나라로 14세기에는 동서로 분열하여 서 차가타이 칸 국으로부터 후에 티무르가 나오게 된다. 킵차크 칸 국은 바투가 볼가(Volga)강 하류의 사라이를 수도로 삼아 만든 나라로 200년 이상 러시아諸侯를 지배했다. 훌레구(Hulegu)가 건국한 일 칸 국은 약 100여 년 동안 이란을 지배했다. 처음에는 네스토리우스파 기독교를 보호했지만 점차 다른 칸 국들처럼 이슬람화 했다. 훌레구(Hulegu)는 후빌라이의 동생이기도 하나 다른 동생들과는 달리 元朝와는 밀접한 관계를 유지했다. 이 나라는 서구제국과 사절을 교환하면서 활발한 외교활동을 한 것으로도 알려져 있다. 정복전쟁의 결과 만들어진 몽골帝國에서는 유라시아대륙의 동서무역, 문화교류가 활발해져 「타타르의 평화」로 불리고 세계사에서도 중요한 한 시기가 만들어지게 되었다. 이탈리아의 마르코폴로가 몽골제국에 여행하다 후빌라이(Khubilai) 칸에 의해 관리로 임명되고 후에 『동방견문록』을 지은 것도 이때이다.

　몽골제국의 칸들은 일반적으로 종교에 대해서 관대한 정책을 펴 이슬람교, 불교, 크리스트교, 도교가 제국 내에서 병존했다. 상업 활동은 특히 장려되어져 이슬람상인이 활약했다. 소수지배자에 의한 이민족지 배는 필연적으로 현지문화에의 동화를 낳고 동시에 피지배민족의 반란을 야기하기 마련이다. 원조말기가 되면 정권내의 내부대립, 재정의 파탄도 심각화 되어 결국 백련교도의 홍건군(紅巾軍)의 반란에 의해 몽골정권은 漢地를 버리고 몽골고원의 故地로 돌아가게 되는데, 1368년 토곤테무르(Toghon Temur) 칸 때였다.

③ 제국으로부터 왕국으로

元朝의 멸망으로 인해 몽골인은 옛 영토의 상당한 부분을 잃었지만 그래도 여전히 장성이북의 광대한 영역을 지배하여 그 후 300년 이상 독자적인 국가를 유지했다. 칭기즈칸의 직계 칸은 북방세계의 정통한 지배자로 간주되었다. 元의 소멸로부터 18세기까지의 몽골 역사에서는 오이라트의 동향이 중요시 되어왔다. 오이라트부족은 칭기tm칸의 시대에는 예니세이강 상류에 사는 작은 집단이었지만, 이 시기에는 여러 부족을 연합한 강력한 집단으로 성장하였다. 15세기 중엽 토곤, 에센(Esen)父子의 시대 오이라트의 세력은 최대로 되어 몽골고원 뿐 아니라 동 투르키스탄도 지배하에 넣었다. 1449년 에센(Esen)군은 明의 정통제(正統帝)를 포로로 하고(土木의變) 북경을 포위했다. 에센(Esen)은 1453년 大元天聖大 칸위에 올랐으나 이듬해 부하의 반란으로 살해되어 오이라트의 지배는 오래 지속되지 못했다.

분열상태의 몽골민족을 재통일한 것은 다얀 칸(Dayan Khan:재위 1485-1517년)으로 이후 몽골민족 지배의 대부분은 다얀(Dayan)의 자손이 맡게 된다. 다얀의 시대에는 동방의 좌익 3만호(챠하르(Chakhar), 할

하(Khalkha) ,올량한(Uriyangkhan))을 칸이 직접 지배하고, 서방의 우익 3
만호(오르도스(Ordos), 융시에부(Yongshiyebu), 몽골진(투메드:Tumed))
은 자농(晉王:Jinong-부왕)이 다스렸다. 다얀의 사후 좌우 양익의 싸움이
일어나고 우익에서 알탄 칸이 강력한 리더로 등장하였다. 그는 전 몽골
을 지배했을 뿐 아니라 오이라트까지도 정복했다. 明에도 자주 침입하여
1550년에는 북경을 포위한 적도 있다. 明측에서는 알탄 칸에게 순의왕
(順義王)의 칭호를 주고 국경무역을 허락했다. 이때 明으로부터 이주해
온 漢人을 중심으로 지금의 내몽골 수도 후허하오터(呼和浩特)가 건설
되었으며, 알탄은 청해 지방도 정복하여 티베트에도 큰 영향력을 행사했
다. 1578년 티베트의 겔룩파(Dgelugspa) 소드남가초가 알탄 칸
(Altan Khan)과 회견하고 다라이 라마의 칭호를 받았다. 이때부터 불
교문화가 급속하게 몽골인 사이에 침투하여 사원이 세워지고 불경의 번
역도 많아졌다. 북몽골 할하의 아바다이도 마찬가지로 소드남가초와 만
나 칸의 칭호를 받았으며, 1585년에는 舊하라호름의 땅에 에르덴-죠
(Erdeni Juu:보석사원이란 뜻)사원을 세웠다. 할하 만호는 원래 다얀
칸의 6만호중의 하나였는데 16세기 후반, 오이라트 세력을 구축하고 현
재 몽골국의 영역을 지배하였다(다얀 칸은 할하 만호를 아르츄 볼로드
(阿爾楚博羅特)와 게레센제(Geresenje)라는 2아들에게 나누어주어
할하는 둘로 나뉘어지는데, 아르츄 볼로드의 영역은 內할하로 巴林, 扎
魯特, 翁吉刺, 伯腰와 兀者의 5부를 포괄하며 막남 몽골집단에 속한
다. 게레센제의 영역은 외할하 지구이며 그의 7아들에게 나누어주어 외7
오토크(Otogh:營) 할하(할하7기)라 불려지며 막북 할하집단을 형성했
다. 明말에 이르러 이 외할하에서는 3명의 강한 영주가 등장하는데 투시
에트(Tushiyetu)칸, 쟈삭트(Jasaghtu)칸과 체첸 칸이 그들이다)

16세기말, 새롭게 대두한 만주(滿洲:Manju)족의 누루하치는 후금국(後金國)을 세워 몽골동부의 커르친 등의 제 부족과 동맹을 맺어 몽골 최후의 대 칸인 챠하르(Chakhar)의 링단 칸(Lingdan Khan: 재위 1603-34년)을 위협했다. 링단 칸은 서방으로 이동하여 할하의 촉트 홍타이지와 연계하여 세력의 회복을 꾀했지만 청해로 향하던 도중에 병사했다. 1636년 후금의 홍타이지는 대청(大淸)국 황제로 뽑혔으며 남몽골의 王侯도 그의 권위를 인정했다. 한편 링단 칸과 합류하기 위해서 청해로 들어간 촉트 홍타이지는 티베트의 겔룩파를 탄압했다. 겔룩파는 북강(北疆)에 있는 오이라트에 지원을 구했으며, 호쇼트의 구시 칸(Guushi Khan) 등은 그에 응해 청해로 원정해서 촉트 홍타이지軍을 격파했다. 구시 칸은 이후 그대로 청해에 남아 티베트국왕으로서 군림했다. 오이라트의 티베트지배는 1720년까지 이어진다.

 쥰가리아에서는 쥰가르의 갈단이 호슈트(Khoshot)의 오치르트 세첸 칸의 軍을 격파하고 全오이라트의 칸이 되어, 다라이 라마 5세로부터 보쇽트 칸의 칭호를 받았다. 갈단은 동투르키스탄의 諸도시까지 지배하에 넣고 할하의 내부대립을 이용하여 러시아의 도움을 받아 북 몽골에도 침입했다. 이처럼 17세기는 오이라트가 강대해져 주변지역으로 발전했던 시기였다. 토르구드족은 1630년경 쥰가르의 세력에 밀려 볼가강유역으로 이주[18]했으며, 1648년 오이라트 방언을 표기하기 위해 토도(Todo)문자가 쟈야 판디타(Zaya Pandata)에 의해 만들어져 많은 불전이 오이라트어로 번역되었다.

 한편, 당시의 할하에 있던 3인의 칸들 사이에는 서로간의 알력으로

---

18) 토르구드의 이주에 대한 설은 크게 2가지로, 하나는 자신들의 필요에 의한 이동이라는 관점과 또 하나는 여기에 언급한 것처럼 쥰가르에 밀려 이동했다는 설이다.

인해 중부의 투시에트(Tushiyetu) 칸과 서부의 쟈삭트(Jasaghtu) 칸이 대립하자 갈단은 쟈삭트 칸 측을 지원했다. 갈단의 침입 즈음에 투시에트 칸의 동생인 대활불 젭춘담바 호독토1세의 결단으로 할하인 수십만이 내몽골로 피난했다. 1691년 3인의 할하 칸들은 도론 놀에서 청의 강희제에게 신종의 맹서를 하여 북몽골은 청의 판도로 들어갔으며, 강희제는 할하 지방에 친정하여 갈단군을 괴멸시켰다. 청조(淸朝)는 갈단의 사후 잠깐 동안은 준가르 왕국에 개입하였지만 건륭제가 자리에 오르면서부터 오이라트 내의 대립을 이용해서 출병하여 준가르 최후의 칸을 포로로 하였다(1755년).

이후, 오이라트는 호이트의 아무르사나가 중심이 되어 反淸운동을 하고, 할하의 일부 王侯도 이에 동조하지만 머지않아 淸軍에 격파된다. 이렇게 해서 오이라트는 淸에 완전히 정복되었다. 남북몽골(내외몽골)과 오이라트몽골은 17, 18세기에 단계적으로 淸 제국에 편입되어졌다. 청은 기본적으로는 종래 王侯의 지위를 인정하고 영주의 내부 행정에는 그다지 간섭하지 않았다. 이번원(理藩院) 관할 전에 맹기제도(盟旗制度)가 기능하여 王侯는 하나의 호쇼(군사행정단위, 중국어로 旗)의 영주로서 영민(領民)을 지배하고, 그 외 활불이 지배하는 영지도 각지에 있어 활불의 경제를 유지하는 직접생산자의 계층도 생겨났다. 18세기 이후가 되면 몽골인 지역에 漢人상인이 들어와 차, 담배, 목면, 비단(絹)제품 등을 대량으로 가져와 경제를 주도하는 바가 되었다. 러시아도 19세기[19] 후반이 되면 시장으로서의 몽골에 주

___

19) 19세기 중엽부터 구미열강이 淸 제국에 힘을 행사하여 淸의 힘이 약해지기 시작하자, 청 정부는 몽골지역에 대한 간접통치를 직접통치로 고치는 정책을 명확히 하였다. 다른 방면에서는 漢人의 몽골지방에의 식민이 진행되어 특히 남 몽골에서는 심각한 사태를 불러일으켰다. 이러한 상황 중에 러시아와 국경

을 접한 북 몽골(외몽골)에서는 러시아의 도움을 받아 독립을 쟁취하고자하는 움직임이 19세기말부터 시작되었다. 1911년 여름, 제8대 활불 젭춘담바 호독토를 중심으로 신 독립국가 건설의 방침이 결정되어 다라마 쩨렝치메도, 親王 항도도르지, 하이셍(남 몽골출신)등이 셍트 페데르부르크로 파견되었다. 러시아는 몽골의 완전독립과 내외몽골의 통일은 지지하지 않았지만 어느 정도의 원조는 약속하였다. 辛亥革命의 발발은 몽골민족의 독립운동에 유리하게 작용하였다. 1911년 12월 王侯, 승려 등은 이흐후레(지금의 울란바타르)에서 독립을 선언하고, 淸의 총독을 추방하고, 젭춘담바 호독토를 국왕으로 추대했다. 몽골인들에 있어 청의 몽골지배는 淸朝 황제와 몽골王侯의 신종관계에 기인하는 것으로, 청의 멸망은 그 관계의 소멸을 의미하는 것으로 생각하였다.

　淸國, 혹은 신해혁명 후 생긴 中華民國은 이흐후레 정부의 독립을 인정하지 않았으며, 몽골측은 一貫해서 전 몽골(내외몽골)을 영역으로 하는 완전독립을 요구했다. 이흐후레 정부의 독립에 호응해서 남 몽골(내몽골)의 많은 호쇼로부터 이흐후레 정부에의 합체를 희망하는 문서가 붙여졌다. 남 몽골 각지로부터 많은 왕후, 官吏, 군인이 직접 이흐후레를 찾아왔으며, 그중 어떤 이는 新정부의 요직에 오르기도 했다. 당시, 러시아와 일본은 몽골지역에 있어서의 권익에 관한 비밀협정을 맺어 北京을 지나는 經線으로 러시아와 일본의 세력범위를 나눴다. 중국과 마찬가지로, 러시아도 몽골민족의 통일, 완전독립을 바라지 않았지만 몽골에 있어서의 경제권익 독점을 계획하여 그의 自治를 지지했다. 결국, 1915년 캬흐타 조약에서 거의 현재의 몽골국을 영역으로 하는 범위의 몽골민족 자치를 중국, 러시아가 인정한다고 하는 형식이 선택되어 몽골민족의 독립운동은 일시 좌절되었다. 제1차대전의 발발, 러시아혁명의 승리는 몽골민족의 운명을 크게 변화시켰다. 親日軍閥 安徽派 徐樹錚은 러시아세력이 후퇴하는 헛점을 이용하여 몽골민족의 자치를 폐지하고 하나의 省으로 하는 것을 계획하여 군사력을 이용한 압력으로 그것을 성공시켰다(1919년). 이 직후부터 몽골민족의 완전독립과 사회개혁을 둘러싼 민족주의 운동이 활발하게 되어 소비에트·러시아와 코민테른과 연락을 취하기 시작하였다. 1920년 6월, 몽골인민당이 생기고 7인의 대표가 소비에트·러시아로 원조를 구하러 갔다. 머지않아, 이번에는 러시아 白軍 지도자중의 한사람인 웅게룽이 동부국경으로부터 몽골에 침입하여 중국군을 몰아내고 이흐후레를 점령, 괴뢰정권을 수립하였다(1921년 2월). 이 결과, 몽골이 러시아白軍의 근거지로 된 것을 두려워한 소비에트·러시아는 몽골 지원을 최종적으로 결정한다. 보도야 단장을 지도자로 한 몽골인민당은 부리야트인 혁명가의 협력을 얻어 1921년3월 처음으로 러시아령 도로이스고사우스꾸에서 제1회 당 대회를 열고 머지않아 임시정부를 수립했다. 3월 18일에는 수흐바타르를 사령관으로 한 의용군대가 중국군이 점령하고 있던 국경도시 캬흐타를 공격하여 최초의 큰 승리를 거두었다. 소비에트 러시아군은 각지에서 웅게룽軍을 격파했다. 의용군은 7월에는 소비에트·러시아군과 함께 이흐후레로 입목하여 적극적인 정책을 취하기 시작한다.

이상은 13세기부터 18세기말까지의 개략적인 몽골사의 윤곽이라 할
수 있겠다. 하지만 소개하고 나니 이것 또한 더 복잡하게 늘어놓은 것
만 같아 일반인들이 이해하기 쉬운 것은 아니라고 여겨진다. 그러나
몽골사를 단숨에 파악하기 위한 어떤 특별하고 명쾌한 방법은 없어 보
인다. 그래도 한번 읽고 궁금한 부분은 관련 자료를 좀더 찾아 보충하
는 수밖에 별 도리가 없는 듯싶다. 여기서는 전체적으로 북강(北疆)에
관심을 두고 이야기하고 있으니 대충 18세기까지의 몽골사 중에서 준

성하여 신정부를 수립했다. 活佛은 元首였지만 실권은 보도야를 수상으로 하는
신정부의 손으로 옮겨갔다. 1924년 활불이 죽자 몽골은 인민공화국제로 옮겨갔
다. 王侯貴族과 승려가 강대한 권력과 경제력을 갖고 있는 사회를 근대화시키
는 과제는 조금씩 실행하게 했다. 국제관계의 면에서는 소련과 토바(1944년에
소련에 병합)하고만 외교관계를 갖고 있어 입장이 약했다. 게다가 소련은 1924
년 중국과의 협정에서 몽골이 중국의 일부인 것을 인정하였다. 1924년부터
1928년까지의 기간(담바도르지 정권시기)에는 코민테른의 양해 하에 남 몽골에
있어 민족해방투쟁의 지원 등 독자적인 정책결정이 가능했지만, 소련에서 스탈
린 체제가 확립되고 중국에서는 일본의 군사적 위협이 커지게 되자 몽골은 그
전략적 위치 때문에 소련의 정책에 말려들지 않을 수 없게 되었다. 소련내무성
의 직접개입에 의해 1937년부터 40년까지의 사이에는 정치가, 군인, 지식인,
승려 등 수 만인이 숙청되고, 불교사원이 파괴되었다. 소련의 정책실행자가 된
쵸이발산(1939-52의 수상)에 대한 비판은 강했다. 1939년에는 동부국경 할하
강 지역에서 몽골과 滿洲國과의 국경분쟁이 대규모의 전투로 발전하여 소련의
기계화부대 공격으로 일본군 1개 사단이 괴멸되었다(노몽항사건). 제2차대전
후, 중화민국은 몽골인민공화국의 독립을 공식으로 인정했다. 1949년에 중화인
민공화국이 성립되자, 서로 승인하고 중국과의 새로운 관계가 시작되었다. 戰後
에는 소련, 중국을 중심으로 하는 社會主義諸國으로부터의 援助가 경제발전에
크게 공헌했다. 60년대에 중소관계가 악화되자 소련에 의존하는 입장이 강해지
고, 중국의 문화대혁명후, 체덴발 정권하 에서는 완전히 친소노선을 취하게되었
다. 소련의 고르바쵸프 등장 이후의 페레스트로이카와 東歐변혁의 영향으로 야
당세력이 탄생하고, 1990년 3월 1당 독재 체제가 무너졌다. 그 후 민주화가 더
욱 진행되어 경제면에서도 중앙명령의 계획경제에서 시장경제로 바뀌었다.

가르에 관련된 부분만 참조하면 도움이 되리라 생각한다.

2. 신강 소수민족의 문화

신강은 일찍부터 여러 민족이 모여 살아온 지역이다. 오랜 세월 이 땅에서 생활해온 민족으로는 위구르, 한(漢), 카자흐, 회(回), 몽골, 키르기즈, 시보(錫伯), 타지크(塔吉克), 우즈베크, 만(滿), 다고르(達 斡爾), 타타르, 러시아(오로스) 등 13개 민족이 있다. 이들 각 민족들은 각기 지내온 역사나 사회 조건, 자연환경이 서로 다른 여정을 겪어왔다. 때문에 이들의 물질생활과 정신생활 방면의 풍속 습관 또한 자연히 서로 다를 수밖에 없다. 이렇듯 풍속 습관이란 것은 오랜 역사 발전의 과정 중에서 점차적으로 만들어지는 것이다. 그것은 또한 시대가 발전하고 사회생활의 변화에 따라 변해가는 습성이 있어, 그 내면을 들여다보면 각 민족의 형성과 발전의 역사를 이해할 수 있다는 장점이 있다.

예를 들어 신강 소수민족의 춤이나 무용과 놀이를 보면 매우 역동적이라는 것을 느낄 수 있다. 오랜 세월 거친 환경에서 살다 보니 주변 환경에 적응해서 나타나는 모습들이다. 또 여인들의 전통복장이나 머리 장식은 굉장히 화려하고 아름답다. 단조로운 사막과 초원에서 자신의 자태를 더욱 뽐내기 위해 화려한 색채를 더하게 되었고, 그것은 결과적으로 황량한 사막 초원을 오색찬란하게 변화시켜 주변 환경과 균형과 조화를 이루려는 노력에 의해 생겨났다고 필자는 생각한다.

어느 민족의 풍속 습관이든지 하루아침에 만들어지는 것은 아니다. 때문에 이미 형성된 풍속습관은 존중받아야 한다. 존중(尊重)의 기본은 이해(理解)다. 이해해야 비로소 존중할 줄 안다. 여기(신강 소수민족의 문화)에서는 이러한 각 민족의 풍속습관의 일부를 소개함으로써 이들 소수민족을 이해하고, 차후 신강 여행의 즐거움에 일말의 도움을 주고자 한다.

1〉 음식(飮食)

1) 위구르인의 주식—낭(饢, Nan)

신강의 대·소 도시 거리, 시골의 어디서나 가장 흔히 볼 수 있는 것 중의 하나가 샤오빙(燒餠-큰 호떡처럼 생김)처럼 생긴 낭(饢)이라는 음식이다. 낭은 밀가루를 반죽하여 속에 여러 재료(소)를 넣고 피자처럼 둥글게 만들어, 흙으로 빚어 항아리처럼 만든 둥근 화덕 속에 붙이거나 판위에서 구운 것으로 신강 위구르 사람들의 일상 주식이다. 이 사람들은 이것을 차게 해서 먹기도 하고, 말려서 먹기도 하고, 탕(湯)이나 차(茶)에 넣어 먹는다.

낭(饢)의 유래에 대해서는 여러 기록에 많이 보이고 있다. 자치구 박물관에 진열한 투루판(吐魯番) 출토의 당(唐)왕조 때의 낭은, 이미 1,300~1,400년 전에 투루판 사람들이 낭을 만들어 먹었다는 것을 보여준다. 낭(饢)은 고대(古代)에는 '후빙(胡餠-유목민이 먹는 떡)' 또는 '루빙(爐餠-난로에 구운 떡)'이라 불렸으며, 백거이(白居易)의 시(詩) 〈寄胡餠與楊万州〉의 머릿 구절(胡麻餠~)과 가사협(賈思勰)이 저술한 『제민요술(齊民要術)』의 「식경(食經)」에도 이미 낭을 만드는 기술과 재료가 기록되어 있다. 고증에 의하면 낭(饢)자는 페르시아(이란)어로 본래 아라비아반도, 터어키와 중앙아시아에서 유행한 음식이었으나 이슬람교가 신강에 들어오면서 낭도 같이 들어왔다고 한다.

사회가 변해가고 재료가 다양해짐에 따라 낭의 겉 문양이나 재료, 맛도 다양해졌다. 만드는 방법은 대체로 한(漢)족의 카오샤오빙(烤燒餠)과 비슷한데 간단히 말해서 우리의 호떡과 비슷하다. 밀가루에 약간의 소금물과 효모를 고르게 섞어 반죽하여 숙성시켰다가, 안에다가는 여러 가지 내용물을 넣고 손으로 돌려가면서 둥글게 편 다음 화덕의 벽에 붙여 구워내는 것이다. 낭의 모양은 거의가 둥그런 원형으로 중

낭을 굽고 있는 위구르 인

간은 얇고 가장자리는 두껍다. 가장 큰 것을 '艾買克(아이마이커)'라 부른다. 내용물의 재료에 따라 다양한 명칭이 있으며 크기도 큰 것은 직경이 40~50㎝, 두께가 5~6㎝가 되는 것도 있다. 이러한 낭은 하나에 1~2㎏정도의 밀가루가 소용된다. 가장 작은 것은 '托咯西(튀커시)'라고 부르는데 직경은 일반 찻잔 정도의 크기이며 두께는 5㎝정도이다.

표면에는 대개 다양한 모양의 문양을 새기고 양파나 참깨를 뿌려, 보기도 좋을 뿐 아니라 맛도 좋게 하고 있다. 또 '西克曼(시커만)'이라는 첨낭(甛饢-맛이 단 낭)은 구운 낭 위에 설탕물을 발라 양지에 말려 설탕의 결정체가 드러나 보이는 것으로, 보는 사람들로 하여금 먹고 싶은 충동을 느끼게 한다. 그러나 많은 여러 낭(饢) 중에서 사람들

이 가장 많이 찾는 것은 '闊西(쿼시)'와 '闊西格吉達(쿼시거지다)'라는 육낭(肉饢-고기 낭)이다. 이것들은 모두 기름기가 많은 다진 양(羊)고기에 양파와 소금과 재료를 섞고, 발효시킨 밀가루 반죽 속에 넣고 구워낸 것이다. 한 입 베어 물면 입안 가득히 기름진 향내가 오래 지속되는 맛에 위구르인들이 가장 선호한다.

시장에서 팔고 있는
여러 모양의 낭

위구르인들은 대부분 화덕(饢坑)에서 낭을 구워낸다. 화덕을 만드는 재료와 모양은 지역마다 조금씩 다를 수 있으나, 일반적인 화덕은 높이 1m좌우이며 양털과 점토를 섞어 항아리 모양으로 만든다. 남강(南疆) 일부 지역에서는 당지에서 생산되는 초석과 진흙을 섞어 만들기도 한다. 우루무치(烏魯木齊) 일대의 위구르인들은 벽돌을 쌓아 만들기도 하는데, 모양은 방형(方形)이며 크기 또한 식구에 따라 일정하지 않다. 또 낭(饢)을 구울 때 반드시 이러한 화덕에 구우라는 법은 없다. 옛날 방식대로 불을 지피고 난 뒤에 남은 재속에서 구워내는 방법도 있다. 이것은 불씨가 남아 있는 재속에서 30분정도 구워내면 되는데, 먹을 때 재를 입으로 불어내고 먹어야 하는 불편함은 있으나 맛은 화덕에서 구운 것이나 다르지 않다.

낭은 일반적으로 반죽할 때 수분을 적게 하여 오래 저장하여도 모양이 파손되지 않아 휴대에 편리하며, 연유나 치즈를 첨가함으로써 영양도 풍부하여 신강의 여러 민족들이 즐겨 먹는다. 길거리 어디에서든지 쉽게 살 수 있으며 우루무치 공항 대합실에서는 상표를 붙이고 예쁘게 포장을 한 낭(饢)을 신강 특산으로 팔고 있다. 값은 저렴하여 우리 돈 몇 백 원이면 살 수 있다.

2) 양고기 바베큐(烤全羊-카오췐양, Barbecued Whole Lamb)

'烤全羊(카오췐양)'은 과거 위구르 사람들이 낭 굽는 화덕에서 구워 내던 양고기로, 지금은 이미 연회석상을 장식하는 유명 요리로 되었다. 갓 구워낸 바삭바삭한 누런 껍데기는 보는 사람으로 하여금, 코 속으로 들어오는 향(香)에 의해 이미 입안 가득 침이 고이게 한다. '카오췐양'은 '베이징카오야(北京烤鴨)'에 필적하는 유명 요리이다. 지금은 자치구의 각지에서 거행되는 연회에서 '카오췐양'이 있느냐의 여부가 연회의 경중(輕重)을 가릴 정도의 위치가 되었으며, 연회의 손님들에게 특별히 주목받는 요리가 되었다.

'카오췐양'은 갈양(羯羊-불알 간 양) 또는 2살이 안 된 살찐 양을 원재료로 한다. 양을 도살한 후 발굽과 내장을 제거하고 밀가루, 소금물, 계란, 생강, 후추가루 등을 적당 비율로 혼합하여 양(羊)의 전신에 골고루 바른 뒤에 못이 박힌 목봉(각목)으로 머리로부터 꼬리까지 관통시킨 후, 특별 제작된 화덕에서 뚜껑을 덮고 약한 불에 1시간여 돌려가며 굽는다. 요즈음 신강의 큰 호텔에는 이미 화덕은 사용치 않고, 한번에 2~3마리의 양을 통재로 구울 수 있는 전기구이 상자가 마련되어 있다.

호텔에서 '카오췐양'이 나올 때는 예쁘게 치장한 양을 촨처(餐車-음식 나르는 수레)에 실어 내온다. 양의 머리에는 빨간 스카프를 두르고 입에는 셀러리(미나리)나 고수(香菜-샹차이)를 물려주는데, 마치 양이 살아서 엎드린 채로 풀을 뜯는 모습을 형상화 한 것이다. 누렇게 구워진 양 껍질에 흐르는 투명한 기름과 코에 스며드는 고소한 향내에 어울어지는 예술적 조형은, 보는 사람으로 하여금 갑자기 식욕을 증진시켜 먹고 싶은 충동을 느끼게 한다 손님은 자신의 칼을 사용해서 먹고 싶은 부위를 먹을 만큼 베어다 먹으면 된다. 경우에 따라서는 종업원에게 가져다 달라고 부탁해도 무방하다.

이렇듯 신강(新疆)의 '카오췐양'이 유명하게 된 것은 기술상의 원인 외에 신강양(新疆羊)의 품종과도 밀접한 관계가 있다. 신강양의 육질은 신선하고 연하며 노린내가 나지 않는데 이것은 다른 지방에서 생산되는 양과는 비교되지 않는 신강양만의 특징이다.

신강(新疆)에 친한 위구르족 친구가 있어 그의 고향에 함께 여행할 기회가 있으면 그 친구는 반드시 당신에게 '烤全羊(카오췐양)'을 대접할 것이다. 그리고 당신은 충분히 만족할 수 있을 것이다.

3) 구운 양고기 꼬치(烤羊肉串─카오양로우촨, Shish-Kebabs)

중국에서 간단한 음식(스낵)류로 전국에서 가장 대중적인 인기를 누리고 있는 것 중의 하나를 들라 하면 신강(新疆)의 '카오양로우촨'을 들 수 있다. '카오양로우촨'은 위구르어로는 'Kebabs(喀瓦甫)'이

'카오양로우촨'을 먹고 있는 신강인

라 부르는 위구르족의 전통 스낵류이다.

만드는 방법은 고기(육류)를 깍두기 모양으로 토막 내어 특별히 제작된 끝이 뾰족한 꼬치용 쇠 젓가락에 끼운 다음, 말(馬) 구유통 같은 쇠로 만든 통 속에 무연탄을 지피고 소금과 후추외 여러 향신료를 뿌려 몇 분간 겉이 노린노릿 할 때까지 구우면 완성된다. 완성품은 전혀 느끼하거나 양 특유의 노린내가 나지 않으며 신선하며 맛이 일품이다.

'카오양로우촨'의 역사는 대개 인간이 불을 발견한 이후, 각종 야생 동물을 불에 구워먹던 때부터로 추정한다. 그때에는 물론 향신료나 조리 도구가 전혀 없었다.

중국의 일부 사료에는, 고대인이 모두 '炙(구울 자)'肉, '燔(사르다, 굽다)'肉을 좋아했다는 기록이 있다. 서한(西漢)의 마왕퇴(馬王堆) 1호 묘에서 출토된 음식에 관한 자료에 따르면 '牛炙(구운 소고기)', '犬肋炙(구운 개 갈비)', '豕炙(구운 돼지고기)', '鹿炙(구운 사슴고기)', '鷄炙(구운 닭고기)'등 동물을 불에 구운 자료들이 많이 보이고 있다. 신강에서는 어디를 가든지 '카오양로우촨'이 있다. 쿠차(庫車)의 어느 음식점에는 1m짜리 '카오양로우촨'을 파는 데도 있다. 또 '카오양로우촨'을 반드시 무연탄에다만 굽는 것은 아니며 낭을 굽는 화덕에다가도 굽는다.

신강의 '카오양로우촨'이 유명하게 된 것은 특유의 맛 때문이다. 그 원인으로는 대개 두 가지 이유가 거론되는데: 하나는 앞의 '카오췐양'에서도 언급했듯이 신강양(羊)의 우수한 품종을 꼽는다. 이것은 신강 수초(水草) 조건과 밀접한 관계가 있다. 알타이(阿勒泰)지역의 대미양(大尾羊), 바인부루커다미양(巴音布魯克大尾羊) 등은 모두 품질이 우수한 육용양(肉用羊)들이다. 다른 하나는 '카오양로우촨'에 사용하는 '즈란(孜然)'이라는 특수한 조미료이다. 이 두 가지 조건은 다른 지역에서는 갖출 수 없는 신강만의 특수성이다. 여러분도 신강에 가시면 반드시 '카오양로우촨'을 드셔보기 바란다. '카오양로우촨'을 좋아하는 신강 사람들은 한 번에 20~30개씩을 먹는다고 한다.

4) 조반(抓饭, 波罗—보뤄, 피라우, Pilau)

조반(抓飯)은 위구르어로 '피라우'로 발음 한다. 볶은 밥을 손으로 집어먹기 때문에 한자로는 조반(抓飯)으로 쓰기도 하며, 양고기를 넣고 볶기 때문에 육반(肉飯)이라고도 쓴다. 아무튼 이 '피라우'는 위구르족을 비롯한 신강의 소수민족들이 가장 좋아하는 식품 중의 하나이다.

'피라우'의 주요 재료는 쌀, 양고기, 무우, 양파와 기름(식물성 기름)으로, 이들로 만든 영양이 풍부한 '피라우'는 기름이 잘잘 흐르고 생기가 있으며 향기가 사방에 퍼져 사람들로 하여금 식욕을 돋게 한다. 새해를 맞거나 명절을 지낼 때, 친척이나 친한 친구가 왔을 때, 혼례나 상례 시, 위구르인들은 반드시 '피라우'를 만들어 손님을 맞이한다.

'피라우'를 위구르 사람들이 좋아하는 데에는 물론 맛도 맛이지만 이유가 있다. 전하는 말에 의하면, 1천여 년 전에 아부아리 · 이비시나(阿布艾里 · 依比西納)라는 학자가 있었는데, 만년에 몸이 너무 허약해져 기력을 회복코자 여러 가지 약을 먹어보았으나 소용이 없었다. 그래서 일종의 '밥'을 연구하여 음식으로 치료하는 방법을 모색하게 되었다.

당시 그가 개발한 것이 무우, 양파, 쌀, 양고기 등을 사용해서 만든 밥이었다. 무우는 영양가가 매우 높은 자양제로 일본사람들은 이것을 '지삼(地蔘-땅에서 나는 삼)'이라 하고, 중의원(중국 한의원)에서는 속칭 '작은 인삼(小人蔘)'이라 하는데, 이는 기력을 보충해주고 피를 생성하고, 갈증을 풀어주고, 신경을 안정시켜 지력(智力)을 증진시키는데 효과가 있다고 한다. 양파는 단백질, 지방, 비타민, 철분 등의 각종 성분이 다량 함유되어 있으며, 그 외 매운 성분의 기름(油)이 있어 총산살균소(葱蒜殺菌素)라고도 불린다. 그래서 양파를 입속에서 3분정도만 씹으면 입안의 세균을 깨끗이 박멸시킬 수 있다고 한다. 또 쌀과 양고기는 영양이 풍부한 식품으로 이들을 모두 혼합하여 밥을 지으면

과연 '십전대보반(十全大補飯)'이라 부를 수 있는 '밥'이 된다. 신기하
게도 아부아리·이비시나는 이것을 먹고 빠르게 기력을 회복하였으며,
이후 사람들 사이에서 '피라우'는 급속히 확대되어 갔다.

'피라우'는 영양이 풍부한 자양식일 뿐 아니라, 특별한 반찬을 필요
로 하지 않고 만드는 시간과 노동력이 절약되는 이상적인 식품으로,
특별히 많은 사람들이 모였을 때 사람들로 하여금 만족하게 할 수 있
다는 장점이 있다.

5) 카자흐인과 말(馬)고기

말은 '카자흐인의 날개'로 카자흐사람들은 말을 지독히 좋아한다. 몽
골초원의 몽골사람들처럼 카자흐인 또한 말(馬)없이는 잠시도 생활할
수 없을 정도로 말과 가깝다. 그러나 '아이러니'하게도 초원에 귀한 손
님이 오면 카자흐인들은 말을 잡아 손님을 접대한다. 망아지 고기로

말을 잡아 손질하는 카자흐인

손님을 초대하는 것은 카자흐
족이 베푸는 손님에 대한 최고
의 예우이다. 초대 손님에게
드릴 망아지는 선택의 과정을
거친다. 보통은 살이 통통하게
찌고 병(病)이 없는 1살 된
망아지가 낙점된다. 대개 초대
손님을 위해 양(羊)을 잡을 때
에는 안색을 본다. 즉 털이 검
은 색의 양으로는 손님을 접대하지 않으나 망아지의 경우에는 털 색깔
에 대한 금기는 없다. 망아지가 선택되면 손님에게 보여 허락을 받는

다. 주인은 이 때 손님에게 복을 기원하는 인사를 한다. 그러면 손님 중에 연장자가 손님을 대표하여 주인에게 감사를 표시하며, 주인과 초원의 목민의 번영을 축원하는 인사를 한다. 이런 의식을 카자흐 말로 '바다(巴塔)'라고 한다. '바다'의식이 끝나면 망아지는 곧바로 도살된다. 도살은 남자가 한다. 도살할 때 말머리는 서남쪽을 향하게 하고, 도살자는 기도의 경(經-도살하게 되는 연유와 죽어서 좋은 곳에 가라는 기도)을 읽고 나서 비로소 죽인다.

망아지를 도살한 뒤에는 곧바로 가죽을 베껴내고, 내장을 꺼내고, 머리와 발굽을 분리한다. 큼직하게 자른 말고기 덩어리는 잘 씻은 후 솥에 넣고 삶는다. 이 때 미리 손질해 놓은 말 창자에 잘게 다진 망아지 고기와 말기름, 소금, 파 등의 재료를 넣고, 창자의 양끝을 묶은 뒤 솥에 넣어 고기와 함께 삶는다.

말고기가 익기 전에 주인은 손님에게 차(奶茶)와 크림, 치즈, 사탕 등을 권한다. 고기가 다 익은 후에는 큰 쟁반에 말고기를 그득 담아서 식탁 위에 올려놓는다. 이때 주인과 손님 사이에는 또 한 번의 '바다'의식이 행해진다. 이어서 주인은 말창자(순대), 넓적다리. 뱃살 등의 부위를 집어 손님 중에 연장자에게 권하고, 이때부터 다른 사람들도 비로소 먹기 시작한다. 식사 자리에서 주인은 끊임없이 손님에게 술과 고기를 권하면서 정감을 표시한다. 식사를 마친 후에는 말 젖을 권한다.

망아지 고기는 연하며 맛이 좋고 영양가가 높아 고급 보양 식품으로 여겨진다.

우리나라에서는 제주도에 가면 말고기를 먹을 수 있다. 필자는 몇 년 전 제주도 만장굴 문화원장이신 김병용 원장께서 주관한 투마(鬪馬 -말은 봄이 되면 발정하는데 이때 우리(울) 안에 두 마리의 수말을 넣고 발정 난 암말 한 마리를 넣으면 수말들은 암말을 차지하기 위해 반드시 싸운다)대회 때 한국몽골학회 회원들과 가서 말고기를 먹은 적이 있다. 살이 연해서 육회로도 먹고 '로스구이'식으로 불판에 구워먹기도 하는데 맛이 상당히 고급스러웠던 것으로 기억된다. 카자흐인들은 또 죽은 자를 애도할 때 말고기를 쓴다. 집안에서 보통 연장자가 죽은지 1주년 되는 날에 손님들을 초대한다. 이때에는 망아지를 잡는 것이 아니라 죽은 이가 생전에 전용으로 타고 다니던 승용마가 있으면 그 말을 잡는다. 고정 승용마가 없을 경우에는 살이 찐 암말을 잡는다. 아울러 암말 고기를 넣은 '피라우', 마창 등을 만들어 손님을 초대한다. 이렇듯 제삿날에 말고기로 손님을 접대하는 것은 죽은 자에 대한 최고의 예우이며 깊은 애도의 표시이다.

6) 카자흐인과 쿠미스(Kumiss)

발효시킨 말 젖은 카자흐, 키르기즈 등 소수민족이 가장 좋아하는 음료로 카자흐어로는 '쿠미스(Kumiss)'라 한다. 이것은 일종의 발효한 말 젖인데 약간의 알코올 성분이 있어 '말젖술(馬奶酒)'이라고도 한다.

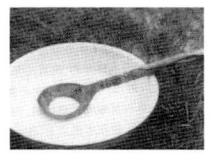
쿠미스와
자작나무 국자

한여름, 천산 북록의 이리(伊犁), 버르타라(博爾塔拉), 다칭(塔城)과 알타이(阿勒泰) 초원의 거의 모든 '유르트'에는 이 '쿠미스(Kumiss, 말젖술)'가 익어간다.

어느 한 민가(民歌)의 구절에 보면: "駿馬遍山坡 馬奶流成河(준마를 타고 산기슭을 돌아보니 말 젖이 내(川)가되어 흐르네)"라는 가사처럼, 여름에 당신이 이곳

목지를 방문한다면 이곳에 들어서는 순간 향긋한 이 '쿠미스(Kumiss, 말젖술)' 내음에 몸과 마음이 취할 수 있다.

쿠미스는 말 젖을 발효 양조하여 만드는 것으로 주정(알코올)을 1.5~3도 함유하고 있다. 영양이 풍부하고 시원하여 더위와 갈증을 해소하는 음료로 애용되며 폐결핵과 위장병 치료에도 효과가 좋다. 만드는 방법은 다소 특이하다.

목민들은 갓 짜낸 말 젖을 '유르트' 안에 준비된 말 젖 누룩(밑 술)이 들어있는 통(말가죽이나 소가죽으로 샌드백처럼 만든 가죽 통)속에 계속 넣고, 상온을 유지하며 통 속의 막대기를 저어준다(매일 수백 번씩 젓고 찧는다). 이렇게 여러 날 반복하면 약한 신맛을 띠며, 은은한 젖 향기를 품는 시원하면서도 입맛에 맞는 쿠미스가 완성된다. 일부 카자흐인은 영양과 맛을 한층 증진시키기 위해 양의 꼬리 기름을 넣어 함께 발효시키기도 한다.

원대(元代) 시인 허유임(許有壬)은 쿠미스를 '맛은 감로(甘露)를 녹인 것 같고, 향은 감천(甘泉)의 물로 빚은 것 같다'고 표현했으며, 청대(淸代) 초웅(肖雄)이란 사람은 '쿠미스를 오래 계속 마시면 소년의 얼굴로 돌아갈 수 있다'고 예찬한 바 있다.

쿠미스에는 비록 약간의 주정 성분이 있으나 아무리 많이 마셔도 절대 사람을 취하게 하지는 않는다. 다만 약간의 최면작용이 있어 마신 후에는 달콤한 잠에 빠져들게 할 수는 있다.

카자흐인은 손님을 초대하여 술 대신 쿠미스로 접대하기를 좋아한다. 만일 당신이 여름에 카자흐족의 '유르트'에 초대된다면, 카자흐 주인은 분명 한 동이의 쿠미스를 가져다가, 자작나무로 만든 국자로 쿠미스를 사발에 가득 떠서 당신에게 권할 것이다. 만일 당신이 마시기를 좋아한다면 손님을 좋아하는 카자흐 주인은 끝까지 당신과 자리를 같이하며 환담할 것이다. 재미있는 것은 이 사람들은 쿠미스를 반드시 자작나무로 만든 국자로 뜨는 습관이 있는데 나무국자는 쿠미스의 향을 오래도록 유지시킨다고 믿는다. 그래서 어떤 집에서는 자작나무로 만든 잔을 사용한다.

목지에서는 또 낙타 젖을 발효시켜 만든 낙타젖술도 양조해 마신다. 색깔은 쿠미스같이 눈처럼 희며 농도는 진하고 맛은 달콤하다. 쿠미스보다도 영양이 풍부하여 낙타가 비교적 많은 지역의 사람들은 낙타젖술을 만들어 마신다고 한다. 이 또한 더위와 갈증을 풀어주는 음료로서만이 아니라, 폐결핵과 위장병 치료에도 효과가 뛰어나 쿠미스와 함께 특별히 목민들의 주목을 받고 있다.

2〉 복식(服飾)과 주거

1） 위구르인의 복식

전통적인 위구르족의 복식은 무늬가 많고 아름다워, 위구르인들의 열정적이고 자유로운 성격을 잘 보여주고 있으며, 동시에 신강 기후의 특징도 반영하고 있다. 위구르족 남자들의 겉옷은 '치아판'이라 부른다. 길이가 길어 무릎까지 내려오며, 소매가 넓으며 목깃과 단추가 없고 허리는 건(巾)으로 묶는다. 허리띠에는 먹을 것이나 작은 생활 용품을 넣고 다닐 수 있어 주머니를 대신한다. 여름용 '치아판'은 홑겹으로, 겨울용은 솜으로 만들며, 연령에 따라 가슴 부분의 도안이 약간씩 다르다.

위구르족 부녀(婦女) 복식의 양식은 비교적 많다. 일반적으로는 원피스 입고, 상반신에는 서양식 조끼나 서양식 겉옷을 덧입기를 좋아한

Atlas 무늬의 원피스와
전통 꽃 모자를 쓴
아름다운 위구르 여인

다. 아울러 눈썹을 그리고, 머리 장신구를 하고 손톱 칠하기도 좋아한다. 또 남강(南疆)의 위구르 여인네들은 머리에 꽃을 꽂는 것을 좋아한다. 위구르족 여인들이 즐겨 입는 원피스는 색채가 선명하고 아름답다. 특히 젊은 여인들이 즐겨 입는 무늬가 화려한 '아이더라이스(Atlas, 艾得萊斯)' 실크 원피스는 질감이 좋을 뿐 아니라 예쁘다. 위구르족 남녀는 모두 가죽장화(부츠)를 신는 것을 좋아한다. 동시에 또 장화 위에 덧신을 신어 집이나 이슬람 사원에 들어갈 때에는 덧신만 벗어 실내의 청결을 유지한다.

위구르족 남녀는 모두 모자를 쓰는 습관이 있다. 여름에는 무늬 있는 모자를, 겨울에는 '투마커(吐瑪克)'라는 가죽 모자를 쓴다. 남강의 위구르족 여인들은 외출할 때, 무늬 모자 대신에 무늬 있는 두건을 쓰기도 하고, 면사(面紗)를 두르기도 한다.

위구르족 여인들의 머리양식 또한 알아볼 만하다. 결혼 전의 위구르족 아가씨들은 몇 갈래에서 십여 갈래로 짧게 변발식으로 땋지만 결혼후에는 바뀐다. 남강의 부녀(婦女)들은 4갈래로 땋는데 앞에는 짧게, 뒤에는 길게 땋다가 나중에는 앞뒤를 묶어 2가닥으로 땋는다.

그러나 사회가 변화하고 발전해감에 따라, 위구르족의 복식 또한 변화해 가고 있다. 남자들은 '치아판' 대신 양복과 점퍼를 즐겨 입고, 부녀자들 또한 통바지에 서양식 상의를 즐겨 입는다. 어쩔 수 없는 시대의 흐름이다.

2) 위구르족 부녀(婦女)의 면사(面紗, Veils)

우리들은 TV에서 종종 아랍국가의 부녀자들이 면사(面紗)를 쓰고 거리를 다니는 장면을 보고 조금은 이상하다고 느꼈을 때가 있다. 신강의 카슈가르(喀什, Kashgar) 등지의 소수 위구르족 부녀들 또한 면사를 머리에 쓴다.

이슬람교의 규정에 따르면, 부녀자는 손과 다리 이외의 전신은 모두 수치스런 몸으로, 외출 시에는 반드시 얼굴을 가리거나 면사를 써야 한다. 면사를 쓰는 대부분은 종교의 영향을 깊이 받았거나 또는 종교 집안의 부녀들이다. 이슬람교 신봉자들은, 부녀자는 깊이 은거하여 바깥출입은 극히 간소해야 하며, 외간 남자를 엿보아서는 안 된다고 한다. 남자가 만약 낯선 여자의 얼굴을 보면 불길하고 불행한 일을 당한다고 여긴다.

그러나 면사를 쓰게 된 기원에 대해서 일부 사람들은, 고대 아랍 일대에 부는 모래 바람으로부터 부녀자의 얼굴을 보호하고, 떨어지는 미세 먼지를 방지하기 위한 위생을 위해서였다고 주장하기도 한다.

무슬림 부녀가 쓰는 면사나 머리 덮개는 천편일률적인 것이 아니라 경제 사정에 따라 그 질감이 각기 다르다. 면직(綿織), 면사(綿絲)혼방, 사직(絲織) 등의 3종류가 있으며 색깔도 커피색, 흑색, 회색과 백색 등이 있다. 크기의 규격 또한 각기 다르다. 보통은 허리 윗부분까지를 덮으나 큰 것은 팔 아래까지 모두 덮는다.

위구르족 부녀의 면사 쓰는 시기는 통일된 규정이 없다. 일찍이는 열 두어 살부터 쓰기 시작하여 5, 60세의 부녀 또한 면사를 쓴다.

오늘날 카슈가르 지역의 위구르족 부녀 중에 면사를 쓰는 숫자는 점점 줄어들고 있다. 부녀의 지위가 끊임없이 높아져 부녀들도 남자와 마찬가지로 각종 노동에 종사하고, 각종 사회활동에 참여함에 따라 면 포는 그녀들의 적극적인 생산 활동에 방해가 되고 있기 때문이다.

3) 초원 위의 白宮

초원의 백궁(白宮)

모양은 다르지만 미국에 대통령이 거주하는 '백궁(白宮,White Houses)'이 있듯이 신강(新疆)에 또한 '백궁'이 있다. 신강의 넓디넓은 초원 위에 하얀 버섯같이 점점이 솟아 있는 카자흐족의 파오는 그 자체가 하나의 '백궁'이다.

신강 카자흐족 '백궁(氈房—유르트)'의 역사는 참으로 오래되었다. 그 옛날 카자흐족의 선조인 오손(烏孫)국 왕에게 시집간 한(漢) 왕조의 세군(細君)공주가 지은 〈황곡(黃鵠)〉이란 노래의 첫 구절에도 유르트가 묘사되어 있는데, 이것을 보면 카자흐족의 유르트는 적어도 2천년 이상의 역사는 갖고 있다고 볼 수 있다.

유르트의 높이는 대략 3m정도이고 면적은 2, 30㎡이다. 주위는 원형으로 펠트(felt,모포)를 둘러치고 지붕은 원추형이다. 유르트의 뼈대는 사막에서 자라는 홍류(紅柳)라는 나무로 만든다. 문틀과 문은 소나무로 제작하며, 벽과 지붕을 잇는 접합 부분은 소가죽으로 만든 끈과 소 힘줄을 사용하여 묶는다. 겉에 둘러치는 펠트는 털끈(毛繩)으로 묶어 고정시키며 못은 일체 사용하지 않는다. 카자흐족은 1년에 10여 차례 집을 옮기는데 겨울 외에는 모두 이 '유르트'에서 생활한다. 유르트는 가벼워 휴대하기 편리하고 견고하며, 해체하고 짓기가 용이한 장점이 있다. 보통 2시간 정도면 지을 수 있어 목민들로부터 환영을 받고 있는 이동식 집이다.

유르트의 크기는 벽면(격자형으로 접었다 폈다 할 수 있게 만든 벽)의 숫자에 의해 정해진다. 보통의 유르트는 6조각의 벽면을 사용한다. 각 조각의 벽은 길이가 2~3m, 높이가 대략 1.7~2m이다. 식구가 많거나 경제 사정이 좋으면 8~10조각 벽면의 유르트를 짓기도 한다. 일반적인 유르트의 가격은 현재 인민폐 1, 2만원(우리 돈으로 환산하면 150~300만원 정도)선이다.

30㎡되는 내부에는 침실과 응접실과 주방과 창고가 있다. 문은 일반적으로 동쪽을 향해서 낸다. 대개 유르트의 전반부에는 물건과 가구를 놓고, 뒷부분은 침실과 응접실로 사용한다. 문을 들어서면서 왼쪽은 아이들과 부녀자들이 생활하며 침대 앞에는 휘장이 쳐져 있다. 정 중앙 상방에는 이불과 옷을 넣는 장롱이 있고, 오른쪽 상방에는 주인의 침대가 있다. 오른쪽 아래쪽에는 식품과 주방기구를 두고, 왼쪽 아래쪽에는 목축용구와 사냥도구가, 정 중앙 천정 아래에는 무쇠 난로가 설치되어 있다.

이곳에서 저녁을 먹고 난 목민 가족들은 모여서 환담을 나누기도 하고, 노래를 부르기도 하고 춤을 추기도 한다. '백궁'의 용량과 용도는 매우 다양하다.

4) 사막의 혈관 가레즈(坎兒井)

필자는 '99년 여름, 한국몽골학회 회원들과 '대흥안령일대 소수민족 답사' 도중 만주족 집에 들른 적이 있다. 당시 그곳의 풍경은 마치 필자의 어린 시절 살던 동네와 매우 흡사하다는 생각을 했었다. 일자집에 문틀위의 사진첩과 마당 한켠의 돼지우리와 마당의 옥수수, 대문밖을 나서면 보이는 텃밭들의 모습은 우리네 농촌과 비슷하다는 생각을 했다. 본래 만주족은 반농반목의 생활을 하였다고 하지만 17세기가 되면 중국 내지에서 잡아온 한족(漢族)들을 이용하여 만주 전체가 거의 농업으로 전환된 상태였다. 17세기 초, 만주에 갔던 조선 사신 신충일(申忠一)이나 이민환(李民寏)의 「건주견문록」의 기록을 보더라도 당시 후금은 이미 "송곳 꽂은 땅조차 없을 정도로 놀리는 땅 없이 농사를 지었다"고 적혀있을 정도이니 지금의 그런 모습은 전혀 이상한 것이 아니다. 단지 무엇보다도 색다르게 느낀 것은 부엌 안의 우물이었다. 처음에는 무슨 우물이 부엌에 있는가? 하고 생각이 들었지만 겨울에 보통 영하 2, 30도까지 내려가니 그럴 수 도 있겠다고 생각이 들었다.

이곳의 우물은 굴뚝같은 관을 땅속으로 박아놓은 형태로, 밑이 개폐식 바닥으로 되어 있는 원통 모양의 두레박을 도르래를 이용해서 물을 퍼 올리고 있었다. 이 굴뚝식 우물은 먼지가 들어갈 리도 없고 겨울엔 얼지도 않을 것이며, 물을 운반하는 수고도 절약될 수 있다고 생각하니 참 지혜롭다고 느껴졌다. 이것을 보자 필자는 어릴 적 시골집에서 사용하던 펌프식 우물이 생각났다. 쇠로 된 관을 땅속 지하수 층까지 박아 지렛대의 원리로 펌프질을 하여 물을 퍼 올리던 시절. 겨울에는 물이 얼까 봐 밤에는 꼭 물을 완전히 빼고 아침이 되면 다시 물을 붓고 치꺽치꺽 펌프질을 하면서 물을 뽑아 쓰곤 했었다. 연탄 때던 시절, 이제는 '그때를 아십니까?'에나 나올 수 있는 이야기 같지만, 더운 여름날 그 펌프로 퍼 올린 시원한 지하수로 등목을 하던 때가 불과 몇 년 전까지만 해도 흔히 보아 왔던 풍경이었다.

이 굴뚝식 우물을 보고 연상된 것이 투루판의 가레즈이다. 가레즈라는 것은 이러한 우물을 지하로 연결한 지하 물 통로이다.

어릴 적 늘 궁금해 하던 것 중의 하나가 사막의 오아시스에 대한 막연함이었다. 그저 모래사막에서 낙타를 타고 열을 지어 걸어가는 대상인들과, 목이 말라 신기루라는 허상을 쫓아 헤매면서 고생고생 하다가 마침내 오아시스라는 낙원에 이른다는 만화 장면들이 그저 전부였던 그때, 어떻게 사막 한가운데 오아시스가 있을까? 정말 사막에는 모래만 있을까? 신기루는 있을까? 이런 것들은 어릴 적 풀 수 없는 나의 숙제 중의 하나였다. 필자가 이 궁금증을 푸는 데에는 수십 년이 걸렸으며 그 의문의 해답이 바로 이 '가레즈'라고 하는 지하 수로이다. 투르판 분지에는 약 1,000여 개의 '가레즈'가 있는데, 이 가레즈라고 하는 것은 한 마디로 말하자면 일정한 간격으로 우물을 파고 그 우물 바닥을 서로 이은 지하 수로이다. 신강에 가면 어디를 가나 늘 따라 다니는 듯한 천산(天山)이라는 산맥이 있다. 이름 그대로 하늘의 산처럼 높이가 매우 높아 꼭대기에는 항상 만년설로 덮여있다. 꼭대기의 눈들은 계속해서 쌓여 그 무게로 인해 아랫부분은 밀려 내려와 녹아서 물이 되고 이것은 일정 부분 흐르다가 땅 밑으로 스며들어 지하수가 된다. '가레즈'는 이 산 아래 기슭의 지하수로부터 오아시스 도시까지 50여m 간격을 두고 우물 식으로 파고, 다시 이 우물들을 지하로 연결한 것으로 그 길이를 합하면 수천km가 되어 만리장성과 함께 고대의 2대 건조물로 여겨진다.

오아시스에는 두 가지 류가 있다. 하나는 자연적으로 물이 나와서 되는 경우이고 다른 하나는 이 가레즈 식으로 사람이 물을 끌어 와서 만드는 경우이다. 대부분은 인력과 축력을 이용해서 물을 끌어오는 경우가 많다. 1-2명의 노동자가 깊이 20m의 종혈로 우물을 파고 들어가서 다시 횡혈로 연결해 파 나가는데, 1년에 1㎞정도를 판다고 하니 오아시스를 만드는데 드는 노고와 햇수는 가히 경이적이라 아니할 수 없다. 그런데 그토록 고생해서 만든 이 가레즈는 오FOT동안 사용하면 침식되어서 구멍이 커져 측면이 무너지거나 아예 낙반되어 물이 흐르지 않게 되기도 하는 단점이 있다. 때문에 한없이 늘어날 것만 같은 외쿠메네도 일정한 한계가 있다.

3〉 신강 유목민의 유목생활과 놀이문화 외

1) 카자흐족의 유목생활

목축업 생산에 종사하는 카자흐족 목민은 오랜 동안 수초(水草)를 따라 방목하고 하늘에 의지하면서 가축을 키워왔다. 1년 4계절 중, 4차에 걸쳐 비교적 큰 방목점을 이동하며, 매 계절마다 또 수십 차례 거점을 옮겨 다닌다. 매년 반복되는 이동 중에 이들은 분주히 초원과 사막과 산과 강과 황야를 지나다닌다. 사람들은 말하기를, '카자흐민족은 이동 중에 강대하게 발전한 민족으로, 대자연과 서로 의지하며 살아가는 민족이다. 때문에 대자연에 대해 가장 깊고 돈독한 감정을 갖고 있으며, 대자연을 가장 깊이 있게 잘 이해하는 민족'이라고 말한다.

4계절 목장은 각기 봄 목장, 여름목장, 가을 목장, 겨울목장으로 나뉜다. 봄, 가을 목장은 보통 평탄한 지역이며 여름, 겨울목장은 대개가 깊은 산이나 산림 속으로 도로에서도 멀뿐만 아니라 매우 험난한 지역이다. 매번 옮기는 목장은 적으면 수 십㎞, 많으면 수 백㎞가 된다. 예를 들면, 이리(伊犁)카자흐자치주의 일부 겨울 목장은 버르타라

(博爾塔拉)몽골자치주 경내에 있고, 버르타라몽골자치주의 일부 여름 목장은 이리(伊犁)주 경내에 있다. 이들 두 개주 사이의 목장은 거리가 멀어 목민들은 왕왕 이동시 봄, 여름과 가을, 겨울에 모두 산을 오르고 물을 건너며 들에서 풍찬노숙(風餐露宿)을 한다. 때로는 눈보라와 차가운 비, 우박과 억수 같은 장대비의 습격을 받아가며 이동 한다. 노인과 아이는 종종 이동 중에 급성병(急性病)에 걸리기도 하고, 부녀(婦女)는 도중에 출산하기도 한다. 그럼에도 불구하고 목민은 평소대로 목장으로 이동해야 한다. 그렇게 하지 않아 제때에 방목점에 이르지 못하면 가축이 큰 손실을 입게 된다. 이렇듯 수많은 카자흐 목민들은 축목업의 발전을 위하여 자기의 귀중한 생명을 바쳐왔다.

이동 중의 교통 도구는 주로 소와 말과 낙타 등 큰 가축에 의지한다. 일반적으로는 그리 어렵지 않은 이동로이지만, 가끔씩 깎아지른 절벽같은 산이나 양 창자처럼 구불구불한 작은 길을 만나게 되면, 목민의 유르트나 옷 등 생활용품은 완전히 이들에게 의지하여 가야만 한다. 헬리콥터 외의 그 어떠한 교통 도구도 소용없다.

이렇게 한 세대 한 세대 대자연과 싸워 이겨내며 수백 두, 수천 두, 수만 두로 늘린 크고 작은 가축을 데리

이동하는 카자흐목민 일가

고 옛날부터 지나다녔던 그 길을 따라 목적지에 도착한다. 사람들은 이러한 어려운 환경 속에서 서로 돕는 것을 미덕으로 여기게 되었다. 목적지에 먼저 도착한 목민은 누구를 막론하고, 뒤에 오는 목민에 대해 알든 모르든 관계없이 모두 도움의 손길을 내어 도와준다. 유르트를 함께 지어주고, 먹을 것을 내어 주고, 가축을 돌보아 주면서, 뒤에 온 자가 빠르게 안착할 수 있도록 도와준다. 이러한 상호부조(相互扶助)의 전통은 이미 습관화 되었다.

그러나, 수세기 동안 내려온 이러한 카자흐족 목민들의 생활에도 이제는 생활이나 생산 부문에서 비교적 큰 변화가 일어나고 있다. 이리(伊犁)의 '궁나이스(鞏乃斯)'초원의 목민들은 이제 유목을 청산하고 정거 생활에 들어가기 시작했다. 이곳의 목민은 이제 넓고 밝은 통나무집에서 생활한다. 가축들에게는 울타리를 만들어 주고, 마을에는 병원과 학교도 세웠으며, 또 풀을 저장하는 창고와 사료기지도 만들었다. 하늘에 의지해서 가축을 키우고 물과 풀을 좇아서 방목하던 시대가 이제 변하고 있다. 이제 과거의 목장들은 개발되고, 계절마다 이동하던 목도(牧道)에는 도로가 만들어져 버스가 다니고 있다. 국가 경제의 발전과 과학기술의 진보에 따라 카자흐족의 유목에도 새로운 변혁이 일어나고 있는 것이다.

2) 주이꾸냥(追姑娘)

한자로 추고낭(追姑娘)이란 '꾸냥(처녀)를 쫓는다'란 뜻이다. 말 그대로 말 탄 총각이 말 탄 처녀를 쫓는 유목민의 놀이이다. 카자흐 목민들은 '고낭추(姑娘追)'라 하는데 이것은 꾸냥이 총각을 쫓는 놀이로 추고낭(追姑娘)과 같은 놀이이다.

신강의 '아허치(阿合奇)'와 '터커스(特克斯)'의 키르기즈족은 마을의
경사로운 일이 있을 때 이 놀이를 한다.

주이꾸냥 놀이에 열중하고 있는
키르기즈 처자

카자흐족의 '고냥추(姑娘
追)'는 남자가 탄 말이 앞에서
달리고 여자가 탄 말이 뒤에서
쫓지만, 키르기즈족의 '추고냥
(追姑娘)' 놀이는 여자가 탄
말이 앞에 서고 남자를 태운
말이 뒤에서 쫓는 방식이다.
키르기즈 목민은 이 놀이를,
'젊은이(총각)가 능력이 있
는지 없는지, 진정한 남자인지 아닌지를 가리며, 또 키르기즈 청춘남
녀가 서로 사모의 정을 표현하고 구혼할 수 있는 좋은 기회가 되는 놀
이'라고 말한다.

참가선수들은 부락을 대표하며 상대방이 어떤 말을 타고 나오는지는
서로 간에 비밀로 하기 때문에 알지 못한다. 각 부락에서는 자기 부락
의 영광을 위해 부락에서 가장 좋은 말을 선수가 탈 수 있도록 한다.

시합이 시작되기 전, 꾸냥(처녀)은 자신의 상대를 고를 수 있는 권
한이 있다. 만일 처녀가 특별히 싫어하는 총각이 나와 자신과 시합하
게 되면 처녀는 경기 참가를 포기하고, 잠시 기다렸다가 마음에 드는
상대가 나오면 그때 다시 참가할 수 있다.

일부 처녀는 자신의 말과 기마술을 믿고 상대방을 무시하여 그대로
시합을 하는 경우도 있다.

시합이 개시될 때, 남녀는 서로 고른 파트너와 함께 말머리를 맞대

고 지정된 장소로 천천히 이동한다. 이때 총각은 처녀와 대화를 나누며 유머러스한 농담을 하기도 하면서 좋은 이미지를 보이도록 노력한다. 때로는 사모의 정을 표현하기도 하고 심지어는 청혼을 하기도 한다. 만일 처녀가 총각을 굉장히 좋아한다면 물론 혼사에 대해 대답할 수도 있겠지만, 대부분의 처녀들은 의중을 드러내지 않고 대개 다음과 같이 표현 한다: '저를 따라 잡으면 혼사를 얘기할 수 있지만 잡지 못하면 보류할 수밖에 없다'라고…. 때문에 이 놀이는 총각에게 있어 이기느냐 지느냐가 매우 중요한 문제이다. 만약 쫓아가 처녀를 잡으면 관중들 앞에서 처녀의 옷자락을 잡거나 끌어안고 어루만지며, 자신이 진정한 사내대장부로서 이겼다는 것을 과시할 수 있다. 그러나 지게 되면 관중 앞에서 망신을 당할 뿐 아니라 처녀의 호감도 잃게 된다.

지정된 장소에 이른 후에 여자의 말은 앞에서 달리고 남자의 말은 긴박하게 전속력을 내어 쫓아간다. 달릴 때, 일부 처녀는 총각과의 거리를 벌리기 위해서 고의로 상대방의 말을 채찍으로 때리거나, 총각이 방심한 틈을 타서 고삐를 놓치게 하고 상대 말을 때려 필사적으로 달아나기도 한다. 이때 관중들은 환호성을 지르며 자기의 선수를 열렬하게 응원한다. 보통 200~300m 거리가 벌어지면 승부가 결정되는데, 거의 남자가 승리하며 여자가 이기는 경우는 매우 드물다. 때문에 키르기즈 총각들은 거의 모두가 진정한 남자로 불린다.

3) 조양(叼羊)

조양(叼羊)은 카자흐족이 말위에서 하는 격렬한 체육활동 중의 하나이다. 초원에서 기쁜 일이 있을 때마다 용맹한 카자흐족 목민들은 한 곳에 모여 조양 활동을 한다.

조양에 참가하는 인원은 제한이 없다. 적게는 수십 명에서 많게는 백 명이 넘게 참여한다. 경기 방식은 팀을 둘로 나눠 산양(山羊)을 탈취하여 목적지까지 이동시키는 방식이다. 이 때 쓰이는 양은 2살이 안 된 흰 산양으로 경기에 앞서 '나허(拉合)'라고 불리는 이 흰 산양을 잡아, 머리와 발굽을 제거하고 목 부분의 식도를 잡아매어 피가 흐르지 않도록 한다. 때로는 흰 산양의 가죽으로 이를 대체하기도 한다.

경기는 '아울(목민 부락)'에서 멀지 않은 개활지에서 열린다. 산양을 양 팀의 중간에 놓고, 경기를 주재하는 연장자가 경기 시작 신호를 울리면, 신호에 맞춰 잔뜩 긴장하며 기다렸던 쌍방의 기수들은 활시위를 떠난 화살처럼 튕기듯이 산양을 향해 질주한다. 일부 기수들은 상대방의 진로를 차단하기도 하고, 일부는 양을 잡은 사람을 보호하며 진로를 열어주기도 한다.

만약 양을 잡은 기수가 목적한 '아울'의 어느 '유르트'의 문 앞에 갖다 놓으면 경기는 끝이 난다. 그러나 중간에 곳곳마다 기마술이 뛰어난 용감한 기수들이 지키면서 각자 호시탐탐 승리를 꿈꾸고 있기 때문에, 양을 탈취해서 순순히 목적지까지 갖다 놓는다는 것은 쉬운 일이 아니다.

각축을 벌이다 양을 탈취해 목적한 '아울'의 '유르트' 문 앞에 가져다 놓는 기수는, 사람들로부터 '영웅' 또는 '행복을 가져온 자'라는 칭송을 받는다. 그래서 경기는 늘 과열되는 경향이 있다.

만일 기마술이 뛰어난 기수가 적고 사람들이 적게 참여하면 보통은 1, 2시간 만에 끝나지만, 참가자가 많으면 승부를 결정하기가 쉽지 않다.

대개 큰 명절 때에는 각지에서 자신의 부락을 대표하는 기수들이 모여들어 참여자가 수백 명에 이르기도 한다. 이때, 수백 명의 준마들이 능란한 기수들의 조종에 의해 초원을 질주하는 광경은, 정말로 초원에서만 볼 수 있는 짜릿한 전율을 느끼게 하는 장관이다. 조양 경기에 참여하는 말은 모두가 선택된 최고의 말들이다. 그러나 이 말들도 격렬한 조양 경기에 참여하여 폭발적으로 힘을 쓰고 10여km를 순간적으로 질주하기 때문에 쉽게 지쳐, 선수들은 경기 도중에 말을 갈아타기도 한다.

조양 경기는 남자라면 누구나 참여할 수 있으나 실제 참여자의 대부분은 젊은 총각들이다. 경기가 있는 날에는 각 마을 전체의 남녀노소 누구나가 참관한다. 때문에 총각들은 처녀들에게 자신의 기마술을 보여줄 수 있는 좋은 기회가 된다. 목민의 처녀들 또한 기마술이 능란한 용감하고 멋진 청년을 좋아한다. 때문에 개개의 총각들은 제각기 최고의 용감성을 발휘하게 됨에 따라 경기는 언제나 격렬해지기 마련이다.

카자흐 목민은 조양을 행복을 구하는 의식으로 여긴다. 그래서 조양한 기수가 어느 목민의 집 문 앞에 그 양(羊)을 갖다놓으면 그 집에는 행복이 이르렀다고 여겨, 주인은 그 양을 삶아 모두에게 먹기를 권한다. 그 산양의 고기를 먹은 사람은 좋은 복과 운을 얻고 재난이 피해간다고 여긴다. 그래서 초원에서 조양 경기가 열리면 늘 주위에는 온 마을 사람들이 모여들어 모두가 복을 얻기를 기원한다.

4) 유목민과 칼

신강의 대다수 소수민족들은 칼(小刀)를 사용하는 습관이 있으며 카자흐족 또한 예외가 아니다. 오랜 기간 축목업 생산에 종사해온 카자흐 남자는 거의 모두가 소도(小刀,작은 칼)를 가지고 다닌다. 소도(작은 칼)는 그들 생활 중의 중요 도구이다. 양을 잡거나 가죽을 베낄 때, 고기(肉)를 분해하거나, 마구(馬具)를 수리할 때, 목 공예품을 만들 때, 고기를 먹거나 과일을 먹을 때, 사냥할 때 등등 칼을 떠나서는 한시도 살 수 없다. 언제 어디서나 항시 사용해야 하는 이 작은 칼은 남자들의 장식품이면서 곧 몸의 일부이다. 때문에 카자흐족 남자들의 혁대에는 칼이 자리하는 고정된 위치가 있다. 카자흐의 칼은 두 종류

로 나누는데: 하나는 30㎝정도의 장도(長刀)이고; 다른 하나는 접도(折刀—절도, 재크나이프)이다. 대부분의 남자들은 접도를 가지고 다닌다. 접도는 대, 중, 소의 3종류로 구분되며, 작고 깜찍하고 휴대가 편리하여 사람들로부터 인기가 좋다. 칼(小刀)의 모양도 다양하여 장검

카자흐인들의 칼

을 축소시켜 놓은 모양, 매 부리처럼 생긴 모양 등이 있고, 칼자루도 금속이나 소뿔, 플라스틱 등의 소재에 특유의 여러 문양을 상감하거나 조각한다. 칼날 제작 또한 꼼꼼하다. 강재(鋼材) 선택부터 세심한 주의를 기울여 수십 번의 정교한 담금질의 과정을 거친다. 대부분은 탄성 있는 강철을 원료로 하는데 칼날이 예리하며 견고하여 장기간 사용이 가능하다. 이리카자흐자치주(伊犁哈薩克自治州)에서 생산되는 '사무사커(沙木沙克)'라는 칼은 이러한 특징을 모두 갖춘 칼로, 카자흐 목민은 칼 한 자루를 양 한 마리와 바꿀 정도로 '사무사커(沙木沙克)'의 인기는 높다.

한편 이러한 칼의 제작 못지않게 목민들이 관심을 갖고 주의를 기울이는 것이 칼집이다. 보통 칼집은 양이나 소가죽으로 만들며, 편리하게 사용할 수 있도록 혁대처럼 허리에 차고 다닌다. 이 역시 겉에는 은이나 동(銅), 보석으로 여러 문양을 도안하여 붙이거나 장식하여 매우 아름답게 만든다. 재미있는 것은 경우에 따라 목민은 이것을 채찍으로 쓰기도 하는데, 즉 평시에는 칼집으로 사용하다가 말 탈 때에는 채찍 대용으로 사용하기도 한다.

카자흐족 부락에는 전문적으로 칼 제작에 종사하는 장인이 있다. 손재주가 매우 뛰어나서 대대로 제작 비법이 전수되고 있다.

카자흐족 목민은 칼을 무척 좋아한다. 그러나 종종 친한 친구가 오면 자신이 애지중지하는 칼(小刀)을 선물로 주기도 한다.

5) 할례(割禮)의 습속(Circumcision Ceremony)

이슬람교를 신앙하는 모든 남자는 누구나 할례(割禮)를 한다. 무슬림은 할례를 경사스러운 일로 여기며, 위구르어로는 '순나이커튀이(遜耐克托依)'라고 부른다. 그래서 할례의 날 아침이 되면, 사람들은 지붕 위에서 북을 치고 날라리를 불며 '샹궈지에(像過節)'처럼 시끌벅적해진다.

할례는 이슬람교의 습속으로, 남자아이의 음경포피(포경)를 제거하는 것이며, 위생상 요구되는 하나의 좋은 습속이다. 할례는 일반적으로 홀수 달에, 아이의 나이 또한 5세, 7세 등 홀수 나이에 한다. 상처가 빨리 아물고 또 감염이 되지 않게 하기 위하여 계절적으로는 대부분 봄에 진행한다. 보통은 아이가 학교 가기 전에 할례의 수술을 마친다.

할례의 날이 되면 많은 손님들을 초대한다. 손님을 초대하는 방법이

다소 특이한데: 할례를 받는 아이는 친히 스스로 말을 타고 나간다. 이날, 그는 새 옷에 새 바지를 입고 한 살 된 망아지를 타고, 어른과 함께 아버지의 친한 친구 집에 가서 초대장을 전한다. 초청장을 받은 집에서는 아이의 몸에 가늘고 긴 헝겊(면 테이프)을 붙여주는데, 그래서 아이가 집에 돌아올 때가 되면 아이의 몸에는 각종 색깔의 헝겊이 가득 걸려있게 된다. 지금도 농촌과 유목지에서는 여전히 이러한 습속이 유지되고 있다.

축하하러 온 손님들은 선물을 가져와 아이를 축하한다. 할례를 받는 아이의 방은 깨끗하게 청소하며 이불과 요, 아이의 옷과 바지 또한 완전히 새로운 것으로 바꿔준다.

할례의 방법은 매우 재미있다. 이날, 할례 전문 시술 장로(長老)는 소매가 긴 옷을 입는데, 소매 속에는 예리한 칼을 감추고 아이가 눈치채지 못하게 한다.

시술이 진행되면 장로는 아이를 꼬드겨 바지를 벗긴다. 바지를 벗기고는 손으로 아이의 생식기의 포피를 가볍게 만지면서, 아이에게 옛날 이야기를 들려주며 아이의 주의력을 다른 데로 돌린다. 아이가 긴장하지 않은 틈을 타서 민첩하고 신속하게 죽판(竹板—두개의 대쪽을 모아 한 쪽을 묶은 것)을 생식기의 포피에 끼우고, 상태를 확인한 후 순간적으로 잘라낸다. 이와 동시에 면화(棉花)를 태운 재로 상처에 발라주어 지혈시킨다. 시술은 1분정도 진행되는데, 시술이 진행되면서 아이가 우는 소리를 막기 위해 옆에 있는 조수(助手)는 아이의 입에 삶은 계란이나 붉은 대추를 물려준다. 계란은 이렇듯 아이가 우는 소리를 막아주기도 하지만 아이가 계란을 다 먹고 나면 이미 심한 고통도 지나간다. 할례가 방에서 진행될 때 여자들은 절대 방에 들어오지 못하게 한다.

현재 많은 위구르 아이의 할례는 이미 병원에서 진행되어 상처의 감염률도 줄이고, 수술의 수준도 과거에 비해 많이 향상되었다. 이슬람교를 신앙하는 신강의 카자흐, 회(回), 키르기즈, 타타르, 타지크(搭吉克), 우즈베크 등의 민족의 아이들은 지금도 나이가 되면 거의 같은 방법으로 할례를 받고 있다.

6) 위구르족의 종교예배

위구르족의 신앙은 이슬람교이다. 때문에 그들은 지금도 예배의 습속을 지켜간다. 그들은 매일 5차례 예배(새벽, 점심, 오후, 저녁, 밤)를 드린다. 평상시 예배는 보통 자신의 집에서 하기도 하고 사원(淸眞寺)에 가기도 한다.

그들은 우상(偶像)을 숭배하지 않아 예배의 방향에는 어떠한 인상(人像)도 걸지 않는다. 그밖에 매주 금요일 오후 한차례 사원에 모두 모여 '주마배(主麻拜)'를 드린다. 매년 '로우즈지에(肉孜節)'과 '구르방지에(古爾邦節-古爾邦은 희생, 헌신의 뜻)'의 두 차례 이슬람 전통명절에는 모임예배를 거행하고, 라마단(Ramadan)때에는 밤마다 모여 예배를 드린다. 예배 전에는 반드시 샤워를 하는데, 여기에는 '대정(大淨)과 소정(小淨)'이 있다. '대정'은 온몸을 씻는 것을 말하고, '소정'은 단지 손과 발, 얼굴을 씻고 머리를 매만지는 정도를 말한다. 물로 씻는 것을 '수정(水淨)'이라 한다. 물이 없는 지역에서는 흙으로 대신한다. 즉 양손을 땅바닥에 대었다가 손을 닦고 얼굴을 문지르는 것으로 대신한다.

왜 이렇게 예배 전에는 씻는 것인가? 설법에 따르면 인간은 더럽게 오염되어 있고, 알라(Allah)는 거룩하고 깨끗하기 때문에 예배드리는 사람은 몸을 깨끗이 하여야만 알라에 대한 경건한 정성을 보이는 것이고, 그래야만 비로소 알라께서는 절하는 자를 받아들이신다고 한다.

사원에서의 예배는 매우 엄숙하다. 사원에 들어가는 사람은 누구나 신발을 벗어야 하고, 사원 내에서 코를 풀거나 가래를 뱉거나 방귀를 뀌어서는 안 된다. 예배에 참가하는 사람은 반드시 모자를 쓰고, 전통 교복(敎服)을 입고 성지인 메카를 향해서 바닥에 무릎을 꿇는다. 이맘(敎長)이 이끄는 대로 일어서고, 찬송하고, 허리를 굽히고, 머리를 바닥에 조아리고, 무릎 꿇고 앉는 등의 동작을 한다. 그런 후에 이맘의 설교를 경청한다. 예배가 끝나면 서로 간에 인사를 나누고 안부를 물은 후 자유롭게 귀가한다.

신강의 이슬람교를 신앙하는 ㅋ자흐, 회(回), 타타르, 우즈베크, 키르기즈 등의 민족은 모두가 그들의 종교 예속(禮俗)을 가지고 있으며, 또한 모두 예배활동에 참가한다.

7) 신강 소수민족의 금기(Taboo)

신강의 소수민족 중에서 이슬람교를 신앙하는 위구르, 카자흐, 회(回), 키르기즈, 타지크, 타타르, 우즈베크 등 7개 민족은 모두 돼지고기, 돼지기름을 먹지 않으며 이런 것으로 만든 식품은 일체 먹지 않는다. 또한 경(經)을 읽지 않고 도살한 가축이나 병들어 죽은 가축, 가금(家禽)도 먹지 않으며 어떠한 동물의 피(血)와 고양이, 개, 당나귀, 노새 등의 고기도 먹지 않는다.

여럿이 먹는 음식을 자기 앞으로 당겨다 먹으면 안 된다. 식사 중이거나 대화 중에 가래를 뱉거나, 방귀를 뀌거나 코를 풀거나 하품을 해서는 안 된다.

마쟈르(왕릉)나 묘지, 이슬람 사원 및 제방(堤防), 취사장 등지에서는 대·소변이나 가래침을 뱉는 행위, 더러운 물건을 휴대하는 등의 행위가 금지된다.

젊은이는 어른 앞에서 담배를 핀다던가, 술을 마신다던가, 불결한 언어(욕)를 써서는 안 되고, 어른을 보면 일어서거나 자리를 양보하는 등의 예의를 갖추어야 한다.

대마초를 핀다던가, 도박, 절도, 술주정, 싸움, 거짓말 등은 모두 해서는 안 되는 추악한 것으로, 여론의 혹독한 질책을 받는 행위들이다.

유목지에서 목축업에 종사하는 카자흐, 키르기즈 등의 민족은 목초와 가축을 매우 사랑한다. 때문에 목지에 가서 막대기로 가축의 머리를 때린다던가, 말을 타고 양(羊)의 무리 속으로 들어간다던가, 초원에서 파란 풀을 뜯는다던가 해서는 안 된다. 이 외에도 말을 탈 때에는 '유르트' 문 앞까지 가서는 안 되며 말을 묶어두는 말뚝 앞에서 내려야 한다. 말채찍을 가지고 '유르트'안으로 들어가지 말 것이며, 주인의 면전에서 가축을 세어서도 안 된다. 또 목민이 기도할 때에는 정숙해야 하며 그들 앞으로 지나가서는 실례이다.

후기

신강(新疆)에 가시는 남상긍 교수님께

   남 교수님, 내년(2006년) 연구년을 맞이하여 신강의 사회과학연구원에서 연구 생활을 하시게 된 것을 진심으로 축하드립니다. 청(淸)말에 임칙서(林則徐)는 아편전쟁의 책임을 지고 우루무치(烏魯木齊)로 귀양 아닌 귀양을 갔다지만, 선생님께서는 그동안 평생 업적으로 공부해 오신 북방사(北方史) 연구차 本堂으로 가시니만큼 쥰가르몽골과 위구르족에 대해서, 토르구드몽골족과 챠하르, 투와족과 챠부찰의 시보(錫伯)족 등에 대해서 많이 조사하시고 우수한 북방사학자들과도 교류하시기 바랍니다. 아울러 몽골어와 중국어 공부도 겸해서 말입니다.

   선생님과는 '92년 겨울 박원길 선생이 몽골에 갈 때 인천항에서 처음 뵈었습니다. 그 후로 '95년부터 최기호 교수와 김천호 교수, 신종한 교수와 박원길, 이성규, 강신 김기선 박사와 몽골학회회원들과 우리는 근 10여년을 여름마다 북방초원엘 갔습니다. 학술대회를 마치고는 답사를 명분으로 지프차를 빌려 홍안령을 비롯해서 내몽골과 몽골국의 이곳저곳을 참으로 많이도 다녔습니다. 여러 우여곡절과 고생도 많이 하고, 말에서 떨어져 갈비뼈가 부러지는 등의 크고 작은 사고도 있었지만 지금 생각해 보면 좋은 추억으로 기억에 남습니다.

   남 교수님, 그동안 우리는 무엇에 미쳐 그토록 북방 오지를 돌아다녔습니까? 무엇을 위해 그렇게 끝없는 꿈의 거리를 헤매었는지요? 아직도 저는 잘 모르겠습니다. 이제 겨우 몽골사에 대해서 시대 개념만잡은 정도니까요, 앞으로 얼마나 더 노력해야 그 방면에 나름대로 일가견을 갖을까요?

요즈음에도 저는 휴일이면 매번 동네 테니스장(한아름 1차)에 나갑니다. 테니스를 시작한 지 벌써 20년이 되었습니다. 이제 겨우 테니스에 눈을 떴다고 고수들이 얘기합니다. 북방유목사에 대해서도 앞으로 10년 이상은 더 공부해야 눈이라도 조금 트일까요?

그래도 작년 여름, 선생님과 김천호 교수님과 셋이서 北疆을 답사하면서 허부커섈(和布克賽爾)과 버르타라(博爾塔拉)란 곳에서 토르구드(土爾扈特)몽골족과 챠하르(察哈爾)몽골족에 대해 알게 된 것이 저에게는 큰 수확이었습니다. 10년 넘게 몽골사를 공부했다고 하지만 토르구드몽골족과 챠하르몽골족이 그곳에 이주해 산다는 것을 저는 작년에 처음 알았습니다.

물론 저 자신의 게으름의 소치입니다만 한편으로, 학회에서는 왜 이쪽으로는 눈을 돌리지 않았는지 하는 생각도 듭니다. 왜 그토록 내·외몽골만을 고집했는지요?

이제라도 신강(新疆)과 중앙아시아 쪽으로도 관심을 가져야 한다고 생각합니다. 그래서 한·몽 수교 20주년 기념행사 때에는 서부몽골에 대한 종합연구서도 나와야 되겠지요.

그리고 선생님, 요즘 들어 부쩍 느끼는 것 중의 하나가 저와 북방사 사이에 놓인 커다란 공백의 허전함입니다. 넘으려다 보면 매번 보이지 않는 무언가에 늘 상 걸리는 것을 느낍니다. 그 사이를 메워줄 무언가가 있어야 하는데 그 무언가가 무엇일까? 고민하던 차에, 며칠 전 만주학회 노 총무님과 이야기하던 중에 그 무언가가 '한반도에 관련된 북방사'라는 것을 어렴풋이 깨닫게 되었습니다. 그래서 지금부터라도 이쪽 부문의 사료를 차분히 읽어보려 합니다. 향후 10년을 목표로 말입니다.

선생님, 모든 공부가 그렇겠지만 북방유목사 연구는 무척이나 지난한 작업입니다. 국가 경쟁력이라는 것이 이러한 기초학문의 깊은 연구의 토대 위에서 강해지는 것이라는 것은 알고 있지만, 투입되는 비용과 노력에 비해서 확대재생산이라는 자본주의 원칙과는 정반대의 축소재생산에 있는 유목사에 대한 연구는 누구든지 감히 나설 수 있는 분야가 아니라는 생각이 듭니다. 스기야마 마사아키(杉山正明) 씨는 몽골사 연구에 대해 "처음부터 뜻을 두는 것과 무상의 정신이 없으면 도저히 행하기 어려운 것"이라 했습니다. 그 말에 전적으로 공감합니다. 다양한 언어의 문헌을 독파하는 능력과 지속력을 필요로 하지만 한계(限界)라는 인간의 비극 때문에 돈에 익혔던 능력도 시간이 지날수록 상실하지 않는다는 보장은 어디에도 없습니다.

그래도 선생님께서는 그 어려운 몽골사 연구를 평생 외도하지 않으시고 꾸준히 전념해 오셨고 그 누구보다도 깊은 학문적 업적을 쌓으셨습니다. 그러한 선생님의 학문 태도가 존경스러우면서 또한 부럽습니다.

남 교수님, 이 「보름간의 중국 신강(新疆) 기행」은 작년에 함께 여행하면서 본 것에 대해, 어떠한 논리나 주의, 주장 없이 마치 꿰지 않은 구슬처럼 단편적인 지식만을 나열한 것입니다. 서문에서도 얘기했듯이 저는 단지 신강(新疆)에 가려는 후학이 있어 이 정도는 알고 갔으면 하는 바람에서 글을 썼고, 그러한 지식을 바탕으로 해서 관심 있는 분야에 대한 공부는 스스로 할 수 있다고 생각했습니다. 거기까지가 저의 업(業)이라고 생각합니다.

소득이 2배 많다고 해서 2배 행복하게 산다고 말할 수 있는 것이 아니듯이, 저는 그저 북방유목사를 공부해 가면서 모르는 것을 하나하나 알아가는 것을 즐거워하고, 그렇게 모르는 것을 하나하나 깨닫고 익히면서 살아가는 것이 인생이라 감히 말하렵니다.

남 교수님, 내년 여름에는 이곳 인천이나 부천
교육청에 협조를 구해서 이 지역의 중·고등학교
사회, 역사과목 선생님 6~7분과 함께 중국의 동
쪽 끝인 요녕성(遼寧省) 대련(大連)에서 서쪽 끝
인 신강위구르자치구(新疆維吾爾自治區) 우루무
치(烏魯木齊)까지 20여일에 걸쳐 기차로 대륙 횡
단 여행을 구상 중에 있습니다. 경비는 돌아오는

헙스 걸 초원에서
남 교수와 함께.

비행기(우루무치→인천공항) 비용과 가이드에 대한 비용만 공동으로
부담하고 나머지는 개인적으로 쓰는 것으로 하려고 합니다. 남 교수님
께서도 함께 동참하셔서 좋은 말씀 많이 해 주시기 바랍니다.

늘 건강하십시오.

2005. 6. 문학산 아래에서
조병학 드림

조병학 (趙柄學)   • 약력 •

1958년 용인 출생
중앙대학교 대학원 사학과(동양사전공) 졸업
문학박사, 가천길대학 교수
주 연구 분야는 중국북방소수민족사
한국몽골학회 연구이사
만주학회 지역이사
동북아시아학회 편집이사
중앙대학교 강사 역임

• 논저 •

「고려사 몽골인명 색인」(몽골학 제3호) 외
『우리 文化의 발자취』(공저)
『최후의 몽골 유목 제국』(역서)

보름간의 중국 신강기행

• 초판 인쇄	2005년 10월 15일
• 초판 발행	2005년 10월 15일
• 지 은 이	조병학
• 펴 낸 이	채종준
• 펴 낸 곳	한국학술정보(주)
	경기도 파주시 교하읍 문발리 526-2
	파주출판문화정보산업단지
	전화 031) 908-3181(대표) · 팩스 031) 908-3189
	홈페이지 http://www.kstudy.com
	e-mail(e-Book사업부) ebook@kstudy.com
• 등 록	제일산-115호(2000. 6. 19)
• 가 격	25,000원

ISBN   89-534-3315-0 93910 (Paper Book)
        89-534-3316-9 98910 (e-Book)